하버드
인생특강
(리커버 에디션)

하버드
인생특강

장이츠 지음 | 송은진 옮김

파주Books

Mind

Relationship

Competition

Confidence

Happiness

Habit

Work

Fail

Success

love

우리는 꿈이 있기에 위대합니다.
모든 위인은 몽상가였습니다.
그들은 봄에 따스한 바람을 맞으면서도,
겨울밤에 화롯가에 앉아서도
언제나 꿈을 꾸었습니다.
절대 꿈을 포기하지 말고
자신과 꿈을 믿으십시오.

―미국의 28대 대통령 우드로 윌슨

평생 단 한 번도 좌절을 겪지 않고 살 수는 없다.
이때 무너지지 않는 사람만이 성공할 수 있는 희망도 있는 법이다.
지금 좌절과 난관이 당신 앞에 있다 하더라도
절대 포기하지 말고 자신을 응원하자.
끝까지 무너지지 않고 버틴다면 반드시 기적이 일어날 것이다.

단 한 번도 실패하지 않는 인생은 그리 대단할 것이 없다.

인생의 진정한 가치와 의미는 여러 번 실패하고도 다시 일어나서

싸우는 것에 있다. 성공한 사람은 실패를 겪지 않은 사람이 아니라

거듭된 실패 후에 다시 성공을 향해 매진한 사람이다.

패배에 무너지지 않는 정신이 그들을 성공으로 이끈 것이다.

당신은 누구인가?
어디로 가려 하는가?

　인생의 의미를 생각하고 있는가? 삶의 고뇌에 빠져 있는가? 아니면 이상이 현실에 부딪혀 무너져서 괴로운가? 현대의 치열한 경쟁사회에서는 매 순간마다 누군가의 성공과 실패가 결정된다. 성공해서 아름다운 낙원에 사는 것, 평범하게 아무 의미 없는 인생을 사는 것, 어느 쪽을 선택하겠는가? 당신이 나아갈 방향은 어느 쪽인가?

　생각은 그것과 유사한 것을 끌어들이고, 만들어내므로 당신의 성공 여부는 생각이 어떠한가에 따라 결정된다고 할 수 있다. 다시 말해 수많은 곤혹과 모호함으로 가득한 이 사회에서 인생의 방향을 잃은 것은 바로 당신의 생각이 완성되지 않았기 때문이다. 생각은 인생을 결정하므로 성공하고 싶다면 반드시 머리를 맑게 하고 이성과 지혜를 깨워 성공하는 사람의 생각과 마음가짐을 갖춰야 한다. 이를 위해 우리가 해야 할 일은 무엇일까? 어떻게 인생을 마주하고 살아가야 할까? 이 책을 통해 하버드 대학 강의실로 걸어 들어가 그들의 이야기를 들어보자.

1636년에 개교한 하버드 대학은 미국 최초의 대학으로 미국인들은 흔히 "하버드 후에 미국이 탄생했다."고 말한다. 하버드 대학은 미국 정부의 사상적 근간으로 8명의 대통령을 탄생시켰고, 40명의 노벨상 수상자와 30명의 퓰리처상 수상자를 배출했다. 지금 하버드 대학은 미국 사회의 발전과 경제의 향방을 결정한다고 해도 과언이 아니다.

　　하버드 대학은 미국 사상계의 정점에 우뚝 서 있으며, 이곳에서 인정받은 것이라면 다른 무엇과도 구별되는 유일무이한 것이 된다. 전 세계 수많은 사람이 하버드 대학에 주목하며 이곳에서 학문적 세례를 받고자 한다. 그러나 안타깝게도 모든 사람이 하버드에서 공부할 수는 없기에 그 핵심 사상을 이해하는 이가 많지 않다. 《하버드 인생특강》은 더 많은 사람들에게 하버드의 핵심 사상을 전파하고 그 정수를 제공하기 위한 책으로 하버드의 유명 교수 10명이 서로 다른 방면에서 인생을 해석하고 직접 강의한 내용을 엮었다. 마이클 샌델의 마음가짐, 로버트 머튼의 처세 등 행복이 무엇인지, 인간의 진정한 능력은 어디에 있는지, 가장 가치 있는 직업 소양은 무엇인지 등 현대인들이 가장 관심 있는 화제를 담았다. 독자들은 10명의 교수가 들려주는 다양한 이야기로부터 하버드 대학이 추구하는 인생철학과 풍부하고 실용적인 성공의 역량을 얻을 수 있다. 또 이를 통해 치열한 경쟁 사회에서 앞서 나가서 사회를 이끄는 최고 엘리트가 되는 기초를 쌓게 될 것이다.

　　이 책을 읽은 당신은 더 이상 고독하지 않고, 가난하지 않으며, 나약하지 않다. 이 책을 통해 당신의 인생은 더 밝고 광활해질 것이다.

Contents

제 1 장

마음가짐

- 마이클 샌델-

마이클 샌델은 하버드 대학의 정치학과 교수다. 미국예술과학아카데미(American Academy of Arts and Sciences)의 회원이며 공동체주의(Communitarianism)의 대표적인 인물이다. 1953년 3월 5일에 태어나 1975년에 브랜다이스 대학(Brandeis University)을 졸업했으며 영국 옥스퍼드 대학(Oxford University) 밸리올칼리지(Balliol college)에서 석사학위를 받았다. 이후 하버드 대학 정치학과에서 강의를 시작했다. 1982년에 쓴 저서 ≪정의의 한계(Liberalism and the Limits of Justice)≫에서 존 롤즈(John Rawls)의 ≪정의론(A theory of justice)≫을 비판해 학계에서 큰 명성을 얻었다.

마이클 샌델은 조지 부시(George W. Bush) 정부의 고문으로 활동했으며, 2007년에는 직접 중국을 방문해 많은 교육기관과 과학연구센터를 둘러보았다.

마음가짐이
인생을 만든다

마음가짐이란 성격과 태도를 함께 일컫는 말이다. 여기서 성격은 사람마다 독특하게 자리 잡은 개성을 가리키는데 이것은 현실에 대한 심리적 이해와 그에 따라 습관화된 행위 방식으로 드러난다. 또 태도는 객관적 사물에 대한 심리적 반응을 의미한다. 즉, 마음가짐이란 모든 심리적 상태와 활동을 합한 것으로 주변이나 사회생활에 대한 반응 및 구체적인 행동인 것이다. 이것은 사람의 생각, 감정, 필요, 욕망에 매우 중요한 영향을 미쳐서 그가 일과 생활을 대하는 태도를 결정한다. 다시 말해 한 사람이 처한 상황은 환경의 영향을 받지만, 그가 인생을 바라보고 이끌어 나가는 방법은 모두 마음가짐에서 비롯되는 것이다. 마음가짐은 생각을 만들고, 생각은 행동을 낳는다. 행동이 습관으로 굳어지면 곧 성격이 되며, 성격은 인생을 좌우한다. 그러니 마음가짐이 인생을 만든다고 해도 과언이 아니다. 바로 지금부터 시작해보자! 긍정적인 마음가짐은 당신의 몸과 마음을 모두 용기와 지혜로 가득하게 만들 것이다.

나는 성공한 사람의 가장 중요한 특징이 바로 그의 마음가짐이라고 생각한다. 긍정적인 마음가짐과 낙관적인 태도로 인생을 대하고 도전을 받아들여 어려움을 당당히 마주한다면 이미 절반의 성공을 거둔 것과 다름없다.

살다 보면 세상에 뛰어나고 성공한 사람은 많지 않지만, 평범하며 실패한 사람은 무수히 많다는 것을 알 수 있다. 전자의 삶은 내실 있고, 자유로우며, 멋지지만, 후자는 공허하고, 힘들며, 초라한 삶을 산다. 왜 이런 차이가 생기는 것일까?

이를 알고 싶다면 성공한 사람과 실패한 사람의 마음가짐, 특히 중요한 시기에 마음가짐이 어떠한지 자세히 관찰하고 비교해보자. 그러면 놀랍게도 마음가짐이 인생을 전혀 다른 길로 이끈다는 사실을 알게 될 것이다.

다음은 하버드 대학에 널리 알려진 이야기다.

유럽의 세일즈맨 두 명이 신발을 팔기 위해 아프리카로 떠났다. 하지만 아프리카인들은 너무 더워서 애초부터 신발을 신지 않는 사람들이었다. 그러자 한 명은 몹시 실망해서 "이 사람들은 모두 맨발로 다니는군. 내 신발을 살 리가 없지."라고 말하더니 노력해 볼 생각도 하지 않고 낙담한 채 곧 되돌아갔다. 반면에 다른 한 명은 아프리카 사람들이 모두 맨발로 다니는 것을 보고 매우 기뻐하며 "아무도 신발을 신지 않는다는 말이지. 시장이 정말 어마어마하게 크군!"이라고 소리쳤다. 이후 그는 온갖 방법을 동원해서 현지인들이 자신의 신발을 구매하도록 만들었고 엄청난 성공을 거둬서 돌아갔다.

이것이 바로 마음가짐이 만드는 차이다. 두 세일즈맨은 똑같이 아프리카에서 맨발의 아프리카 사람들을 보았다. 하지만 마음가짐이 달랐기 때문에 한 사람은 싸워보지도 않고 실패했으며, 다른 한 사람은 자신감을 바탕으로 커다란 수확을 얻었다.

이처럼 실패하는 사람들은 대부분 마음가짐에 문제가 있다. 그들은 어려움에 부딪히면 그저 쉽게 물러날 길만 찾으려고 든다. "나는 못해. 그냥 가만히 있는 것이 낫겠어!" 이런 마음가짐은 결국 자신을 실패의 깊은 늪에 빠져들게 만들 뿐이다. 반면에 성공하는 사람들은 어려움에 부딪혀도 긍정적인 마음가짐을 잃지 않는다. 그들은 "할 거야!, 할 수 있어!", "반드시 방법이 있을 거야!"라고 생각하며 스스로 용기를 불어 넣는다. 그리고 최선을 다해 해결방법을 생각하고, 끊임없이 전진해서 마침내 성공에 다다르는 것이다.

이처럼 성공하는 사람은 실패하는 사람과 달리 언제나 긍정적이다. 성공하는 사람들은 긍정적인 마음가짐으로 자신의 인생을 이끌어 나가며 언제나 긍정적인 생각, 낙관적인 태도, 그리고 풍부한 경험으로 인생을 지배하고 조절한다. 하지만 실패하는 사람들은 과거의 각종 실패와 의심, 걱정 등에 이리저리 휘둘리고 지배받는다. 그들의 인생은 공허하고 초라하다. 또 언제나 소극적이고 의욕이 없어서 마지막에는 결국 실패를 향해 걸어갈 뿐이다.

긍정적인 마음가짐으로 자신의 인생을 이끌어 나가는 사람은 적극적이고 진취적이며 낙관적이다. 이들은 언제나 낙관적인 태도로 전진하며, 살면서 맞닥뜨리는 각종 어려움, 갈등, 문제 등을 정확하게 처리한다. 그러나 부정적인 마음가짐을 지닌 사람은 언제나 비관적이고 소극적이며 의기소침한 탓에 문제가 생겨도 해결하려고 나서지 않는다.

어떤 사람들은 현재 자신의 상황이 모두 다른 사람의 탓이며, 환경이 자신의 처지를 이렇게 만들었다고 말하곤 한다. 또 그렇기에 자신의 생각을 바꿀 방도가 없다고 푸념한다. 하지만 지금 우리의 상황은 사실 주변 환경이 만든 것이 아니다. 더 정확하게 말하자면 인생을 바라보는 방식은 우리 스스로 결정하는 것이다. 나치 독일의 강제 수용소에서 살아남은 빅터 프랭클

(Viktor E. Frankl)은 이렇게 말했다. "어떠한 환경에서든지 마지막 자유가 남아 있다. 바로 자신의 태도를 결정할 자유다."

또 나의 동료 몰트비 D. 밥콕(Maltbie D. Babcock)은 "가장 빈번하게 일어나는 동시에 대가가 가장 큰 잘못은 바로 성공이 천부적인 재능, 매력, 그리고 자신이 가지지 못한 어떤 것에 달렸다고 생각하는 것이다."라고 말했다. 성공의 요소는 우리의 손안에 있으며 성공은 긍정적인 마음가짐을 잘 활용한 결과라고 할 수 있다. 다시 말해 한 사람이 얼마나 높이 날 수 있을지는 다른 요소가 아니라 바로 그 자신의 마음가짐이 결정하는 것이다.

매일 서로 다른 상황을 마주하더라도 상황에 따라 자신의 마음가짐을 잘 조절하여 침착하게 낙관적인 마음가짐으로 대해야 한다. 또 기나긴 인생의 길이 항상 순탄하지만은 않겠지만 어떤 것도 긍정적인 마음가짐을 무너뜨릴 수 없다는 사실을 깨닫고 명심해야 한다. 즉 우리에게 필요한 것은 건강하고 조화로운 심리 상태와 생활방식이다.

마음가짐은 인생의 관제탑과 같다. 부정적인 마음가짐은 실패, 질병, 그리고 고통의 근원이지만, 긍정적인 마음가짐은 성공, 건강, 즐거움의 보증수표다! 이처럼 마음가짐은 성공과 실패를 결정한다. 그러므로 상황이 좋든 나쁘든 절대 패배감이 당신의 열정을 대신하게 만들어서는 안 되며 언제나 긍정적인 마음가짐을 유지해야 한다. 인생의 가치는 올라갈 수도 있고, 떨어질 수도 있다. 그리고 이 두 가지는 오로지 우리 자신의 선택에 달려 있다.

긍정적인 마음가짐을 선택한 사람은 성공에 다다르겠지만, 부정적인 마음가짐을 선택한 사람은 실패를 향해 걸어갈 것이다. 어떤 사람들은 잠시 마음가짐을 긍정적으로 했다가도 좌절에 부딪히면 금세 긍정의 힘에 대한 믿음을 잃는다. 시작은 제대로 했음에도 좌절에 부딪히자 보이지 않는 방패를 긍정적인 마음가짐에서 부정적인 마음가짐으로 바꾸어 버리는 것이다. 이런 사람들은 부정적인 마음가짐으로 스스로 옴짝달싹 못하게 만들고, 자기 연민에 빠져 자신을 가둔다. 그리고 그 부정적인 마음가짐에 기대어 혹시 하늘에서 떡고물이라도 떨어뜨려 주지 않을까 하고 기대한다.

일상의 모든 일에서 부정적인 면만 찾는 사람은 그 부정적인 마음가짐이 고치기 어려운 습관으로 굳어진다. 이런 사람은 설령 눈앞에 좋은 기회가 와도 알아차리지 못해서 잡을 수 없다. 그저 모든 상황을 어려움이나 장애물로만 바라보기 때문이다. 장애물과 기회는 어떤 차이가 있을까? 이 두 가지는 그것을 대하는 태도에 따라 결정된다. 긍정적인 사람은 좌절도 성공의 발판으로 보고 그것을 기회로 바꾼다. 반면에 부정적인 사람은 좌절을 성공의 걸림돌로 보고 기회가 와도 걱정스러운 표정으로 뒷걸음질 친다.

똑같은 기회가 왔을 때 긍정적인 마음가짐으로 대하는 사람은 인생에서 가치 있는 것을 얻을 수 있다. 반면에 부정적인 마음가짐으로 대하는 사람은 행복이 점점 멀어지는 것을 보며 후회하면서도 아무런 행동도 하지 않아서 기회를 놓친다.

왜 성격에 대해
알아야 하는가?

사람의 성격이란 마치 수많은 색과 형태의 화초가 가득 모여 있는 정원과 비슷하다. 정원의 화초는 멀리서 보면 모두 비슷비슷해 보이지만, 안으로 들어가면 그 면면을 더 잘 볼 수 있다. 마찬가지로 성격의 정원 역시 반드시 그 안으로 걸어 들어가서 찬찬히 살펴보아야 한다. 그래야 각 성격의 장점과 단점은 무엇인지, 그 안에 어떤 법칙이 있는지 알 수 있으며, 나아가 부분과 전체의 관계가 어떠한지까지 파악할 수 있기 때문이다. 이렇게 하면 사람의 성격을 정확하게 이해해서, 더 조화롭고 멋진 성격을 추구할 수 있다.

성격에 대해 정확하게 이해해야만 비로소 다른 사람의 개성을 긍정적으로 받아들일 수 있으며 더 관용적인 마음으로 그들을 대할 수 있다. 모든 사람은 즐거움을 누리고 뛰어난 사람이 될 권리가 있으며 그 누구도 타인을 이상한 사람이라고 매도할 권리는 없다.

나는 성격에 좋고 나쁨이 없다는 점을 특별히 강조하고 싶다. 사람마다 성격이 다르고 그에 따라 원칙과 방법도 모두 다르기 때문에 성공을 향해 나아가는 길 위에서도 각기 다른 선택을 할 수 있다. 어떤 성격은 장점이 겉으로 드러나지 않기도 한다. 하지만 모든 성격은 반드시 장점이 있으므로 자신의 성격 중에 단점이라고 여기는 부분에만 너무 과도하게 집중해서 소위 완벽한 성품을 갖추려고 애쓸 필요는 없다. 실제로 자신을 편견 없이 바라보기만 해도 금세 성격 속에 숨어 있는 장점을 찾아낼 수 있다.

우리는 각각 성격이 다르지만 모두 성공을 거둘 가능성이 있다. 성격 자체에는 좋고 나쁨의 구분이 없으며 그것을 어떤 방식으로 다루는가에 따라 성공 여부가 결정되기 때문이다. 그래서 자신의 성격에 대해 정확히 알아야 하는 것이다.

사람마다 성공에 대해 서로 다른 정의를 내리기는 하지만 진정한 성공은 다양한 방면, 예를 들어 가정, 우정, 시간, 재물 등을 모두 포함해야 한다. 무엇보다 중요한 것은 정신적인 측면의 성공일 것이다. "집을 살 수는 있지만 따뜻한 가정은 살 수 없고, 좋은 약은 살 수 있어도 건강은 살 수 없다. 고급 화장품과 물건은 살 수 있지만 청춘은 살 수 없다." 돈이 없어도 안 되겠지만 돈이 있다고 해서 뭐 그리 대단할 것도 없다. 돈으로는 진정한 사랑과 심리적 안정을 얻지 못하기 때문이다. 사람은 물질과 정신이 융합된 존재이므로 자신의 성격을 살펴 장단점을 정확히 파악해야만 운명의 흐름까지 좌우할 수 있다.

성격에는 좋고 나쁨이 없지만 대신 '건강한 성격'은 있다. '건강한 성격'이란 일종의 행위방식으로 한 개인이 자신의 잠재능력과 가치를 충분히 발휘할 능력을 갖춘 것을 의미한다. 건강한 성격을 추구하는 것은 현대인의 가장 중요한 가치관이다.

한 사람이 자신의 성격을 잘 이해하고 건강한 성격을 추구하는 것은 개인뿐 아니라 사회에도 매우 중요한 일이다. 모든 사람은 사회에서, 심지어 가정에서도 각자 맡은 역할에 따라 참여하는데 이때 반드시 다른 사람과 긍정적인 관계를 맺어야 한다. 다른 사람에게 적의를 보이거나 질투, 시기, 분노의 감정이 자주 일어나는 사람, 자신밖에 모르고 괴팍한 말과 행동을 일삼는 사람은 사회생활에 참여할 기회가 매우 적거나 없다. 그러면 당연히 다른 사람과의 관계는 나날이 나빠지고 자신의 잠재능력과 가치를 발휘할 수 없게 될 것이다. 그러므로 적극적으로 '건강한 성격'을 길러서 스스로 사회에 더 잘 적응하려고 노력하고 심리적으로 안정과 조화를 유지해야 한다.

건강한 성격을 기르려면 우선 자신을 이해하고 인류가 역사 속에서 쌓아온 수많은 지식을 받아들여야 한다. 그리고 이를 바탕으로 자신만의 지혜를 기르고 명석함과 재주를 드높여야 한다. 그럼으로써 자신을 정확하게 인식하고 각 행위의 의미를 이해할 줄 알아야 한다. 또 고독, 절망, 근심 등과 싸워 이기는 법을 터득해서 주변 환경을 잘 제어해야 하며, 일에서 성과를 거두는 동시에 일과 여가 활동도 균형 있게 해서 지식, 문화, 도덕, 사상 등의 방면에서 교양을 쌓아야 한다. 마지막으로 자신과 타인의 관계를 정확하게 처리할 줄 알아야 한다.

사람은 평생 자아와 싸워 이겨나가야 하는데 그러려면 우선 최선을 다해서 자신의 성격을 이해해야 한다. 그러지 않으면 어떤 일을 하더라도 자신의 장점을 살리고 단점을 보완하지 못할뿐더러 자아에 도전하는 것 역시 불가능하다.

모든 사람은 자신에 대해 기본적인 인식을 해야 하며 객관적으로 자신의 능력과 성격을 바라보아야 한다. 특히 모든 것이 순조롭고, 가는 곳마다 환영받으며, 손대는 일마다 성공을 거둘 때일수록 시시각각 자신을 뒤돌아봐서 거만한 태도나 자만하는 마음이 생기게 해서는 안 된다. 언제나 이제 막 첫발을 들인 사람처럼 겸손한 마음으로 주변 사람과 주어진 일들을 대해야 하며 예전의 굳건한 마음과 성실함을 잊지 말아야 한다. 안타깝게도 어느 정도 성과를 거둔 사람들 중 많은 이가 객관적인 눈을 잃고 자신을 '원래의 나'와 분리하는 동시에 가족, 친구와도 분리해서 자신이 속해 있던 사회 밖으로 겉돈다. 이렇게 되면 주변 사람이 볼 때 그는 이미 완전히 다른 사람일 뿐이다. 이처럼 평상심을 잃으면 분명 머지않아 실패하게 될 것이다. 실제로 성공한 기업가들이 갑자기 몰락하는 이유도 방향을 잃고 원래의 자신과 현재의 자신을 동일하게 유지하지 못했기 때문이다. 성공을 거두었을 때 주변에서 들려오는 칭찬과 존경의 말은 당신이 방향을 잃게 만드는 주범이다. 이때 당신은 마음속의 자아를 기준으로 삼아 절대 흔들려서는 안 된다.

마지막으로 모든 성격은 구조가 매우 복잡한 세계이며 아주 커다란 능력을 포함하고 있다는 점을 강조하고자 한다. 성격은 당신을 끝이 보이지 않는 깊은 심연으로 밀어 넣을 수도 있고, 당신이 성공을 향해 나아가도록 도와줄 수도 있다.

자신을 이해하라. 그러면 자신의 성격과 그 안에 담겨 있는 의미를 파악해서 더 건강한 성격이 될 수 있다. 또 운명의 흐름을 이해함으로써 크고 작은 파도가 반복되는 항해와 같은 인생에서 암초를 만날 위험을 줄일 수 있다.

성격의
네 가지 특징

성격은 인성이나 인격보다 훨씬 더 광범위한 개념으로 선천적, 유전적인 요소뿐 아니라 후천적, 사회적 요소도 모두 포함한다. 성격이 행위를 이끄는 방식과 성공 및 실패에 미치는 영향, 그리고 그 선천적, 후천적 특징을 전부 이해하고 파악해야만 비로소 자신의 성격을 명확하게 알 수 있다.

사실 성격은 매우 복잡한 구조로 다양한 측면과 서로 다른 특징이 있어서 다각도로 분석해야 한다. 성격 특징은 크게 태도, 이성과 지혜, 의지, 감정의 네 가지로 나눌 수 있다.

1. 태도

주어진 현실에 대한 태도는 성격의 매우 중요한 특징이다. 태도란 각 개인의 고유한 편향을 직접적으로 드러내는 것으로 내면의 본질적 속성과 세계관을 고스란히 반영한다. 객관적 현실에 대한 태도는 매우 다양한데 주로 사회, 집단, 타인과의 관계에 대한 태도, 자신에 대한 태도, 일과 학습에 대한 태도 등으로 표현된다.

■사회, 집단, 타인에 대한 태도

공적인 일 우선 혹은 사적인 일 우선, 충성 혹은 충성하지 않음, 집단 이익 우선 혹은 개인 이익 우선, 진실 혹은 가식, 온정 혹은 냉정 등

■자신에 대한 태도

겸손 혹은 오만, 자기 존중 혹은 자기 비하, 엄격한 자아 통제 혹은 자유방임 등

■일과 학습에 대한 태도

성실 혹은 불성실, 치밀 혹은 부주의, 근면 혹은 나태, 근검절약 혹은 낭비, 개혁 혹은 보수 등

2. 이성과 지혜

무언가를 인지하는 과정에서 이성과 지혜 방면의 성격 특징이 잘 드러난다. 이를 통해 사람마다 다른 인지 수준이나 능력, 인지 활동의 특이점과 성향 등을 알 수 있다.

■감지(感知)

주동적 관찰형 혹은 피동적 감지형, 논리형 혹은 개괄형, 기록형 혹은 해석형, 속도형 혹은 정확형 등

■기억

주동적 기억형 혹은 피동적 기억형, 직관형 혹은 논리형 등

■사유

독립형 혹은 의존형, 분석형 혹은 종합형 등

■상상

주동적 상상형 혹은 피동적 상상형, 과감형 혹은 억제형, 환상형 혹은 현

실형, 독립형 혹은 의존형, 좁은 상상형 혹은 넓은 상상형 등

3. 의지

한 사람의 행위 방식을 보면 그의 성격 특징 중 의지를 엿볼 수 있다. 이것은 자신의 행위에 대한 자각적인 제어 능력을 가리키며 발동과 제약을 모두 포함한다. 특히 독립성, 적극성, 자제력, 완강함 등을 강화하거나 약화시키는 효과를 일으키므로 매우 중요하다.

■ 행위에 대한 자각적 억제
주동형 혹은 피동형, 자제형 혹은 충동형 등
■ 행위 목적의 명확성
목적형 혹은 맹목형, 독립형 혹은 의존형, 규율형 혹은 산만형 등
■ 장기 업무에 대한 반응
꾸준형 혹은 변덕형, 강인형 혹은 용두사미형 등
■ 돌발 혹은 긴급한 상황에 대한 반응
용감형 혹은 회피형, 침착형 혹은 당황형, 과감형 혹은 유약형 등

4. 감정

자주 표현하는 감정의 강도, 안정성, 지속시간, 영향력을 의미한다. 성격 특징 중 감정은 자아를 직접적으로 조정하고 영향을 미치는데, 종종 '타고난 기질'로 인식되기도 한다.

■ 강도
감정의 기복, 파동의 정도를 의미한다. 예를 들어 감정이 평온하고 잘 억제

되는 사람이 있는가 하면, 어떤 사람은 충동적이고 감정을 억누르지 못한다.

■ 안정성

감정이 개인 의지의 조절을 받는 정도를 가리킨다. 예를 들어 어떤 사람은 감정 표현이 크지 않기 때문에 의지의 제어를 받지만, 감정 표현이 강한 사람은 의지로 제어하기 어렵다.

■ 지속시간

감정 활동의 유지 시간이다. 감정 활동 시간이 긴 사람이 있는 반면 감정 활동 시간이 짧은 사람도 있다.

■ 영향력

주도적인 감정이 개인에게 드러나는 정도다. 예를 들어 감정의 영향을 많이 받는 사람도 있고 그다지 받지 않는 사람도 있다.

중요한 것은 우연한 태도와 일시적인 행위 방식만 보고 그 사람의 성격을 단정해서는 안 된다는 사실이다. 한 사람의 성격 특징은 장기적이며 매우 안정적이고 습관화되어 있다.

성격의 각종 특징은 독립적이지 않으며 서로 끊임없이 영향을 주고받는다. 이 특징들은 서로 융합해서 하 나의 독특한 결합체가 되며 그 누구와도 다른 고유의 성격을 형성한다.

낙관은
성공의 힘

    낙관적인 사람은 어떤 일을 할 때 항상 투지를 보이며 적극적으로 뛰어든다. 설령 그것이 힘들고 성공할 가능성이 거의 없다고 하더라도 마찬가지다. 그들은 인생에 불가능한 일은 없다고 생각하기 때문에 항상 전진하려는 의지와 힘으로 가득하다. 대체 어떻게 그처럼 지치지도 않고 끊임없이 나아가 성공을 거두는 것일까? 그것은 바로 그들의 낙관적인 마음이 성공의 동력이 되어서 일과 사업에 모두 강한 추진력을 더하기 때문이다. 어쩌면 의문을 가질지도 모르겠다. 낙관적인 마음에 정말 그렇게 강력한 힘이 있을까?

    나는 하버드 대학에서 한 유명한 심리학자와 함께 심리적 변화가 신체에 미치는 영향에 관한 실험을 한 적 있다. 우리는 피실험자 세 명에게 모두 악력 측정기를 주고, 있는 힘껏 세게 쥐라고 했다. 이때 그들의 평균 악력은 약 45킬로그램이었다. 이어진 실험에서 피실험자들은 최면에 걸린 상태로 다시 악력을 측정했다. 이번에는 평균 악력이 약 13킬로그램으로 정상적인 상황의 3분의 1도 채 되지 않았다. 세 번째 실험에서 우리는 피실험자들에게 최면을 건 후 그들에게 힘을 불어 넣어 주겠다고 말했다. 그러자 그들의 평균 악력은 무려 63킬로그램까지 크게 뛰어올랐다. 이 실험은 마음속에 낙관적인 생각이 가득하면 물리적인 힘까지 커진다는 사실을 증명했다. 이는 곧 긍정적인 암시에 큰 힘이 있다는 의미였다.

이 실험에서 힘의 크기는 체격이나 체력 등의 요소가 아니라 심리적 요소의 영향을 받았다. 실제로 성공한 사람들을 살펴보면 그들이 언제나 낙관적이고 긍정적인 마음가짐으로 산다는 것을 쉽게 알 수 있다. 바로 그러한 마음가짐 덕분에 어려움을 마주할 힘이 생기고, 성공을 거머쥘 역량이 커지는 것이다.

미국의 농구선수 타이론 보그스(Tyrone Bogues)는 NBA에서 활동한 최단신 선수다. 그는 작은 키에도 불구하고 마치 '거인들의 숲'처럼 보이는 농구장을 종횡무진했으며 NBA에서 커다란 성공을 거두었다.

사람들은 일반인이라고 해도 작은 키인 160센티미터의 보그스가 농구처럼 큰 키가 필요한 스포츠를 선택한 이유를 궁금해 했다. 대체 그는 어디서 용기를 얻었을까? 어떻게 해서 NBA 역사상 빼놓을 수 없는 최고의 선수가 되었을까?

타이론 보그스의 성공은 바로 모두 그의 낙관적인 마음에서 비롯된 것이었다.

그는 어렸을 때부터 농구를 무척 좋아했지만 작은 키 탓에 친구들로부터 놀림을 받았다. 어느 날 그는 풀이 죽어 어머니에게 물었다. "엄마, 제 키가 더 자랄까요?"

그러자 어머니는 그를 격려하며 이렇게 말했다. "물론이지! 타이론, 네 키는 당연히 더 클 거야! 게다가 실력도 나날이 좋아져서 세상 사람들이 누구나 아는 대스타가 될 수도 있어. 틀림없이 그렇게 될 거야!" 이때부터 보그스는 앞으로 분명히 키가 더 클 것이라고 믿었으며, 지금 키가 작은 것은 별 문제가 아니라고 생각했다.

'키는 앞으로 충분히 자랄 테니까 걱정할 것 없어!' 그는 더 이상 키에 대해 걱정하지 않았다. 대신 프로선수가 되려면 뛰어난 농구 기술이 필요하다고 생각했기 때문에 밤낮없이 최선을 다해 연습했다. 보그스는 이렇게 열심히 기술을 익히고, 나중에 키까지 큰다면 반드시 NBA에 들어갈 수 있다고 굳게 믿었다.

어느 날 그는 자신의 키가 더 자라지 않는다는 것을 알아차렸다. 하지만 키는 더이상 그에게 중요하지 않았다. 경기를 보러 온 사람은 그가 골대를 맞고 튕겨 나온 공의 90퍼센트를 낚아채는 것을 보고 환호했다. 보그스는 작은 키의 장점을 이용해서 매우 민첩하게 움직였으며 다른 선수들보다 뛰어난 기술을 구사했다. 얼마 후 NBA의 스카우터들이 보그스에 관심을 보였고, 그는 마침내 당시 NBA 3위 팀인 샬럿 호네츠(Charlotte Hornets)에 들어갔다. 이때 스카우터의 기술 분석표에는 이렇게 적혀 있었다. "타이론 보그스. 숏 성공률 50%, 프리드로우 성공률 90%"

이후 농구 전문가들은 이렇게 말했다. "샬럿 호네츠의 성공은 전적으로 타이론 보그스의 작은 키에 달려 있다고 할 수 있다. 그는 기술이 뛰어나고 작은 키의 장점인 '저중심' 을 잘 이용해서 인터셉트에 능수능란하다." NBA에서 가장 작은 선수로 불리던 보그스는 마침내 큰 성공을 거두었다.

어느 날 한 기자가 그에게 물었다. "키가 작은 당신이 키가 큰 사람들의 스포츠인 농구를 선택한 이유는 무엇이었나요?"

보그스는 이렇게 대답했다. "계속 이렇게 작을 거라고 생각하지 않았기 때문이죠."

작은 키는 결코 보그스를 좌절시키지 못했다. 그는 오히려 더욱 낙관적인 마음으로 자신을 단련했으며 마침내 큰 성공을 거두었다. 만약 그가 처음부터 더 이상 키가 자라지 않을 거라고 생각했다면 당연히 농구를 선택하지 않았을 것이다. 그리고 자신의 천부적인 재능을 묻어 버린 채 평범한 사람으로 살았을 것이다. 낙관적인 사람을 슬프게 만들거나 절망에 빠뜨릴 것은 없다. 그들은 운명이란 누구에게나 공평하며 스스로 무너지지 않는 한, 운명이 자신을 무너뜨릴 수는 없다고 생각하기 때문이다. 신은 한 쪽 창문을 닫으실 때 반드시 다른 쪽 문을 열어 두신다. 이때 실패하는 사람은 그저 닫힌 창문만 보고서 슬픔에 빠져서 애통해하느라 또 다른 실패를 거듭한다. 반면에 성공하는 사람은 열린 쪽의 문을 바라보며 기뻐하면서 그로부터 힘을 얻어 성공을 이룬다. 그러니까 한 사람의 성공 여부는 그가 '열린 문을 바라볼 수 있는가'에 달려 있다고 할 수 있다.

항해 중 조난당한 배의 생존자 두 명이 천신만고 끝에 무인도에 도착했다.

다행히 이 무인도의 나무에는 다양한 과일이 주렁주렁 열려 있었다. 이를 본 첫 번째 생존자는 무척 기뻐하며 두 번째 생존자에게 말했다. "정말 잘 됐어! 구조대가 올 때까지 굶주리지는 않겠군!" 그는 즐거운 표정으로 과일을 따서 맛보았다.

하지만 두 번째 생존자는 걱정이 가득한 얼굴로 체념한 듯 말했다. "곧 겨울인데, 과일이 떨어지면 우리는 굶어 죽겠지."

얼마 후 겨울이 다가오면서 과일이 줄어들자 두 번째 생존자는 더욱 절망해서 식구들에게 남길 유언을 쓰기 시작했다. 반면에 첫 번째 생존자는 겨울을 날 준비를 했다. 그는 부지런히 움직여 작은 움막을 짓고 그 안에 음식물을 저장하기 시작했다.

그는 근처 바다를 지나가는 배가 그들을 발견해서 구조되기를 간절히 바랐다. 그러나 하루 또 하루가 흘러도 배는 오지 않았다. 화물선 한두 척이 지나가기는 했지만 너무 멀어서 아무리 소리쳐도 두 사람을 발견하지 못했다.

어느 날 음식물을 구하러 갔다가 돌아온 두 사람은 움막에 불이 붙은 것을 발견했다. 움막은 순식간에 짙은 연기와 불길에 휩싸였으며 그 안에 저장해 놓았던 음식물 역시 모두 타고 말았다.

이 모습을 본 두 번째 생존자는 순간적으로 충격을 받아 그 자리에 쓰러지더니 다시는 깨어나지 못했다.

첫 번째 생존자도 무척 슬프고 가슴이 아팠다. 그러면서도 어쩌면 지나가던 배가 높이 치솟는 검은 연기를 보고 자신을 구하러 올지도 모른다고 생각했다.

다음 날 아침, 뱃고동 소리가 그를 깨웠다. 드디어 구조선이 온 것이다!

그는 구조원에게 물었다. "혹시 연기를 보고 왔습니까?"

"그렇습니다! 짙은 연기가 피어오르는 것을 보고 바로 이쪽으로 왔습니다."

그러니까 바로 그 절망적인 큰 불이 그를 구한 셈이었다.

두 생존자는 마침내 무인도를 떠났다. 한 가지 다른 점이라면 낙관적인 첫 번째 생존자는 건강한 상태인 반면, 비관적인 두 번째 생존자는 주검이 되어 구조선에 오른 것이었다.

망망대해에서 조난을 당했으나 생존했고, 몸을 피할 수 있는 섬에 도착했다. 비록 무인도였지만 그곳에는 허기를 채워줄 과일이 있었다. 과일과 음식물이 불에 타 없어지자 이번에는 구조선이 왔다. 이처럼 신은 한 쪽 창문을 닫으실 때 반드시 다른 쪽 문을 열어 두신다. 그러므로 살면서 수많은 곤경을 만나더라도 크게 상심할 필요는 없다. 아무리 슬프고 어려운 일이라도 그저 낙관적인 마음을 잘 유지하기만 한다면 그 안에서 새로운 기회를 발견할 수 있고 이를 통해 곤경에서 빠져 나갈 수 있기 때문이다.

어떠한 곤경에 처하더라도 절망하지 마라. 모든 어려움에는 반드시 아름다운 무언가가 숨어 있다. 신은 어려움을 내리는 동시에 그 옆에 당신을 위한 기회를 준비했을 것이다. 그러니 당신에게 필요한 것은 그것을 발견하는 능력이다.

선한 본성을
길러라

성공하고 싶다면, 특히 리더라면 다른 사람에게 항상 선의(善意)로 대하는 법을 익혀야 한다. 예부터 백성들을 선의로 대하는 군왕은 충성과 사랑을 얻었다. 이것은 지도자로서 가장 큰 장점이며 이를 통해 다시 더 많은 사람에게 선의로 대하고 일할 수 있는 기회를 얻을 수 있다. 친구란 늘 선의로 대하고 도움을 주는 사람이다. 그러므로 선한 일을 많이 해서 좋은 인연을 맺고 당신의 선량한 본성을 드러내는 데 주의를 기울여야 한다.

세상일은 밝은 면도 있지만 어두운 면도 있다. 그러나 이 역시 선의를 가지고 대처한다면 당신의 맑고 밝은 마음에 비추어져 점점 밝아질 것이다.

헬렌 켈러(Helen Keller)는 태어나면서부터 시각과 청각에 장애가 있었다. 세상의 불행을 모두 떠안은 것 같은 그녀는 주변 사람들과 정상적으로 교류를 할 수 없었으며 다른 사람에게 손을 뻗어야만 비로소 사랑하고 사랑받는 행복을 느낄 수 있었다. 그러던 어느 날 훌륭한 가정교사인 설리번 선생님이 그녀에게 사랑의 손길을 내밀었다. 설리번 선생님은 불행했던 헬렌 켈러를 행복하게 만들었을 뿐 아니라 성공으로 나아가도록 이끌었다. 설리번 선생님의 헌신적인 도움을 받은 그녀는 장애가 없는 사람보다 더욱 뛰어난 사람으로 성장했다.

헬렌 켈러는 설리번 선생님에 관해 다음과 같이 썼다. "어느 누구도 그녀의 아름다운 마음을 뛰어 넘을 수 없다. 그녀는 언제나 유익한 말을 하고, 즐겁게 웃었으며, 다른 이의 앞에 있는 울퉁불퉁한 길을 평탄하게 만들었다. 이런 사람들은 타인을 즐겁게 하는 것이 매우 익숙하며 여기에서 자신의 즐거움을 찾는다."

다음은 유대인들에게 전해지는 이야기다.

한 부인이 점심 식사 즈음에 세 명의 노인을 만났다. 그녀는 노인들에게 "시장하실 텐데 저희 집에 들어가서 간단히 요기라도 하시지요!"라고 권했다. 그러자 노인들은 "우리는 함께 집 안으로 들어갈 수 없답니다."라고 대답했다.

부인은 도무지 이해할 수 없었다. "왜 들어갈 수 없나요?"

그중 한 노인이 다른 두 명을 가리키며 말했다. "이 친구는 '성공'이라고 하고, 저 친구는 '재물'이지요. 나는 '선(善)'이에요. 우리는 함께 당신의 집으로 들어갈 수 없습니다. 그러니 부인께서 지금 집으로 들어가서 가족들과 상의를 해보시고 우리 중 누구를 들일지 결정하시지요." 이 말을 들은 부인은 집으로 들어가서 식구들과 이야기를 한 후 '선'을 초대하기로 했다. 잠시 후, 집 밖으로 나온 그녀는 '선'에게 말했다. "부디 저희 집으로 들어오시기 바랍니다." 그러자 '선'은 몸을 일으켜 집안으로 들어갔고, '성공'과 '재물'도 그 뒤를 쫓아 들어왔다. 이상하게 여긴 부인은 그들에게 물었다. "두 분은 왜 들어오시나요?"

그러자 노인들은 이렇게 대답했다. '선'이 있는 곳에는 언제나 '성공'과 '재물'이 있기 때문이죠."

하버드 대학의 인간 철학은 언제나 '선량한 마음'을 강조한다. 선량한 마음을 가진 사람은 순결하며, 마음 속 생각이 순결한 사람은 절대 나쁜 일을 저지르지 않는다. 또 외부 세계의 유혹에 흔들리지 않고 사악한 사람과 어울려서 물들지 않으며, 늘 사람됨의 기본 원칙을 잊지 않는다. 물론 우리가 사는 사회는 각종 범죄와 죄악이 가득하고 수많은 함정이 숨어 있다. 하지만 선량한 마음을 잘 지킨다면 그것에 대항할 수 있을 뿐 아니라 그 영향력을 더욱 확대해서 사회의 범죄와 죄악을 줄일 수도 있다.

모든 사람은 반드시 타인의 존재 가치를 인정하고 선량한 마음으로 대해서 선한 마음의 효과를 더욱 크게 만들어야 한다. 이는 자연의 법칙에 걸맞은 일종의 생존 방식이다. 그러므로 언제 어디서든지 이렇게 사고하고 실천해야만 더 큰 발전과 성공을 이룰 수 있다.

사람은 다른 사람들과 떨어져 살 수 없기에 선량한 마음을 잊어서는 안 된다. 당신이 따뜻한 말을 건네며 쓰다듬어주면 강아지는 금세 꼬리를 흔들고 애교를 부리며 당신의 손과 얼굴을 핥으려고 할 것이다. 하지만 만약 당신이 혼내거나 때리는 시늉을 하면 곧 위축되고 짖어댈 것이며 어쩌면 당신을 물려고 들지도 모른다. 사람도 마찬가지다. 동기가 무엇이든, 충동적이거나 단순히 보답의 의미로 베푼 선의일지라도 선의는 반드시 선의로 보답받는다.

흑인인 제시 쿠스는 보잘 것 없는 작은 신문사의 기자였다. 그는 뿌리 깊은 인종차별 탓에 동료들에게 은근히 따돌림을 당하고 있었고 회사에서의 이러한 인간관계는 그에게 큰 골칫거리였다.

당시 미국에서는 기업가 아먼드 해머(Armand Hammer)가 큰 성공을 거둬 명성을 날리고 있었다. 그래서 편집장은 어떻게 해서든지 그와의 인터뷰를 성공시켜 신문 판매부수도 높이고 더불어 신문사의 이름을 널리 알리고자 했다.

제시 역시 반드시 이 인터뷰를 성공해서 동료들이 더 이상 자신을 무시하지 못하게 만들어야겠다고 다짐했다.

어느 늦은 밤, 제시는 한 호텔 입구에서 해머를 막아선 후, 간곡한 표정과 말투로 몇 가지 질문에 대답해줄 수 있느냐고 물었다.

이것은 어찌 보면 다소 무례한 행동이었으나 다행히 해머는 화를 내지 않았으며 부드러운 표정으로 "다음에 하죠. 오늘은 할 일이 있어서요."라고 대답했다.

하지만 제시가 물러서지 않자 해머는 하는 수 없이 한 가지 질문에만 응하겠다고 말했다. 제시는 잠시 생각한 후 대담하게도 가장 민감한 화제에 대해 물었다. "얼마 전 회장님 회사의 동유럽 석유 수출량은 감소한 반면 경쟁 회사의 수출량은 증가했는데요. 이는 회장님의 실수가 아닐까요?"

당돌한 질문에도 해머는 여전히 화를 내지 않고 조용히 대답했다. "다른 사람을 배려하는 것은 자신을 배려하는 것과 같지요. 배려에 필요한 것은 약간의 이해와 도량뿐이지만 얻는 것은 생각 외로 많답니다. 만약 경쟁에서 이기는 데만 열중하는 사람이 이 점을 안다면 분명히 무척 후회할 것입니다. 잊지 마세요. 배려는 가장 효과적이고 좋은 방식입니다."

제시는 해머의 뒷모습을 멍하니 바라보며 한참 동안 길 위에 서 있었다.

이후 제시는 선문답 같은 해머의 말을 여러 번 되새겼고 천천히 그의 말을 이해하게 되었다. 그는 이해와 도량이야말로 서로 적대하는 두 사람 사이의 거리를 줄일 수 있는 가장 좋은 방법이며 배려는 두 마음 사이를 잇는 아름다운 '다리'와 같다는 사실을 깨달았다.

이때부터 제시는 동료들에게 솔직한 태도로 대했다. 그러자 동료들 역시 조금씩 마음을 열었으며 진심으로 대했다.

제시에게 일어난 일은 바로 '선량한 마음'에서 비롯된 것이다. 그는 다른 사람을 선의로 대하고 그들에게 끊임없이 선한 행동을 했다. 선량함은 당신의 인생을 더욱 아름답게 만들 수 있다.

   사람의 본성은 선하기 때문에 누구든 선을 따르고 선량한 행동을 할 수 있다. 선을 따라야만 아름다워질 수 있으며, 선량한 행동을 해야만 그를 둘러싼 세상이 모두 아름다워진다.

하버드가 사랑한

유머

유머는 인생을 대하는 태도이자 일종의 능력이다. 이것은 사치품과 비슷해서 많거나 혹은 적다고 해서 생활에 큰 영향을 주는 것은 아니지만 잘 활용한다면 더 많은 사람과 조화롭고 다양한 인간관계를 맺는 데 큰 도움이 된다. 유머가 있으면 생활에 균형을 잃지 않으며 갈등을 해결하고 적대감을 완화시킬 수 있다. 또 살면서 마주하는 각종 난관을 부드럽게 넘길 수도 있다. 특히 큰 도량과 초연함을 바탕으로 한 유머는 인생의 높은 격조를 보여준다. 이런 유머는 인생의 공허함과 고난, 비루하게 눈앞의 이익에 급급한 모습 등을 모두 초월하며 인생의 낭만적인 이상과 진정한 의미의 자아 가치를 추구한다. 또한 유머는 인생의 준칙이자 궁극적인 목적으로 나아갈 힘인 동시에 커다란 지혜와 용기다. 그래서 유머를 갖춘 사람은 진정한 낙관주의자라고 할 수 있다.

유머가 있는 사람은 일반적인 상황을 초월할 수 있는 인격을 갖춘 사람이다. 그들은 자신의 능력을 정확하게 알고 있기 때문에 아무리 어려운 환경이라도 견딜 수 있으며 언제 어디서나 많은 사람으로부터 환대를 받는다. 역사 속 위인 중에도 유머를 갖춘 사람은 많다.

대문호 괴테(Johann Wolfgang von Goethe) 역시 빛나는 유머 감각을 갖춘 사람이었다.

어느 날 괴테가 바이마르 공원을 산책하고 있었다. 그러던 중 그는 한 사람만 지나갈 수 있는 아주 좁은 길에서 자신의 작품을 신랄하게 비판한 비평가와 마주쳤다. 이 비평가는 큰 소리로 말했다. "나는 이제껏 단 한 번도 바보에게 길을 양보한 적이 없소!"

그러자 괴테는 미소를 지으며 한 쪽으로 비켜서면서 이렇게 말했다. "저는 당신과 달리 바보에게 길을 잘 양보한답니다!"

어쩌면 우리 같이 평범한 사람은 괴테처럼 기발한 유머를 구사하지 못할 수도 있다. 하지만 우리도 유머라는 작은 열쇠를 움직여 거친 세상의 각종 어려움과 고뇌로부터 벗어나서 즐거워질 수 있다. 유머는 당신에게 활력을 주고, 생활에 멋스러움을 더할 것이다. 유머는 상대방에게 강한 인상을 남겨 당신을 잊지 못하게 만들고, 호감과 관용을 얻는 데 큰 도움이 된다. 유머는 다른 사람을 기쁘게 만들 뿐 아니라 자신까지 즐겁게 한다. 이것은 고된 현실의 '윤활제'와 같으며 도무지 뛰어넘을 수 없을 것 같은 한계를 뛰어넘도록 한다.

어느 날 오후, 시인 라울은 더 멋진 시구를 떠올리기 위해 온 힘을 다해 집중하고 있었다. 이때 하인이 방문을 두드리더니 친구 마이크가 보낸 소포를 건넸다. 몸과 마음을 모두 고도로 긴장시키며 집중하던 라울은 작업 흐름이 끊기자 방해 받았다는 생각에 극도의 짜증과 피곤함을 느꼈다. 화가 난 그는 소포의 포장지를 찢기 시작했다. 그런데 몇 번을 벗겨도 계속 포장지만 나올 뿐 도무지 내용물이 보이지 않았다.

마침내 마지막 포장까지 벗겨내자 그 안에는 달랑 작은 종이 한 장이 있었다. 그리고 그 위에는 다음과 같이 적혀 있었다. "친애하는 라울, 나는 건강하고 즐겁게 잘 지내고 있다네! 자네는 어떤가? 진심을 다해, 마이크"

조금 전까지만 해도 기분이 좋지 않았던 라울은 이 짧은 편지를 읽고 무척 즐거워졌으며 짜증과 피곤함까지 싹 사라졌다. 라울은 자신도 친구 마이크를 놀릴 수 있는 장난을 치기로 마음먹었다.

며칠 후, 마이크는 라울이 보낸 커다란 소포를 받았다. 어찌나 무거운지 혼자 힘으로는 집안에 들여 놓을 수 없어서 일꾼까지 고용해야 했다. 마침내 소포를 뜯어본 마이크는 깜짝 놀랐다. 라울이 보낸 소포는 바로 커다란 바위 덩어리였기 때문이다! 바위에는 쪽지 한 장이 붙어 있었는데 그 위에는 다음과 같이 쓰여 있었다. "사랑하는 마이크! 보내준 편지 잘 받았네. 자네가 잘 지낸다는 것을 알고 나니 마치 내 마음 속에 있던 커다란 바위 덩어리가 사라진 듯 기분이 좋아지더군. 그래서 자네를 사랑하고 염려하는 내 마음을 담은 바위를 자네에게 보내네. 기념으로 받아두게!"

유머는 재미있는 상상을 가능하게 한다. 그래서 일상생활에서 어려움을 겪을 때 유머를 이용하면 잠시나마 즐거워질 수 있다. 당신이 상대방을 즐겁게 만들고, 상대방이 즐겁고 긍정적인 반응을 보였을 때 비로소 건강한 유머를 구사했다고 할 수 있다.

건강한 유머는 사람과 사람 사이의 진심, 우호적인 감정을 잘 표현하며 진정한 소통을 이끌어낸다. 그러면 두 사람 사이의 거리를 좁히고, 감정의 골이 사라지게 될 것이다. 그러므로 누군가와 우호적인 관계를 맺고 싶다면 반드시 건강한 유머를 구사해야 한다.

특히 불만이 있을 때 유머를 사용해서 당신의 뜻을 전한다면 상대방은 당신의 말을 좀 더 부드럽게 받아들일 것이다. 다른 사람과의 관계에 문제가 생겼을 때, 심지어 일촉즉발의 위급한 상황에서도 유머는 긴장된 분위기를 누그러뜨리고 불쾌한 상황과 갈등을 해결할 수 있게 도와준다.

영국의 유명한 문학가 조지 버나드 쇼(George Bernard Shaw)가 길을 걷고 있었다. 그 때 자전거 한 대가 빠르게 지나가다가 미처 그를 피하지 못하고 부딪혔고 그 탓에 그는 길바닥에 나동그라지고 말았다. 자전거에 탄 사람은 깜짝 놀라 그를 부축해서 일으키며 연신 사과를 했다. 그러나 버나드 쇼는 그를 나무라며 말했다. "당신은 정말 운도 없군요. 만약 나를 여기서 죽게 만들었다면 전 세계에 이름이 알려졌을 텐데 말이에요."

버나드 쇼의 유머러스한 말은 두 사람을 유쾌하지 않은 상황에서 벗어나게 해주었으며 일이 원만하게 해결되도록 했다. 그의 유머는 상대방에게 잊을 수 없는 인상을 남겼을 뿐 아니라 즐거움과 따뜻함, 관용까지 전해주었다.

유머는 당신에게 활력을 더해준다. 그래서 그 힘으로 어떠한 곤경도 마주할 수 있으며 각종 어려움으로부터 벗어날 수도 있는 것이다. 유머를 모르는 사람은 감정 조절하는 방법 역시 모른다. 이런 사람은 살면서 마주하는 어려움이 점점 더 많아지며 항상 기분이 가라앉아서 힘든 인생을 산다. 그러므로 반드시 유머 감각을 기르고 익히며 훈련해야 한다.

'전자기학의 아버지'로 불리는 마이클 패러데이(Michael Faraday)는 전기 응용 분야에 기초가 되는 것을 많이 발명했다. 하지만 후에 전기, 전등, 전동기 등이 발명되기 전까지 당시 사람들은 대부분 전기의 효능을 의심했다.

어느 날 패러데이가 전자감응이론에 대해 강연하는 중에 한 부인이 그를 곤혹스럽게 하려는 의도로 질문을 던졌다. "교수님, 그러니까 지금 말씀하신 물건들이 대체 무슨 쓸모가 있다는 거죠?" 그러자 패러데이는 미소를 지으며 부드럽게 말했다.

"부인, 이제 막 태어난 아기들을 데리고 뭘 하겠습니까?"

유머를 사용하면 중요한 때에 정면 충돌을 피하고, 우회적으로 곤경에 대응해서 문제를 해결할 수 있다. 만약 패러데이가 질문에 정면으로 대응해서 대답했다면 인정과 이해를 얻지 못했을 수도 있다. 어쩌면 일을 더 크게 만들어서 소통과 교류가 중단되었을지도 모른다. 또 만약 그가 질문을 회피했다면 사람들은 그의 이론을 절대 신뢰하지 않았을 것이다. 그러나 패러데이는 현명하게도 유머러스한 사고방식으로 상대방이 자신의 문제를 깨닫도록 했고, 그녀가 좀 더 발전적이고 관용적인 마음으로 현실을 대할 수 있도록 유도했다. 이와 동시에 패러데이 자신의 용기와 자신감도 드러냈다.

토머스 에디슨(Thomas Edison)은 전구를 발명하기 위해 수많은 실험을 거듭했다. 이때 상상력과 유머 감각이 부족한 한 사람이 비웃듯이 말했다. "에디슨 선생, 당신의 실험은 이미 1,200번이나 실패하지 않았소?" 그러자 에디슨은 크게 웃으며 말했다. "천만에요. 1,200종류의 물질이 필라멘트로 적합하지 않다는 것을 밝혀낸 성공이죠!"

이처럼 뛰어난 재치와 유머로 무장한 에디슨은 꿋꿋하게 연구를 계속했다. 여전히 실패가 계속되었지만 우울해하거나 근심하지 않았으며 사람들의 조롱과 비난에도 괴로워하거나 조급해하지 않았다. 그리고 마침내 전구를 만들어내는 데 성공했다.

유머는 다급하거나 위험한 상황에서도 지혜를 발휘해 곤경에서 벗어나게 해주며 창조적으로 문제를 해결하도록 돕는다. 머리가 좋은 사람일수록 어려운 일을 유머로 해결할 줄 안다.

어느 날 나는 동료와 함께 식사를 했다. 동료는 수프 접시에 파리 한 마리가 있는 것을 발견하고 손을 들어 종업원을 불렀다. "실례합니다만, 대체 이 파리가 내 수프 접시에서 뭘 하는 거죠?"

이것은 종업원이 어떠한 해명이나 사과를 하더라도 고객의 비난을 피할 수 없고, 자칫 말실수를 했다가는 오히려 화만 더 돋울 수 있는 상황이었다. 하지만 이때 종업원의 유머는 긴장된 상황을 매우 부드럽게 만들었다.

그는 허리를 굽혀서 수프 안의 파리를 한참 들여다보더니 대답했다. "수영하고 있는 것 같습니다." 그의 기발한 대답에 우리는 그만 박장대소하고 말았다.

비슷한 이야기는 또 있다. 한 남성이 고급 식당에서 바닷가재 요리를 주문했다. 그는 맛있게 요리된 바닷가재를 먹으려는 순간 가재의 집게발 하나가 없는 것을 발견했다. 그는 종업원을 불렀고, 당황한 종업원은 상황을 매니저에게 말했다.

매니저는 공손한 태도로 사과하며 적당한 유머를 섞어 해명했다. "죄송합니다. 바닷가재가 워낙 사납답니다. 아마 수조에 있을 때 다른 놈이랑 싸우다 집게발을 잃었나 봅니다."

그러자 손님 역시 멋진 유머 감각으로 받아쳤다. "아! 그렇게 된 거군요. 그렇다면 난 이긴 놈을 먹겠소!"

매니저와 손님은 모두 유머러스한 표현으로 두 사람 사이의 문제를 부드럽게 해결했다. 두 사람은 서로를 놀리거나 비판하지 않았으며 자존심을 상하게 하지도 않았다. 바로 유머를 통해 식당의 명예와 손님의 이익을 모두 보호한 것이다.

유머에 능한 사람은 긍정적이며 쾌활하다. 이들은 아무리 어려운 상황에서도 "그래도 좋은 쪽으로 생각해야지!"라고 말하는 사람들이다.

중국의 군인이자 정치가인 천이(陳毅)는 항일 전쟁이 벌어진 동안 양(羊)우리에서 기거하며 매일 콩죽을 끓여 먹고, 건초를 이불 삼아 덮고 잤다. 말할 수 없이 힘든 생활이었지만 천이는 유머를 잃지 않고 언제나 이렇게 말했다. "나는 양옥집에 살며, 진주를 갈아 넣은 수프를 먹고, 금색 이불을 덮고 잔다네!" 그의 유머러스한 말은 지친 동지들에게 큰 웃음을 선사했으며 반드시 승리할 수 있다는 믿음을 더욱 강하게 했다.

유머는 커다란 지혜를 약간의 바보스러움 뒤에 숨긴 채 미소를 띠고 삶의 모순과 갈등을 바라보는 것이다. 나날이 복잡해지는 현대 사회 속에서 사람들은 이미 각종 스트레스에 시달리고 있다. 현대 사회에서 즐거움은 그냥 주어지는 것이 아니라 노력을 기울여 찾아야 하는 것이 되었다. 그래서 유머를 통해 즐거움을 좇는 것이야말로 긍정적인 생활 태도 중 하나라고 해도 과언이 아니다.

가벼운 유머는 상대방의 호감을 얻을 수 있으며 스트레스를 없애준다. 유머는 민감한 문제에 부딪히거나 급박한 상황에 처한 당신을 구원할 것이다.

성격은 스스로
결정하는 것이다

"강산은 바뀌어도 본성은 바뀌지 않는다."는 말이 있다. 이것은 사람의 성격이 절대 바뀌지 않는다는 의미로 실제로 많은 사람이 이것이 맞는 말이라고 생각한다. 하지만 심리학적으로 보았을 때 성격은 바꿀 수 있을 뿐만 아니라 강산을 바꾸는 것보다 훨씬 쉽다!

그런 탓에 "타고난 성격대로 인생이 결정된다.", "열여덟 살 이후에는 성격을 바꾸기 어렵다." 따위의 말은 사실 잘못된 것이다. 정리하자면 성격은 나이와 상관없이 언제든지 바꿀 수 있는 것이며 다만 나이가 많을수록 바꾸기 더 '어려울' 뿐이다.

앞에서 이야기했듯이 성격은 태도, 이성과 지혜, 의지, 감정의 네 가지 특징이 결합된 복합체다. 이중에서 태도는 세계관, 신념, 이상, 흥미 등을 드러내는 것으로 객관적 사물에 대한 개인의 고유한 반응이자 그 사람의 본성을 엿볼 수 있는 중요한 특징이다. 우리는 모두 태도를 바꿀 수 있으며 그 과정이 그다지 까다롭지도 않다.

일반적으로 태도란 '굳어진 생각'에서 비롯된다. 편견이나 선입견 같은 굳어진 생각이 하루아침에 바뀌는 것은 아니다. 그러나 그렇다고 절대 바꿀 수 없는 것은 아니며 경험 혹은 실천을 통해 바꾸거나 없앨 수 있다. 예를 들어 게으르고 매사에 의욕이 없던 사람이 절체절명의 순간이나 고된 역경을 겪은 후, 성실한 사람이 되는 것처럼 말이다. 직접적인 경험과 실천은 한 사람의 태도를 바꾸는 가장 간단하면서도 효과적인 방법이다. 사람들은 자신의 경험과 실천을 통해 증명된 내용이라면 기꺼이 생각을 바꾼다. 이기적인 사람이 이타적으로, 잔악하고 표독스러운 사람이 자애롭게, 비관적인 사람이 낙관적으로, 거만한 사람이 친절하게 변하는 것이다.

성격을 구성하는 다른 세 가지 특징, 즉 이성과 지혜, 의지, 감정은 생리나 유전 같은 선천적인 요소의 영향을 받기 때문에 태도에 비해 바꾸는 것이 쉽지 않다. 이 세 가지는 그 사람의 세계관이나 신념, 용기의 유무 등과 큰 관계가 있다. 예를 들어 평소 자주 우울해지는 사람은 세계관이 비관적이다. 또 평온하며 금욕적인 세계관을 갖춘 사람은 대체로 감정의 기복이 없고 안정적이다.

우리가 일반적으로 말하는 '본성'은 바로 이 세 가지를 가리키며 이는 태도에 비해 바꾸기가 쉽지 않다. 그러나 이 역시 절대 바꿀 수 없는 것은 아니며 일상생활에서 천천히 바뀌 나갈 수 있다. 다만 태도에 비해서 속도가 느리고, 과정이 조금 복잡할 뿐이다. 예를 들어 성격이 급하고 불 같은 사람이 의사가 된 후 차츰 인내심을 길러서 직장뿐 아니라 일상생활에서도 더 차분하고 신중한 사람이 될 수 있다.

다시 태도의 변화에 대해서 이야기해보자. 이것은 한 사람의 성격 변화를 매우 잘 드러내는 것으로 외재적인 환경 변화와 내재적인 자기제어의 영향을 받아 발생한다. 외재적인 환경 변화란 인생의 중요한 사건, 예를 들어 집

안의 몰락, 가까운 사람의 죽음, 사업의 성공 등을 의미한다. 이처럼 예상하지 못했던 커다란 충격이나 행운 속에서 만난 인연, 기회, 선택 등은 그 사람의 태도를 바꿀 수 있다. 그래서 밝고 외향적인 사람이 어둡고 내향적으로, 비관적이고 우울하던 사람을 낙천적이고 자신만만한 사람으로 변화하는 것이다.

내재적인 자기제어는 이보다 더 중요하며 이것이야말로 성격을 스스로 결정하는 것이다. 수많은 역경 속에서도 무너지지 않고 훌륭한 꿈을 이룬 사람들이 모두 그 예가 될 수 있다. 자신을 제어하고 변화하는 과정은 일반적으로 세계관, 신념과 같은 태도를 먼저 바꾸고 나아가 나머지 세 가지 성격 특징까지 바꾸는 것으로 이루어진다. 자기제어, 예를 들어 스스로 정해 놓은 규칙, 더 나아지기 위해 자신을 다그치는 것, 타인과의 관계에 대한 생각 등은 눈치 채지 못하는 사이에 당신의 성격을 바꾼다.

사람의 성격은 얼마든지 바꿀 수 있다. 네 가지 성격 특징 중에서 태도를 먼저 바꾼다면 나머지 세 가지 역시 쉽게 바꿀 수 있다. 이때 가장 중요하고 효과적인 방법은 자기제어이며 이런 의미에서 당신의 성격은 당신이 결정하는 것이라고 할 수 있다!

태도를 바꿈으로써 성격 전체를 바꿀 수 있다. 당신의 성격은 당신 스스로 결정하는 것이며 주동적으로 개성과 선천적인 성격적 장점 등을 결합해서 더 건강한 성격으로 거듭날 수 있다. 이를 통해 자신을 그 누구와도 다른 고유한 인격체로 만들어 나가야 한다.

성격을
훈련하라

    성격 수양이란 스스로 성격을 바꾸고 조절하는 것을 가리킨다. 이것은 더 나은, 더 건강한 성격을 위한 필수 과정이며 자신을 이해하고 제어하는 데 반드시 필요한 능력이다.

    건축가는 벽돌과 시멘트로 다양한 형태의 건축물을 만든다. 궁전, 허름한 집, 별장, 헛간……, 무엇이든 간에 중요한 것은 건축가가 어떻게 만드는가다. 사람의 성격도 마찬가지다. 자아의 발견과 창조, 노력을 거치지 않고서는 건강한 성격이 만들어질 수 없으므로 감시, 절제, 약속 등의 방법으로 자신을 끊임없이 단속하고 훈련해야 한다. 바로 이러한 노력이 있어야만 발전하고 개성이 뚜렷한 사람이 될 수 있다.

    매년 12월 1일, 뉴욕의 록펠러센터(Rockefeller Center) 앞 광장에서는 크리스마스트리 점등식이 성대하게 거행된다. 이곳의 엄청나게 크고 아름답게 장식된 트리는 펜실베이니아에 있는 수많은 삼나무 중에서 엄격한 심사를 거쳐 골라오는 것이다.
    어느 날, 한 화가가 학생들과 함께 이 트리를 스케치하러 갔다.

모두들 아름다운 트리를 보며 감탄하고 있을 때, 제자 중 한 중년 부인이 미소를 지으며 화가에게 물었다. "이 트리가 거의 완벽하게 아름답다고 생각하시나요?"

화가는 "수많은 나무 중에 고르고 골라 선택된 것이니 그렇지 않겠습니까?"라고 대답했다.

그러자 그녀는 이렇게 말했다. "아무리 아름다운 나무라도 흠집이 있기 마련이죠. 분명히 어딘가에 가지가 부러졌거나 잎이 부족한 부분이 있답니다. 사실 제 남편은 펜실베이니아의 목수예요. 목수들은 언제나 다른 가지와 잎을 덧붙여서 트리를 완벽하게 보이도록 만들죠."

화가는 이렇게 아름다운 트리가 사실은 모두 많은 보수를 거쳐 만들어진 것이라는 사실을 알고 깜짝 놀랐다.

모든 사람은 끊임없는 보수가 필요한 트리와 같은 존재이며, 어떤 성격이든 쉬지 않고 계속되는 보수를 통해 나날이 더 나아지고, 더 건강해질 수 있다.

성격 수양은 반드시 필요한 것이며 인생 전체에 중요한 역할을 한다. 누군가의 건강한 성격은 그가 후천적으로 실천을 통해 끊임없이 성격수양을 한 결과물이라고 할 수 있다.

자연 상태의 철광석은 거의 아무런 쓸모가 없다. 그러나 뜨거운 용광로 속에서 녹이고 다듬어서 순도를 높인 후, 다시 고온에서 제련해서 틀에 넣으면 매우 유용한 물건이 된다. 인생을 좌우하는 성격 역시 매우 신중한 훈련이 필요하다.

사람은 모두 일생 동안 자신을 단련해서 자아를 완성해 나간다. 성격 수양은 자신 안에 있는 건강하지 않은 성격을 고쳐서 건강하게 전환시키는 것이며 그래야만 진정한 자아를 완성할 수 있다.

미국의 유명한 문학가이자 기업가인 벤저민 프랭클린(Benjamin Franklin)은 자신을 단련하기 위한 열세 개의 엄격한 항목을 정한 것으로 유명하다. 이것은 그가 젊었을 때 만난 편집장 퍼스와의 인연에서부터 시작된 것이었다.

퍼스는 프랭클린이 글을 쓸 때마다 항상 이렇게 말했다. "한 단어라도 정확하지 않다면 사전을 찾아 확인하게나." 또 그는 아예 매일 한 편씩 글을 써서 제출하라고 요구했는데 하루라도 프랭클린이 늦장을 부리는 것 같으면 직접 와서 책상을 두드리며 "글은?"이라고 물었다. 이렇게 하루, 한 달이 지나고 시간이 흐르면서 프랭클린의 글은 크게 발전했다.

퍼스가 세상을 떠난 후, 프랭클린은 그가 남긴 원고를 정리하다가 다음과 같은 메모를 보았다. "나는 당신이 생각하는 것처럼 대단한 사람이 아니라네. 사실 난 글에 대해 잘 몰라. 하지만 자네가 내게 가르침을 청했고 나는 최선을 다해서 그렇게 했네. 하지만 엄밀히 말하자면 자네 스스로 훈련한 것이지." 프랭클린은 이 메모를 읽은 후 비로소 자신의 문학적 재능과 실력이 매일 한 편씩 글을 쓰는 훈련에서 비롯되었음을 깨달았다.

이후 프랭클린은 퍼스의 가르침을 기억하며 그가 살아 있을 때와 똑같이 자신을 끊임없이 훈련하고 실력을 길렀으며 마침내 큰 성공을 거두었다.

성격 수양은 자아를 완성하는 능동적인 행동으로 만약 능동성이 없다면 효과가 크지 않다. 능동성은 우선 자신의 성격적인 결점을 인식하는 데서 시작된다. 그런 후에 얼마나 엄격한 기준을 세우고 훈련을 지속하느냐에 따라 효과가 달라진다. 꿈이 원대한 사람은 자신에게 엄격하며 이상이 클수록 더욱 능동적이고 적극적으로 자신의 성격을 훈련한다.

인생에서 가장 중요한 것 중 하나는 바로 자신을 훈련하는 것이다. 끊임없는 훈련을 통해 자신을 펄펄 끓는 용광로 속에 넣고 단련해야만 더욱 건강한 성격을 만들 수 있다. 이것에 성공한 사람만이 더욱 예리하고 빛나는 눈을 가질 수 있다.

더 나은 성격을
위하여

성격은 태어난 후에 사회와 문화 등 주변 환경의 영향을 받아 만들어지는 것으로 세계관, 인생관, 가치관 등으로 구성되어 있다. 우수한 성격과 품성은 그 사람의 지능과 재능을 더욱 빛나게 해서 좋은 길로 이끌지만 반대의 경우에는 잘못된 길로 들어서게 해서 시련과 고통의 늪으로 빠지게 만든다.

모든 사람은 선과 악이 조합된 모순된 존재다. 이탈리아 작가 이탈로 칼비노(Italo Calvino)의 작품 ≪반쪼가리 자작(Il visconte dimezzato)≫은 인간의 이러한 이중적인 성격을 잘 설명하고 있다.

메다르도 자작(Medardo)은 전쟁터에서 포탄에 맞아 몸이 두 개로 나뉘었다. 군의관이 살려낸 '악한' 오른쪽은 고향으로 돌아와서 사악한 행동만 일삼으며 사람들을 괴롭혔다. 얼마 후 '선한' 왼쪽 역시 천신만고 끝에 고향으로 돌아왔는데 그는 누구에게나 선량하게 행동했다.

이처럼 '두 개의 자작'은 사사건건 부딪히다가 결국 결투를 벌였으며 그 와중에 서로 반으로 나뉜 상처를 칼로 찔렀다. 이때 한 의사가 그들을 급히 봉합했고 메다르도 자작은 마침내 다시 몸과 마음이 완벽한 인간으로 탈바

꿈했다.

누구든 내면에 선한 모습과 악한 모습이 있다. 이 두 가지는 단순히 더해진 것이 아니며 하나의 영혼 안에서 서로 섞여 잘 어우러져 있다.

어느 무더운 날, 숲을 지나던 스승이 제자를 불렀다. "목이 마르구나. 방금 지나온 개울의 물이 맑던데 가서 좀 떠오너라."

이에 제자는 황급히 가보았지만 개울이 생각보다 작은데다 방금 전에 마차가 지나간 바람에 물이 더러워져 있었다. 그래서 스승에게 다시 돌아가 말했다. "개울물이 더러워서 그냥 왔습니다. 마침 가까운 곳에 강이 하나 있으니 그곳에서 물을 떠오겠습니다."

그러자 스승은 "아니다. 너는 다시 그 개울로 가는 것이 좋겠구나."라고 대답했다. 제자는 일단 시키는 대로 했으나 결국 허탕을 칠 테니 시간 낭비일 뿐이라고 생각했다.

도무지 이해할 수 없었던 그는 반쯤 가다가 다시 돌아가서 물었다. "감히 묻겠습니다. 저를 그 개울로 돌려보내신 까닭이 무엇입니까?" 그러자 스승은 아무런 설명 없이 대답했다. "다시 가거라." 제자는 하는 수 없이 개울로 갔다.

개울에 다다른 제자는 크게 놀랐다. 진흙이나 모래가 모두 쓸려 내려가서 물이 다시 맑고 깨끗해진 것이다.

비로소 뜻을 이해한 제자는 미소를 지으며 물을 떠서 즐거운 마음으로 돌아갔다. 그는 무릎을 꿇고 물을 바치며 말했다. "이제야 깨달았습니다. 본성이 깨끗하다면 어떤 것에도 더럽혀지지 않는다는 것을."

원래 성격이란 모두 순결하며 무엇에도 오염되지 않은 것이다. 그런데 성장하면서 수많은 외부 요인 탓에 오염되고 흐려져서 더럽혀지는 것이다. 세월이 흐르는 사이에 자신도 모르게 모래와 진흙이 쌓여서 더럽혀지고 깨끗함을 잃지만 이 오염물들을 모두 흘려보낸다면 곧 맑고 깨끗한 본성이 드러날 것이다.

다시 말해 누구나 오염되지 않은 우수한 성격과 품성이 있지만 겉으로 드러나지 않을 뿐이며 그렇기에 본성을 '끄집어내는 것'이 중요하다.

한 사람이 현자(賢者)에게 물었다. "어떻게 하면 모두가 좋아하는 사람이 될 수 있습니까?"

그러자 현자가 콩꼬투리를 건네며 물었다. "콩 냄새가 납니까?"

그가 고개를 젓자 현자는 이렇게 말했다. "꼬투리를 비틀어보십시오."

그러자 껍질에 쌓인 콩이 떨어져 나왔다.

현자는 다시 물었다. "콩 냄새가 납니까?"

"조금요."

"껍질을 까보십시오."

껍질이 벗겨지자 하얀 콩이 나왔다.

"지금은 어떻습니까? 콩 냄새가 납니까?"

"아까보다 조금 더 납니다."

"콩을 기름 짜는 기계에 넣어 보시지요."

잠시 후, 기계에서 고소한 향기가 나는 콩기름이 흘러나왔다.

"냄새가 정말 좋군요!" 그는 환하게 웃으며 이렇게 말했다. "무슨 말씀인지 알겠습니다. 모두가 좋아하는 사람이 되려면 제 스스로 향기를 퍼트려야 한다는 걸요!"

현자는 미소를 지었다.

성격이란 수많은 잘못된 이미지로 가려져 있기 때문에 그 본질을 가려내기가 무척 어렵다. 그러므로 온 힘을 다해 스스로 잘못된 이미지를 없애서 맑고 밝은 본성이 드러나 빛을 내도록 해야 한다.

그런데 본성이 드러나는 방식은 사람마다 다르기 때문에 자신을 정확히 바라보고 이해한 후 알맞은 방식을 택하는 것이 좋다. 예를 들어 다른 사람들 앞에 나서는 것에 거리낌이 없고 뛰어난 표현력을 갖췄다면 본성을 드러낼 기회를 적극적으로 찾아야 한다. 그러나 이와 반대의 경우라면 다른 사람의 지휘 아래에서 자신의 본성을 드러내야 한다.

성격은 그 사람의 운명을 결정한다. 빌딩에 빗대어 설명하자면 성격은 빌딩의 뼈대를 만드는 철근이며, 지식은 이 철근을 서로 잇는 콘크리트와 같다. 성격은 당신의 인생이 평범할지, 비범할지를 결정한다. 비범한 삶을 살고 싶다면 먼저 자신에 대한 이해도를 높여야 한다. 당신은 유일무이한 존재며, 인생의 주도권은 당신이 가지고 있으니 어떻게 하면 그 우수한 성격과 품성을 효과적으로 드러낼지 신중하게 생각하자!

성격이란 수많은 잘못된 이미지로 가려져 있기 때문에 그 본질을 가려내기가 무척 어렵다. 그러므로 온 힘을 다해 스스로 잘못된 이미지를 없애서 맑고 밝은 본성이 드러나 빛을 내도록 해야 한다.

제 2 장

처세

- 로버트 머튼-

로버트 머튼(Robert C. Merton)은 하버드 비즈니스 스쿨의 교수로 롱텀캐피탈 매니지 먼트(Long Term Capital Management)의 창립인 중 한 명이다. 1944년 7월 31일에 뉴욕에서 태어났으며 1970년에 매사추세츠 공과대학교(Massachusetts Institute of Technology)의 경영대학원 슬론 스쿨(Sloan School)에서 강의를 시작했다. 하버드에서는 1988년부터 강의했다. 국제 금융공학도 협회(International Association of Financial Engineers)에서 선정한 '올해의 경제공학도상'을 수상했고, 같은 해 선임연구원으로 선출되었다. 미국 국립과학아카데미(National Academy of Science)의 회원이며, 전미재무학회(FMA) 회장을 역임했다. 1997년에 노벨 경제학상을 받았다.

그의 저서 ≪시연속 재정학(Continuous-Time Finance)≫은 미국 경제학 박사과정 학생들의 필독서이며, 즈비 보디에(Zvi Bodie)와 함께 쓴 ≪재무의 이해(Finance)≫ 역시 전 세계 경제학 강의에서 교재로 사용되고 있다.

좋은 인간관계가
더 나은 인생을 만든다

한 사람의 인간관계를 살펴보면 그가 어떤 사람인지 대체로 파악할 수 있다. 현대 사회에서는 다른 사람과 동떨어져서 완전히 고립된 상태로 어떤 일을 완성하거나 성공을 거두는 것이 불가능하다. 무슨 일을 하든지 반드시 다른 이의 도움이 필요한데, 이 도움은 바로 '좋은 인간관계'로부터 얻을 수 있다. 인간관계가 좋은지 나쁜지에 따라 당신의 성공 여부가 결정된다고 해도 과언이 아니다. 만약 인간관계가 좋지 않다면 아무리 최선을 다하고 노력해도 결과는 언제나 실패로 돌아갈 것이다. 나무의 몸통이 아무리 굵고 높이 솟았어도 사방으로 뻗은 가지와 커다란 잎이 없다면 어떻게 맛 좋은 과일이 열리겠는가?

그럼 인간관계의 폭이 넓고 종류가 다양하기만 하면 무조건 좋은 것일까? 안타깝게도 모든 인간관계가 당신에게 도움을 주는 것은 아니다. 일반적으로 현재 교류 중인 사람의 80%는 당신에게 큰 도움이 되지 않으며, 나머지 20%만이 도움을 줄 수 있다. 이 20%는 아마 각자의 분야에서 뛰어나거나 다양한 장점을 지닌 사람일 것이다. 이처럼 '수준 높은' 사람들과의 교류는 당신에게 큰 영향을 미쳐 인생의 성공과 실패에 커다란 작용을 한다.

사람은 온몸의 수많은 기관을 통해 사방에서 영양과 에너지를 흡수함으로써 성장하거나 생명을 연장한다. 이 과정은 모두 지각할 수 없으며 영양과 에너지의 근원과 끊임없이 접촉하면서 자연스럽게 이루어지는 것이다. 그러므로 우리가 할 수 있는 일은 가치가 높은 근원을 잘 구분하고 선택해서 항상 그것과 가까이 하는 것이다.

인간관계도 마찬가지다. 성공하고 싶다면 당신이 알고 있는 모든 사람을 똑같이 대해서는 안 된다. 당신에게 도움이 될 수 있는 사람들을 선별해서 시간과 에너지의 대부분을 그들에게 쏟으며 끊임없이 교류하고 관계를 돈독하게 하는 것이 중요하다. 그래야만 인간관계의 수준이 높아져서 당신을 성공으로 이끌기 때문이다.

영국에서 대학을 졸업한 마리사는 한 연구소에서 직장생활을 시작했지만 새로운 환경에 쉽게 적응하지 못했다. 그곳의 풀 한 포기, 나무 한 그루조차 낯설었으며, 동료들과의 관계도 서먹했다. 출근 첫날, 그녀가 먼저 용기를 내 인사를 건넸지만 각자 일에 바쁜 동료들은 별다른 반응을 보이지 않았다. 마리사는 온몸의 힘이 쭉 빠지는 것만 같았다. 다들 왜 저럴까? 내가 그들과 친해질 수 있을까? 오랜 생각 끝에 마리사는 자신을 위해 반드시 '좋은 인간관계'를 만들겠다고 결심했다.

다음 날 아침, 마리사는 일찍 출근했다. 그리고 동료들의 책상 위에 아무렇게나 놓인 각종 서류와 자료를 가지런하게 정리한 후, 출근한 동료들이 마실 수 있도록 물을 한 잔씩 가져다 두었다.

이것은 그녀가 심사숙고 끝에 생각해낸 방법으로 결코 아부하거나 비굴하게 구는 것이 아니었다. 사실 효과가 있고 없고를 떠나서 첫 걸음을 내딛는 것이 중요하다. 지금 당신이 가진 재물이 단번에 얻은 것이 아니라 조금씩 차곡차곡 쌓인 것처럼 좋은 인간관계도 그렇게 만들어지는 것이다. 그렇다면 마리사의 방법은 효과를 거두었을까?

동료들은 출근한 후, 사무실 안이 무언가 달라졌다는 느낌을 받았다. 그들은 잠시 어리둥절했지만 마리사가 일찍 출근해서 벌써 업무를 시작한 것을 보고 상황을 파악했다. 얼마 후 그들은 마리사에게 먼저 인사하기 시작했으며 혹시 일하다가 모르거나 도움이 필요하면 언제든지 말하라고 했다. 3개월 후, 마리사는 이제 동료들과 '말하지 않아도 알 수 있는' 관계가 되었다. 이것은 바로 마리사가 '좋은 인간관계'를 만들겠다고 결심한 때부터 시작된 것이다.

어느 날 퇴근한 마리사는 정류장에서 버스를 기다리고 있었다. 그녀는 동료가 운전하는 차가 신호에 걸려 정차한 것을 발견하고 손을 흔들었으며 동료 역시 밝게 웃으며 인사했다. 그런데 바로 이때, 맞은편에서 화물을 가득 실은 커다란 트럭이 달려오더니 동료의 차를 정면으로 들이받았다. 피투성이가 된 동료는 정신을 잃었으며 이 상황을 모두 목격한 마리사는 조금도 주저하지 않고 뛰어가서 그녀를 꺼냈다. 그리고 지나가던 택시를 세워서 동료를 빠르게 병원으로 이송했으며, 가족들이 올 때까지 병원에서 자리를 지켰다. 수술이 성공적으로 끝난 후, 의사는 동료와 그 가족들에게 5분만 늦었으면 방법이 없었을 것이라며 마리사를 칭찬했다.

얼마 후 퇴원한 동료는 가족들과 함께 마리사의 집에 방문해서 진심으로 감사의 말을 전했다. 이후 두 사람은 마치 친자매와 같은 사이가 되었다.

좋은 인간관계를 만들고 싶은가? 그렇다면 마리사처럼 능동적으로 사교의 기회를 만들어라. 더 많은 사람과 교류할 수 있으며 그들에게 좋은 이미지를 남길 수 있다. 그런 후에 당신에게 도움이 될 수 있는 사람과 관계를 더욱 돈독하게 하는 것이 좋다.

마리사는 좋은 인간관계를 위해 능동적으로 기회를 만들었다. 또 실제 행동을 통해 주변 사람들을 감동시켜서 인간관계의 폭을 넓히고 질을 향상시켰으며 그 안에서 커다란 이익을 얻었다.

만약 마리사가 수동적으로 이도저도 아닌 태도를 취했다면 절대 좋은 인간관계를 맺지 못했을 것이다. 그녀는 경험을 통해 사교에 능하고 인간관계가 좋은 사람만이 성공할 수 있다는 사실을 깨달았다.

인간관계가 좋지 않다면 아무리 최선을 다하고 노력해도 실패를 일삼을 것이다. 나무의 몸통이 아무리 굵고 높이 솟았어도 사방으로 뻗은 가지와 커다란 잎이 없다면 어떻게 맛 좋은 과일이 열리겠는가?

인맥을
확대하라

성공하는 사람은 넓고 두터운 인맥을 자랑한다. 옛 친구, 새로운 친구, 남성, 여성, 선배, 동기, 후배, 지위가 높은 사람, 지위가 낮은 사람, 같은 업계 사람, 다른 업계 사람, 같은 지역 사람, 다른 지역 사람……, 어떤 사람이든 당신의 인맥이 될 수 있다.

주위를 둘러보면 사교의 범위가 매우 협소하고 한쪽에 치우친 사람들이 있다. 이들은 자신이 익숙한 범위 안에서만 사람들을 만나는데 이런 경우 인맥을 구성하는 사람들의 특기와 장점이 비슷할 수밖에 없다. 그러면 받을 수 있는 도움 역시 매우 제한적이다. 그러므로 인맥은 어느 한 쪽에 치우쳐서는 안 되며 반드시 다양한 방면의 사람들을 포함해서 그들이 서로 다른 방향에서 당신을 지원하도록 해야 한다. 당신 역시 그들이 필요한 도움을 제공해야 하는데 이처럼 서로 도움을 주고받는 것이 바로 인맥의 특징이자 인맥을 잘 유지할 수 있는 방법이다.

특히 분야와 관심거리가 다른 사람은 큰 도움이 된다. 만약 당신이 상인인데 주변의 친구와 지인들까지 모두 상인이라면 당신의 인맥은 일종의 한계에 부딪힐 것이 분명하다. 그리고 이런 한계는 인맥의 '사용가치' 와 '품질'

에 큰 영향을 미칠 수 있다. 그렇다면 다른 분야, 예를 들어 정계에 연줄을 대거나 그 분야의 친구를 사귀는 것은 어떨까? 이것은 생각해 볼 필요도 없이 당연히 필요한 일이다. 장사를 하다보면 혼자만의 능력으로는 절대 해결할 수 없는 일에 부딪힐 수밖에 없기 때문이다.

이와 같은 이유로 너무 좁은 범위에서 분야와 관심거리가 같은 사람만 사귀어서는 안 된다. 당신에게 어떠한 특기와 장점이 있다면 그것과 다른 특기와 장점이 있는 사람과 의도적으로 만남의 기회를 만들고 그들과 관계를 맺는 것이 중요하다.

인맥의 범위가 넓을수록 '우연'의 확률 역시 높아진다. 여기서 말하는 우연은 지인들과 교류하는 과정에서 출현하는 것으로 그들이 큰 의미 없이 던지는 말 한마디, 도움과 관심 등을 가리킨다. 이러한 것들은 종종 무척 얻기 어려운 '기회'가 될 수 있기에 무척 중요하다. 예를 들어 친구의 추천이나 그들이 제공하는 정보, 기타 여러 가지의 도움 등이 모두 더할 나위 없이 좋은 기회나 그에 관한 힌트가 될 수 있는 것이다. 처음에는 이러한 우연을 잘 알아차리지 못해서 인맥의 효용성을 의심할 수도 있다. 하지만 그렇다고 해서 냉정하게 인연을 끊어서는 안 된다. 그 인맥이 당신에게 더 큰 기회를 가져다줄지 누가 알겠는가?

사실 당신의 인맥은 생각한 것보다 훨씬 넓고 크다. 매일 혹은 자주 연락하는 사람 외에도 함께 일하는 동료, 예전에 함께 일한 적 있는 동료, 동창들, 가족과 친척, 우연히 만난 학생들의 부모, 행사나 회의에서 만났던 사람들이 모두 당신의 인맥에 포함된다. 조금 더 넓게 보자면 이렇게 당신과 접촉한 사람들이 알고 있는 사람들까지 모두 당신의 인맥에 포함할 수도 있다.

하버드 대학의 인간관계 연구에 따르면 모든 사람은 단 6명만 거치면 대통령과 연줄이 닿는다고 한다. 당신이 아는 사람이 아는 사람, 그가 아는 사람, 또 그가 아는 사람……, 이런 식으로 당신이 대통령의 집무실에까지 들어갈 수도 있는 것이다. 한 나라의 대통령과 만나는 데도 겨우 6명이면 되니 당신이 만나고 싶은 누군가와도 그 정도면 충분하지 않겠는가? 당신이 만나고 싶은 사람이 한 기업체의 대표, 할리우드의 제작자, 누구든지 아는 유명 인사라도 가능하다.

사람들은 누구나 믿고 좋아하는 사람과 함께 일하거나 그를 돕고자 한다. 이러한 관계는 어느 날 갑자기 마술처럼 생기는 것이 아니며 오랜 시간과 많은 에너지를 투자해서 발전시켜 나가는 것이다. 동료, 사업 파트너 등과 함께하는 운동, 지역사회에 대한 후원 활동, 마을의 소모임 혹은 조직 가입 등이 모두 당신의 인맥을 넓힐 수 있는 준비 작업이 될 수 있다.

인맥을 넓히려면 우선 어떤 분야에서 더 많은 지식과 경험을 얻고자 하는지 생각해보아야 한다. 컨설팅 업무를 계획 중일 수도 있고, 음악이나 미술 분야의 예술가, 혹은 인터넷 상거래를 준비할 수도 있다. 이때 당신에게 필요한 전문 지식을 제공할 수 있는 사람이 누굴까? 주변을 살피고 가까운 인맥뿐 아니라 잠재적으로 이용 가능한 인맥 자원을 모두 떠올려보자. 만약 당신에게 도움을 줄 수 있는 사람이 회사 안의 누군가라면 당장 그와 교류할 기회를 만들어야 한다. 그런 사람이 없다면 가까운 지인과 교류하면서 그들이 아는 사람 중에 혹시 당신이 원하는 사람이 있는지 알아보아야 한다. 당신이 알게 된 사람을 통해서 또 다른 누군가를 알게 되고, 또 누군가를 알게 되고……, 이런 식으로 당신이 필요한 사람에게까지 닿을 수 있다. 그러다가 더 이상 뻗어나갈 수 없는 상황이 되었다면 이제 당신 스스로 필요한 사람을 찾아 나서야 한다. 알고자 하는 분야의 전문가, 그것에 관한 글을 쓴 사람을 찾고 그에게 이메일을 보내어 당신의 문제를 알리는 것이다. 이 방법을 통해 어느 대학의 교수 혹은 어느 기업의 회장 등 다양한 사람들과 직접적인 관계를 맺을 수 있다. 만약 그들이 직접 당신을 도울 수 없다면 적당한 사람을 추천하거나 관련 자료를 부탁하는 것도 좋다. 현대의 통신 기술을 최대한 활용한다면 미국 대통령에게도 이메일을 보낼 수 있다. 무엇보다 중요한 것은 지금 당장 행동을 시작하는 것이다!

인맥은 어느 한 쪽에 치우쳐서는 안 되며 반드시 다양한 방면의 사람들을 포함해서 그들이 서로 다른 방향에서 당신을 지원하도록 해야 한다. 당신 역시 그들이 필요한 도움을 제공해야 하는데 이처럼 서로 도움을 주고받는 것이 바로 인맥의 특징이자 인맥을 잘 유지할 수 있는 방법이다.

감정 투자가
답이다

　요즘 사람들이 '돈만 알고 정이 없다'고들 하지만 사실 사람은 '정(情)' 없이 살 수 없는 존재다. 그래서 주위를 둘러보면 실제로 '정 때문에' 하는 일이 꽤 많다. 사랑을 위해 심지어 목숨까지 바치겠다는 사람도 있으니 '정 때문에' 혹은 '인정상' 무언가를 한다는 것은 그리 대단한 일도 아니다. 그렇기에 경쟁이 치열한 일터에서도 항상 '감정 투자'를 게을리해서는 안 된다. 감정 투자란 사람들이 서로 더 많이 알고 소통해서 관심을 기울이고 도움을 주고받는 것을 의미하며 이를 바탕으로 난처한 상황에서도 서로 배려하는 것이다. "정 없는 곳에 성공도 없다."는 말에서 알 수 있듯이 성공하고 싶다면 반드시 감정을 투자해야 한다.

　감정 투자는 매우 자연스럽고 다양한 형태로 이루어지는데 보통 일하면서 만난 사람과 정을 나누고 관계가 돈독해지면서 함께 하는 일까지 성공으로 이끄는 식이다. 이처럼 '인연을 맺은' 사람과 장시간 교류하다 보면 자연히 정이 깊어지고 서로 도움을 주고받게 된다. 하지만 이것은 어디까지나 관계가 좋을 때의 이야기다. 인연을 맺었다는 것은 서로 죽이 잘 맞는다는 의미지만 이 관계를 보호하고 유지하는 것은 생각보다 어려운 일이기 때문에 감정 투자를 게을리해서는 안 된다.

특히 경쟁이 심한 비즈니스 세계에서는 모두 자신의 이익을 위해 움직이므로 상대방에 대한 의심이나 시기, 질투가 생기기 쉽다. 그러면 두 사람의 협동이 대립으로, 선의가 적의로 바뀔 수도 있는 일이다.

실제로 이런 상황은 드문 일이 아니다. 지금 당신 주변에 서로 원수처럼 으르렁거리며 헐뜯는 사람이 예전에 사실 아주 친한 사이였을 수 있다. 그들의 관계가 돌변한 까닭을 명확히 말할 수는 없지만 그들 사이에 서로에 대한 비난과 원한만 남은 것은 확실하다.

그들이 이런 상황까지 된 것은 바로 감정 투자에 소홀했기 때문이라고 할 수 있다.

사람들은 어떤 이와 관계가 좋아지면 더 이상 그 관계를 보호하고 유지해야 한다는 책임을 느끼지 못하는 고질병이 있다. 그러다 보면 상대방과의 관계에서 매우 세부적인 문제, 예를 들어 해야 할 말을 하지 않거나, 상황을 설명하지 않는 실수를 연발한다. 이런 실수를 저지르는 사람은 '우리 사이에 무슨 말이 필요하겠어. 말을 하고 안 하고는 중요하지 않아.'라고 생각한다. 이뿐만 아니라 관계가 좋아졌다는 이유로 상대방에게 더 많은 것을 요구하고, 그것을 당연히 여기는 태도 역시 관계를 악화시키는 주범이다. 이런 상황이 매일, 매주, 매달 계속되어 쌓이다 보면 결국 해결할 수 없는 커다란 갈등으로 변할 것이다.

감정 투자는 반드시 '언제나 명확하게 해야 하는 것'으로 했다가 안했다가 해서는 안 된다. 그래서 일이든 단순한 친목 도모든 언제나 상대방을 선의로 대해야 하며 세심한 곳에까지 주의를 기울여야 한다. 어떤 사람은 감정 투자를 '감정 저축'이라고 말하기도 한다. 평소에 당신이 저축한 감정들은 통장 안에 상대방의 '신뢰'로 쌓일 것이다. 나중에 난관에 부딪히거나 도움이 필요할 때 통장에서 이 신뢰를 꺼내어 사용할 수 있으며 설령 잘못을 저질러도 비교적 쉽게 양해를 구할 수 있다.

돈독한 인간관계를 위한 수많은 효과적인 방법과 기교가 있지만 그중에서 가장 중요한 것은 바로 감정을 저축해서 통장 안에 더 많은 신뢰가 쌓이게 하는 것이다. 이것이야말로 서로 도움을 주고받는 믿을 수 있는 관계의 비결이기 때문이다.

하지만 안타깝게도 우리 주변에는 감정을 투자하거나 저축하지 않으면서 그저 큰 몫만 챙기려고 하는 사람들이 많다. 이런 사람들의 '감정 통장'에는 신뢰는커녕 빚만 가득할 뿐이다. 이러한 빚은 반드시 갚아야 하므로 지금이라도 당장 감정을 투자하고 저축해서 되돌려 주어야 한다. 이것이야말로 인생의 '평등 호혜의 원칙'에 부합하는 것이라고 할 수 있다.

물론 감정을 투자해서 도움을 주고받는 것은 물건을 거래하는 것과 완전히 다르다. 즉 당신이 누군가에게 도움을 주었다고 해서 그도 똑같은 양과 질의 도움을 즉각적으로 되갚지 않을 수도 있다. 또 이것은 강요한다고 되는 일도 아니다. 이때 가장 현명한 방법은 그로 하여금 '상대방을 돕는 것은 곧 나에게 이로운 일'이라는 인식을 심어주는 것이다. 이러한 인식이 있는 사람은 다른 사람을 돕는 것을 즐기며 매우 적극적으로 감정 투자를 할 것이다.

감정 통장 안에 쌓이는 신뢰를 정확히 계산할 수는 없지만 마음으로는 반드시 기억하고 계산해야 한다. 아무리 친한 관계라도 아무런 인정과 보상 없이 헛수고하는 것을 원하는 사람은 없으며 자신도 언젠가는 도움을 받을 것이라고 기대하기 때문이다. 심지어 어떤 사람은 상대방이 아예 문제를 차단해주기를 바라기도 한다. 그러므로 적극적으로 그들을 지지하고 도움을 제공해서 그들의 이러한 욕구를 만족해야 한다. 이렇게 탁 트인 마음으로 서로 도움을 주고받으면서 관계가 더욱 돈독해지는 것이다.

　비단 실질적인 도움이 필요할 때뿐 아니라 평소에도 정신적인 만족감을 느끼게 하는 것도 중요하다. 상대방에게 존중과 존경의 마음을 드러내고 그의 능력을 약간의 과장을 섞어 칭찬하는 것이 좋다. 또한 도움을 주고받았을 때 친한 관계라고 해서 감사의 표현을 제대로 하지 않거나 미루는 것은 금물이다. 현대인들은 말로 하는 인정과 동의 등에는 큰 매력을 느끼지 못하므로 보답하고 싶다면 반드시 상대방이 원하는 것을 해주어야 한다.

　만약 불가능하다면 그에 대한 당신의 지지와 신뢰를 명확히 드러내는 것이 좋다. 그래야만 나중에 상대방에게 도움을 구할 수 있다.

　다른 이를 단 한 번 도와준 것을 가지고 그에게 대단한 은혜를 베푼 것처럼 우월감을 느끼고, 스스로 자신에게 매우 만족하는 사람들이 있다. 이것은 인간관계를 망치고 나아가 성공까지 방해하는 대단히 위험한 태도다. 이런 거만한 태도는 상대방을 도와도 신뢰를 얻을 수 없는 최악의 결과를 가져온다.

칭찬하고,
또 칭찬하라

누군가에게 어떤 일을 시키고 싶다면 상대가 원하는 것을 주면 된다. 그렇다면 여기서 말하는 '원하는 것'이란 대체 무엇일까?

미국의 16대 대통령 에이브러햄 링컨(Abraham Lincoln)이 쓴 한 편지에는 이런 문구가 나온다. "사람들은 누구나 칭찬받는 것을 좋아한다."

미국의 심리학자이자 철학자인 윌리엄 제임스(William James) 역시 "인간은 내면 깊은 곳에서 다른 사람의 인정을 갈망한다."라고 말했다. 그가 '희망', '바람' 등이 아니라 '갈망'이라는 말을 사용한 데서 알 수 있듯이 칭찬이나 인정은 인간의 궁극적인 욕망으로 다른 동물들과 구별되는 가장 큰 특징이다. 우리 중 몇몇은 이 점을 정확히 파악하고 이용해서 다른 사람을 원하는 대로 움직이기도 한다.

2010년, 나는 투자증권 회사를 설립하면서 서른여덟 살에 불과한 찰리를 대표이사로 임명했다. 그러자 주변 사람들은 모두 내가 경험도 많지 않은 젊은 찰리에게 500만 달러라는 거액 연봉을 주는 것에 대해 매우 이상하게 생각했다. 그에게 무슨 대단한 능력이 있을까? 그가 증권 투자에 대해 얼마나 많이 알겠어?

하지만 내가 찰리를 고용한 까닭은 바로 그가 사람의 마음을 잘 이해하기 때문이었다. 언젠가 내가 그에게 인사(人事)에 대해 물어보자 그는 이렇게 대답했다. "직원들이 능력을 최대한으로 발휘하게 하려면 칭찬과 격려가 가장 좋은 방법입니다. 저는 단 한 번도 다른 사람을 비판해본 적이 없습니다. 칭찬과 격려야말로 직원들이 적극적으로 즐겁게 일하는 원동력이죠." 이것이 바로 내가 그를 선택한 이유였다.

미국의 유명한 사업가 록펠러(Rockefeller) 역시 성공의 비결로 칭찬을 꼽았다. 한번은 공동출자인 에드워드 T. 베드포드(Edward T. Bedford)가 실수해서 회사에 거의 100만 달러에 달하는 손실을 입혔다. 이는 록펠러가 화를 내고 베드포드를 비난할 만한 이유였지만 그는 절대 그러지 않았다. 베드포드가 최선을 다한 것을 잘 알고 있었고 이미 벌어진 일이니 어쩔 수 없다고 생각했기 때문이다. 그래서 록펠러는 거꾸로 그가 투자금의 50%라도 찾은 것을 칭찬하기로 했다. "이것도 정말 잘한 거야. 항상 최고 수익을 낼 수는 없지!"

진심에서 우러나온 칭찬은 리더의 덕목일 뿐 아니라 모든 사람이 일상생활에서 구사해야 하는 처세의 기교다. 다음의 이야기 역시 이것을 잘 설명하고 있다.

무더운 여름, 농장의 안주인이 하루 종일 힘들게 일한 남편을 위한 저녁밥으로 건초 한 무더기를 내놓았다. 남편은 머리끝까지 화가 나서 정신이 나간 것 아니냐고 소리쳤다. 그러자 아내가 말했다. "나는 20년이 넘게 당신이 먹을 식사를 준비했죠. 당신은 그것에 대해 한마디도 한 적 없고요. 그래서 나는 당신이 뭘 먹어도 상관없는 줄 알았어요!"

2012년, 미국의 한 연구소가 아내들이 가출하는 원인에 대해 조사했다. 그 결과 주요 원인은 바로 '나의 호의를 감사히 받는 사람이 없어서' 였다. 나는 아내뿐 아니라 남편이 가출하는 원인 역시 이와 같다고 생각한다. 설령 감사하더라도 그것을 입 밖으로 꺼내지 않는다면 상대방은 당신이 그것을 당연히 여긴다고 생각할 것이다. 주변 사람들, 예를 들어 가족, 친구, 동료들에게 맛있는 식사와 좋은 술을 제공한다고 해서 그들에게 도리를 다했다고 생각해서는 안 된다. 정말로 그들을 '챙기고' 싶다면 감사를 표시하고 칭찬을 아끼지 말아야 한다. 당신의 감사와 칭찬의 말은 그들의 마음을 울려 영원히 기억될 것이다.

한 친구의 아내가 자존감 향상 수업을 들었다. 그날 저녁, 그녀는 남편에게 '더 나은 내가 되기 위해 바꾸어야 할 여섯 가지'를 알려달라고 부탁했다. 내 친구는 그 자리에서 즉각 대답할 수도 있었지만 그러지 않고 대신 이렇게 말했다. "생각 좀 해보고, 내일 아침에 알려줄게." 그는 다음 날 아침 일찍 꽃집에 전화해서 아름다운 붉은 장미 여섯 송이를 아내에게 보냈다. 함께 보낸 메모에는 이렇게 적혀 있었다. "아무리 생각해봐도 더 나은 당신이 될 수 있는 여섯 가지를 찾아내지 못했어. 왜냐하면 나는 지금의 당신을 정말 사랑하거든." 그날 저녁 친구가 퇴근했을 때 아내는 집 앞에 서서 감동의 눈물을 흘리며 남편을 맞이했다. 그녀는 다음 수업에서 상기된 표정으로 이 이야기를 했다. 사람들은 그녀의 밝게 빛나는 얼굴을 보고 칭찬의 힘이 얼마나 위대한지를 깨달았다.

브로드웨이의 유명한 극작가이자 뮤지컬 제작자인 플로렌스 지그펠드

(Florenz Ziegfeld)는 '소녀들을 반짝반짝 빛나게 하는' 능력이 있는 사람이었다. 그는 평범하기 그지없는 소녀를 발굴해 매력적이고 재능이 넘치는 대스타로 변모시키는 데 선수였다. 이때 그가 사용한 것이 바로 칭찬과 격려였다. 그는 아주 세심하고 은근한 칭찬을 통해 소녀들의 마음을 흔들고 그녀들이 스스로 아름답고 중요한 사람이라고 생각하도록 만들었다. 또 매번 첫 공연이 끝날 때마다 커다란 붉은 장미 꽃다발을 보냈으며 직접 전화를 걸어 찬사를 쏟아냈다.

혹시 칭찬을 받고 싶지도 않고, 다른 사람을 칭찬하고 싶지도 않은가? 물론 그렇게 해도 된다. 하지만 그러면 곧 당신의 영혼은 마치 풀 한 포기 없는 황무지에 내던져진 것처럼 메말라갈 것이 분명하다!

누구에게나 배울 점이 있다. 그러니 최선을 다해서 상대방의 장점을 찾고 그것을 진심으로 칭찬해보자!

미소가
무기다

　미소는 자석이 쇠를 끌어당기듯이 사람을 매료시켜서 당신의 부탁을 거절할 수 없게 만든다. '너를 좋아해!', '당신을 만나서 기뻐요!' 같은 의미를 전달하는 미소는 좋은 인간관계를 만드는 데 커다란 작용을 한다. 무궁무진한 힘을 지닌 미소를 잘 이용한다면 당신과 주변 사람들을 모두 변화시켜 생각지도 못한 일을 해낼 수도 있다.

　몇 개월 전 시카고에서 참석한 파티에서 한 여성을 만났다. 그녀는 나에게 호감을 표하며 좋은 인상을 남기고자 했다.
　나 역시 긍정적인 태도로 이야기를 나누었다. 그러나 그녀는 유명 브랜드의 비싼 진주 귀걸이와 목걸이를 하고 화려한 모피를 걸치고 있었음에도 이상하게 나에게 좋은 인상을 남기지 못했다. 대화 내용이 지루한 것도 아니었다. 그렇다면 대체 이유가 무엇일까?
　문제는 바로 그녀의 표정이었다. 두꺼운 화장으로 뒤덮인 그녀의 얼굴은 도통 웃음기라고는 찾아볼 수 없었다. 팽팽하게 긴장된 얼굴은 그녀가 매우 괴팍하고 이기적인 사람이라는 인상을 주었다. 마치 빚을 독촉하는 무정한 구두쇠처럼 딱딱한 표정을 하고 있으니 아무도 그녀에게 다가가려고 하지 않았다.

미소는 상대방을 기분 좋게 만들 뿐 아니라 자신도 즐겁게 만든다. 미소를 지으면 당신은 긴장이 풀리고 스트레스가 사라져서 마음이 홀가분해지며 온몸의 근육이 이완된다. 이렇게 해서 더욱 부드러워진 당신의 눈빛과 미소는 상대방까지 전염시키고 두 사람 사이의 분위기는 매우 우호적으로 변화할 것이다. 이 경우 두 사람의 관계가 더 좋아지는 것은 당연한 일이다. 반대로 인상을 쓰거나 눈살을 찌푸리고 있다면 어떨까? 짜증과 심술이 가득한 사람을 반기는 이는 없으며 이런 사람이 좋은 인간관계를 만드는 것은 불가능하다.

미소의 힘을 일상적인 사교뿐 아니라 사업에서도 무궁무진한 힘을 발휘할 수 있다.

한 친구는 자신의 미소가 100만 달러의 가치가 있다고 말했다. 나는 그 말을 농담처럼 받아들였지만 그를 보면서 정말 그럴지도, 아니 더 큰 가치가 있을지도 모르겠다고 생각했다. 그 친구는 자신의 미소를 잘 이용해서 각종 협상에서 수많은 성공을 거두었고 단기간에 자신의 회사를 대기업의 반열에 올려놓았다. 이후에도 그는 커다란 부와 명예를 얻었는데 이는 모두 그의 미소 띤 얼굴에서 비롯된 것이었다. 이처럼 미소의 힘은 무엇보다 크다. 아이들의 천진한 미소는 천사를, 부모의 자애로운 미소를 온정을 느끼게 한다. 캘리포니아 대학(University of California)의 심리학 교수인 제임스 마이클(James Michael)은 미소야말로 사람을 매료시키는 최고의 무기라고 단언했다.

로버트 제퍼슨은 신시내티에서 컴퓨터 관련 회사를 운영하고 있다. 얼마 전 그는 기술팀의 팀장을 새로 초빙하기 위해 공고를 냈지만 적임자를 찾을 수 없었다. 할 수 없이 그는 여기저기 수소문해서 캘리포니아 대학에서 이제 막 컴퓨터 공학 박사 학위를 취득한 유능한 인재를 소개 받았다. 그는 로버트가 꼭 필요로 하는 사람이었지만 워낙 우수하기 때문에 눈독을 들이는 회사가 많았다. 그에게 일자리를 제안한 많은 회사 중에는 꽤 유명한 곳도 있었다.

로버트는 일단 부딪혀보기로 했다. 그는 전화를 걸어 진심 어린 말투로 예의를 갖춰 회사의 상황을 설명하고 일자리를 제안했다. 그리고 지금은 비록 다른 대기업에 비해 많이 부족하지만 함께 열심히 연구와 개발을 계속한다면 머지않아 업계 1위를 차지할 수 있을 것이라고 덧붙였다.

며칠 후, 박사는 로버트에게 전화해서 언제부터 출근하면 될지 물었다. 로버트는 뛸 듯이 기뻤지만 한 편으로는 왜 그가 대기업에 가지 않고 자신의 회사를 선택했는지 궁금했다.

그의 대답은 이러했다. "제게 일자리를 제안했던 기업의 사장님들은 모두 냉정하고 차가운 말투로 말했습니다. 그들이 말한 조건은 귀가 솔깃했지만 그들과 함께 일하면 존중받을 수 없겠다는 생각이 들더군요. 물론 그가 상사고 저는 부하직원이 될 테지만 지위에 관계없이 사람은 누구나 평등하니까요. 그렇게 고압적인 자세는 불필요합니다. 반면에 사장님은 제게 따뜻하고 예의 바른 말투로 말씀해주셨죠. 정말 제가 필요하신 것 같았고 저를 환영한다는 느낌을 받았습니다."

사실 로버트는 일부러 말투를 그렇게 한 것이 아니었다. 누군가와 대화할 때, 심지어 전화 통화를 할 때도 미소를 짓는 것은 그의 몸에 익은 습관이었고 미소가 그의 말투까지 부드럽게 만들었던 것이다. 수화기 너머의 상대방은 미소를 보지 못했지만 따뜻함을 느꼈고, 그 결과 로버트는 원하는 인재를 얻었다.

실제로 많은 텔레마케팅 업체들이 직원들에게 미소 훈련을 시킨다. 직원들의 미소가 고객에게 보이지는 않지만 다른 사람에게 '미소 띤' 말투와 분위기를 전달할 수 있기 때문이다.

살면서 만나는 모든 일과 크고 작은 일상들을 모두 미소로 대하는 사람들은 세상의 모든 일에 흥미가 넘친다. 미소가 습관이 된 사람은 이미 성공의 초석을 다진 것과 같다.

결혼한 지 18년이 된 슈타인하르트는 아침에 일어나서 출근할 때까지 무표정한 얼굴이었으며 식구들과도 몇 마디 하지 않았다. 그런 탓에 집안 분위기는 늘 매우 가라앉았으며 식구들과 함께 있어도 적막함이 흘렀다.

어느 날 아침, 거울을 보고 머리를 빗던 슈타인하르트는 자신의 무표정한 얼굴을 발견했다. 거울 속에 있는 사람은 마치 화가 난 것 같이 온 얼굴의 근육이 굳어 있었으며 세상의 온갖 걱정과 불만을 전부 가지고 있는 사람처럼 보였다. 그의 절친한 친구는 이 이야기를 듣고 진심 어린 충고를 했고 이를 받아들인 슈타인하르트는 매일 아침 거울 속의 자신에게 이렇게 말했다. "딱딱하게 굳은 석고상 같은 표정은 치워버려. 지금 당장 미소를 지어!"

그는 주방으로 가 미소를 띤 채 부드러운 음성으로 아내에게 말했다.

"여보 잘 잤어?"

그러자 아내는 놀라서 멍하니 남편을 바라보았다. 그는 아내에게 앞으로도 계속 이렇게 하겠다고 약속했고 그녀는 상상도 못한 변화에 무척 기뻐했다. 지금 그들 부부는 더할 나위 없이 행복한 나날을 보내고 있다.

슈타인하르트는 더 용기를 내어 직장에서도 항상 미소를 짓기로 마음먹었다. 사무실에 올라갈 때 엘리베이터에서 만난 사람들에게 살짝 웃으며 인사했고, 은행 직원, 거래처 영업 사원에게도 언제나 미소를 지으며 이야기했다. 얼마 지나지 않아 주변 사람들 역시 그에게 미소로 화답하기 시작했다. 그들은 좀 더 열린 마음으로 슈타인하르트에게 다가왔고 고민거리까지 털어놓을 정도로 그를 신뢰했다. 이때도 역시 그는 미소 띤 얼굴로 친절하게 이야기를 들어주었다.

미소는 당신을 더욱 열정적으로 만들며 당신의 마음이 사랑으로 충만하게 해서 남녀노소 누구나 아름답게 만든다. 또 당신의 희열, 친절 등을 상대방에게 전달해서 그까지 행복하게 할 수 있다.

그러므로 이제 우리가 해야 할 일은 바로 미소 짓는 습관을 기르는 것이다. 매일 아침 눈을 뜨면 거울을 보고 미소를 연습해보자. 아마 처음에는 조금 어려울 것이다. 그러나 계속 연습하다보면 미소 근육과 신경이 부드러워지면서 언제나 미소 짓는 사람이 될 수 있다.

이런 말이 있다. "차가운 겨울 속에 빛나는 따뜻한 미소는 봄을 준대도 바꿀 수 없다." 미소가 얼굴에서 떠나지 않도록 하라. 그러면 당신의 인간관계는 자연스럽게 좋아질 것이다.

품위는
고급 인맥의 기초다

　1960년대의 미국의 대학생 대부분은 사회 현실에 불만을 느꼈지만 바꿀 수 없자 심각한 무력감을 느꼈다. 그래서 그들은 머리와 수염을 기르고 남루한 옷을 입고서 기존 사회 질서에 항거하는 '히피'가 되었다. 그들은 넋이 나간 것 같은 모습으로 개성을 드러낸다는 명분 아래 품위 있는 겉모습을 포기했다. 하지만 현대인들은 겉모습에 품위가 없으면 그 사람의 가치가 떨어지고 인맥 경영 역시 큰 문제가 발생할 수 있다는 것을 잘 알고 있다.

　사회심리학자인 마이클 아가일(Michael Argyle)은 다음과 같은 실험을 했다. 그는 양복을 입은 실험 조수가 길에 서 있도록 한 후 그에게 말을 거는 사람들을 관찰했다. 실험 조수에게 길이나 시간을 묻는 사람들은 매우 예의 바르고 공손했으며 역시 옷을 잘 차려입은 사람들이었다. 반면에 실험 조수가 같은 장소에서 하는 일 없는 떠돌이 같은 모습으로 서 있을 때 그에게 말을 거는 사람들은 대부분 노숙자였다. 그들은 몹시 불량한 태도로 담배나 돈을 구걸했다. 이 실험에서 알 수 있듯이 깔끔하고 품위 있는 옷차림은 만날 수 있는 사람까지 결정한다. 그러니 좋은 인맥을 형성하고 싶다면 반드시 옷차림을 비롯한 겉모습을 단정하고 말쑥하게 해서 품위를 갖추어야 한다.

조지와 찰리는 같은 회사에 다니는 동료다. 두 사람은 학력과 능력, 일한 기간까지 같지만 생활 습관이 전혀 달랐다. 조지는 옷차림 등 겉모습에 주의를 기울였으며 누가 보더라도 신사의 품격이 느껴졌다. 그러나 찰리는 옷차림에 전혀 신경 쓰지 않았다. 그는 겉모습은 전혀 중요하지 않으며 열심히 일하기만 하면 된다고 생각했다.

어느 날 회사는 새로운 팀을 만들면서 직원들 중 한 명에게 팀장을 맡기기로 했다. 상사는 조지와 찰리를 추천하면서 두 명 모두 능력이 뛰어나기 때문에 어느 한 사람을 선택해야 좋을지 결정하기 어렵다고 말했다. 회장은 보고를 받은 후 조지의 이름 위에 표시하며 이렇게 말했다. "둘 다 매우 똑똑하고 능력 있지만 조지가 더 나을 것 같아. 찰리는 겉모습에 너무 신경을 안 쓰더군. 그런 모습으로 아무리 열심히 일해 봤자 누가 그를 따르겠나? 협상을 할 때도 저쪽 업체 사람들이 놀라 달아나면 어떡하나?"

실제로 당신의 겉모습은 채용 혹은 승진 등에 큰 영향을 미친다. 그러므로 품위 있는 겉모습은 당신이 고급 인맥을 형성하는 기초가 될 수 있다.

1918년 11월, 제1차 세계대전이 끝났다. 나폴레온 힐(Napoleon Hill)의 사업은 전쟁의 충격으로 완전히 무너졌으며 그는 모든 것을 처음부터 새로 시작해야 했다. 그가 가진 것은 낡은 양복 두 벌과 전쟁터에서 입었던 군복 한 벌뿐이었다.

겉모습의 중요성을 정확하게 알고 있었던 그는 돈이 한 푼도 없었지만 용기를 내어 유명 양복점으로 갔다. 그런 다음 주인에게 자신의 상황을 차분히 설명해나갔다. 그 결과 그는 운 좋게 예전에도 입어본 적 없는 고급 양복 세 벌, 보통 양복 세 벌, 그리고 좋은 셔츠, 넥타이, 멜빵 등을 외상으로 살 수 있었다.

다음 날 힐은 멋진 양복을 빼입고 재킷 주머니에는 실크 손수건을 꽂았다. 그는 빌린 50달러를 가지고 시카고의 대로를 당당하게 걷기 시작했다. 그는 겉모습뿐 아니라 실제로도 마치 록펠러 같은 대부호가 된 것 같은 느낌이 들었다.

그날부터 힐은 매일 완벽하게 양복을 갖춰 입고 같은 시간에 같은 거리를 걸었다. 이 시간은 한 유명 출판사 사장 역시 점심식사를 하기 위해 이동하는 때였다. 우연하게도 그의 이동경로는 힐과 같았기 때문에 그들은 거의 매일 마주칠 수밖에 없었다. 얼마 후 두 사람은 눈인사를 하게 되었고 며칠 뒤부터는 잠시 멈춰서 1, 2분 동안 이야기를 나누기도 했다.

어느 날 출판사 사장은 발걸음을 멈추고 힐이 횡단보도를 건너올 때까지 그를 기다렸다. 그는 잠시 힐의 모습을 살피더니 이렇게 말했다. "양복이 아주 멋지군요. 어느 양복점에서 맞추었나요?"

힐은 별일 아니라는 듯이 이렇게 말했다. "아! 이 옷은 '윌키 앤 셀러리'에서 특별 주문한 것입니다."

대답을 들은 출판사 사장은 힐에 대해 더 궁금해졌다. '매일 새 양복을 입고 큰 성공을 거둔 사람 같은 '분위기'를 풍기는 이 사람은 대체 무슨 일을 할까?'

"어떤 일을 하십니까?"

힐은 매우 자연스럽게 손에 들고 있던 하바나 시가의 재를 털어낸 후 이렇게 말했다. "저는 새로운 잡지를 창간할 준비하고 있습니다."

"잡지 창간이요? 어떤 잡지인가요?"

"《힐의 골든룰 매거진(Hill's Golden Rule Magazine)》이라는 잡지입니다."

"아 그렇군요. 나도 출판업계에서 일합니다. 잡지 인쇄와 발행에도 관심이 많죠. 아마도 당신을 도울 수 있을 것 같군요."

이것이야말로 힐이 오랫동안 바라마지 않던 순간이었다. 외상으로 고급 양복을 샀을 때부터 그는 마음속으로 바로 이런 순간을 꿈꿔왔다.

그 출판사 사장이 매일 거리에서 지나친 사람이 주름지고 먼지가 묻은 낡은 양복을 입고 있었다면 어땠을까? 그는 아마 말을 걸 생각조차 하지 않았을 것이다.

그는 힐을 점심식사에 초대했고 식사 후 커피와 시가를 즐기기도 전에 힐을 설득해서 잡지의 인쇄와 발행을 맡기로 하는 계약을 체결했다.

이것은 정말 대단한 성공이었다. 힐이 잡지를 창간하는 데 필요한 자금은 약 3만 달러였는데 이것은 아무리 좋은 담보를 제공해도 구하기가 쉽지 않은 액수였다. 그러나 힐은 멋진 양복 몇 벌이 만들어낸 이미지로 단번에 필요한 자금을 구했다. 다시 말해 그의 품위 있는 겉모습이 그의 가치를 올린 것이다. 품위 있는 겉모습은 다른 이의 신뢰를 얻을 수 있는 바탕이 된다.

어쩌면 겉모습보다 내면의 아름다움이 중요하므로 겉모습 따위에 신경 쓰느니 내면을 가꾸는 것이 중요하다고 생각할지도 모르겠다. 물론 옳은 말이기는 하지만 안타깝게도 사람은 일단 눈으로 보는 것에 큰 영향을 받고 그 뒤에 감춰진 것은 잘 보지 못한다는 약점이 있다. 품위 없는, 심지어 남루한 겉모습은 겸손이나 절약의 표현이 아니다. 일부러 이런 모습을 해서 자신의 수준을 낮출 필요는 없지 않은가?

멋진 겉모습은 사람들의 이목을 끌 수 있다. 특히 성공한 것 같은 모습은 상대방을 더욱 '관대하게' 만든다.

당신의 인간관계를
보호하라

주변을 둘러보면 아는 것도 많고 종사하고 있는 분야에서 뛰어난 기술을 갖췄음에도 승진이나 사업에 연거푸 실패하는 사람이 있다. 이들은 실패를 거듭하면서 점차 고립되지만 상황을 해결할 방법을 모르는 탓에 괴로워하기만 할 것이다. 단언컨대 그들이 이런 상황에 놓인 것은 모두 인간관계에 주의를 기울이지 않았기 때문이다.

인간관계가 좋지 않은 사람은 대부분 자신이 가장 중요하다고 생각하기 때문에 타인 혹은 집단의 중요성을 전혀 이해하지 못한다. 이런 사람들은 자신만을 돌보며 그 좁은 공간에 틀어박혀 있지만 사실은 자신 안의 사회성을 스스로 억누르고 있다.

성공은 그 크기에 상관없이 타인의 도움이 필요하다. 물론 성공으로 향하는 길은 스스로 걸어가야 하며 구체적인 활동은 모두 자신이 하는 것이지만 타인의 도움 없이 이 과정을 완수하는 것은 거의 불가능하다. 실제로 성공하는 사람들은 '효과적인 사교'에 대해 잘 알고 있다.

미국의 처세술 전문가인 데일 카네기(Dale Carnegie)는 일에서 성공에 필요한 요소의 85%는 인간관계, 즉 다른 사람과 잘 어울리는 품성과 능력이며, 전문적인 기술과 훈련은 단지 15%에 불과하다고 보았다.

　빌 게이츠(Bill Gates)는 하버드 대학을 2년 정도 다니다가 곧 그만두고 사업을 시작했다. 그가 거둔 첫 번째 성공은 바로 굴지의 컴퓨터 전문업체인 IBM과 계약한 것이었다. 그는 어떻게 이렇게 좋은 기회를 얻을 수 있었을까? 그것은 바로 빌 게이츠의 어머니가 IBM의 대주주로서 회장과 개인적인 친분이 있었기 때문이었다. 그녀는 아들이 IBM 회장과 약 15분 동안 이야기를 나눌 기회를 만들었다. 물론 빌 게이츠의 성공이 달랑 15분 만에 결정된 것은 아니며 여러 가지 세부적인 상황이 있었을 것이다. 하지만 어머니가 만들어준 15분이 없었다면 아예 일을 추진할 기회조차 없지 않았을까? 그러니 빌 게이츠의 성공은 모두 어머니의 좋은 인간관계에서 비롯된 셈이다.

　사람들은 모두 풍부하고 다채로운 인간관계를 필요로 하지만 모든 사람이 이러한 인간관계를 만들 수는 없다. 좋은 인간관계를 만드는 데 실패한 사람들은 세상에 인정이 없고, 아무도 자신에게 관심과 사랑을 보이지 않는다고 한탄하며 외로움에 빠져 속상해한다. 그러나 문제는 바로 자신에게 있다. 그들은 사교에서 언제나 소극적이고 피동적인 태도로 뒤로 물러서는 자세를 취하며 우정이나 사랑이 그저 하늘에서 뚝 떨어지기만을 바란다. 다시 말해 이들은 사교를 시작하는 사람이 아니라 그저 반응하는 사람일 뿐이다. 이 때문에 많은 사람과 어울려 살면서도 고독하고 적막한 삶을 벗어날 방법이 없는 것이다. 좋은 인간관계를 만들고 싶다면 반드시 능동적이고 주동적인 태도가 필요하다.

　그러나 좋은 인간관계를 맺는 것보다 더 중요한 것이 있다. 인간관계를 잘 보호하고 유지하는 것이다. 물론 이것은 매우 어렵고 까다로우며 매우 세심한 작업이다. 처음에 상대방으로부터 받았던 멋진 인상이 점차 변질된다든지, 당신의 숨겨진 비밀이 드러나거나 혹은 두 사람 사이에 불쾌한 충돌이 발생한다면 인간관계는 커다란 위기에 직면할 것이다. 이럴 때는 즉시 다음의 몇 가지 기술을 응용해 인간관계가 더 이상 무너지지 않도록 보호해야 한다.

1. 끝없는 논쟁을 피하라.

사람들, 특히 젊은 사람들은 항상 논쟁을 즐긴다. 이것을 두고 비정상이라고 말할 수는 없지만 '끝없는 논쟁'은 종종 참여한 모든 사람의 얼굴을 붉히고 불쾌하게 만든다. 승패에 관계없이 끝없는 논쟁은 모두를 지치게 만드는 소모전이며 종종 주제를 벗어나 직접적인 인신공격으로 변질되는 경우가 많다. 이것은 인간관계에 치명적이므로 만약 생각이 다르다면 논쟁을 벌일 것이 아니라 토론, 협상의 자세로 타협점을 찾는 것이 바람직하다.

2. 직접적인 비난, 책임추궁은 금물이다.

벤저민 프랭클린은 젊은 시절 일 처리가 원만하지 못했으나 점차 수완이 생기면서 사람들과 잘 지내게 되었다. 프랑스 대사로 임명된 그는 자신의 성공 비결에 대해 이렇게 말했다. "다른 사람에 대해 나쁜 말을 하지 않았으며 언제나 그의 장점만 말했습니다." 그렇다! 그의 말처럼 상대방에게 그의 무지와 잘못을 이야기하는 것은 결코 해결 방법이 될 수 없다. 상대방의 자존심을 지켜주었을 때 성공적으로 문제를 해결할 수 있다는 사실을 기억하자.

3. 잘못을 인정하라.

용기를 내어 자신의 잘못을 인정한다면 스트레스에서 벗어나 커다란 홀가

분함을 느낄 것이다. 반면에 자신의 잘못을 알면서도 그것을 인정하지 않는다면 당신은 영원히 무거운 짐을 등에 진 채 고개를 들지 못하고 살아야 한다. 시원스럽게 자신의 잘못을 인정하고 겸허한 자세로 사과한다면 상대방은 더욱 관용적인 태도로 당신을 대할 것이며 어쩌면 잘못을 추궁한 자신을 부끄러워할 수도 있다. 이를 통해 당신은 인간관계를 더욱 잘 보호하고 유지할 수 있다.

4. 비판하는 법을 배워라.

부득이한 상황이 아니라면 절대 다른 사람을 비판해서는 안 되지만 종종 선의의 비판이 일종의 피드백이 될 수도 있다. 그렇기에 우리는 반드시 현명하게 비판하는 법을 배워 익혀야 한다.

좋은 인간관계는 만드는 것도 중요하지만 보호하고 유지하는 것 역시 매우 중요하다. 좋은 인간관계는 일상생활과 사업에서 모두 성공을 거둘 수 있는 중요한 전제조건이다. 그러므로 반드시 인간관계의 기술을 익히고 훈련해야 한다.

인간관계가 좋지 않은 사람은 대부분 자신이 가장 중요하다고 생각하기 때문에 타인 혹은 집단의 중요성을 전혀 이해하지 못한다. 이런 사람들은 자신만을 돌보며 그 좁은 공간에 틀어박혀 있지만 사실은 자신 안의 사회성을 스스로 억누르고 있다.

제3장

경쟁

- 앤서니 사이치 -

앤서니 사이치는 하버드 대학 케네디 정책대학원(Kennedy School of Government)의 국제관계학 교수다. 그는 또 아쉬 센터(Ash Center)의 연구주임이자 수석 교수로 아시아와 중국의 공공정책학을 강의하고 있다. 하버드 대학 케네디 정책대학원, 중국 국무원(國務院) 발전연구센터, 칭화대학(淸華大學)이 참여한 칭화대학 공공관리학원에서 객원교수로 '정부의 질: 국민의 시각으로(The Quality of Government: The Citizens view)'를 주제로 강의했다.

경쟁우위를
찾아라

모든 사람은 남들보다 뛰어나고 독특한 면, 다시 말해 강점(强點)이 있는데 이것을 최대한 발휘할 수 있느냐에 따라 그의 성공여부도 결정된다. 그러므로 성공하고 싶다면 정확하고 객관적인 '자기 평가'를 통해서 자신의 강점, 즉 '경쟁우위'를 찾는 것이 급선무라고 할 수 있다. 여기서 말하는 '자기 평가'란 오로지 자신의 판단에 따라 진행되어야 한다. 다른 사람이 "이러면 안 된다, 저러면 안 된다……"라고 말하는 것을 듣고 자신의 부족한 점만 바라보는 사람은 절대 경쟁우위를 찾을 수 없다.

사실 자신을 '정확히 아는 것'은 무척 어려운 일이다. 또 누구나 약점이 있기에 자신을 평가할수록 강점뿐 아니라 약점도 더 많이 드러날 것이다. 이때 중요한 것은 자신의 약점에 너무 과하게 주목하지 않는 것이다. 종종 약점 때문에 자꾸만 뒤로 물러서면서 이를 '겸손하다'고 말하는 사람들이 있는데 사실 이것은 그저 '자기 비하'일 뿐이다. 우리는 언제나 긍정적이고 객관적으로, 그리고 정확하게 자신의 강점과 약점을 모두 인식해야 한다. 그리고 이를 바탕으로 약점을 제어하고 강점을 최대한 발휘하는 것이 중요하다.

너무 많은 에너지를 자신의 약점에만 투입하다가는 강점을 살필 겨를이 없으며 절대 성공할 수 없다. 우리는 어렸을 때부터 "이러저러한 약점을 모두 보완하고 개선해서 좋은 아이 혹은 착한 학생이 되도록 노력해야 한다."고 배웠다. 그리고 안타깝게도 이런 교육 탓에 어느새 '나의 약점 찾기 전문가'가 되어 약점을 개선하는 데 일생을 허비하는 실수를 저지르곤 한다.

숲 속의 동물들이 인간처럼 똑똑해지기 위해 학교를 세우고 노래, 춤, 달리기, 등산, 수영의 다섯 과목을 가르치기로 했다. 개학 첫날, 선생님이 오늘은 달리기 수업을 하는 날이라고 말하자 아기 토끼는 신이 나서 운동장을 깡충깡충 뛰었다. 아기 토끼가 "어때? 정말 잘하지?"라며 뻐기듯 말하자 다른 동물들은 모두 화가 났다. 다음 날은 수영 수업을 했다. 그러자 이번에는 아기 오리가 무척 기뻐하며 물속으로 풍덩 뛰어들더니 활개를 치며 수영 솜씨를 뽐냈다. 반면에 전날 기세등등했던 아기 토끼는 풀이 죽어 멍하니 바라만 보았다. 그 다음 날은 노래, 또 그 다음 날은 등산……, 이런 식으로 수업이 계속되었지만 모두가 좋아하고 즐거워하는 수업은 단 한 번도 없었다.

토끼에게 수영을 시키거나, 돼지에게 노래를 시키는 것은 불가능한 일이다. 성공하고 싶다면 토끼는 달리기를 더 잘해야 하고, 오리는 수영을, 다람쥐는 나무 타기를 잘해야 한다. 즉 남들보다 뛰어난 자신의 강점, 즉 경쟁우위를 개발하고 발휘해야 하는 것이다.

유명한 유도 코치가 한 소년을 제자로 받아들였다. 그러나 이 소년은 제대로 훈련을 시작하기도 전에 교통사고로 왼쪽 팔을 잃는 불운을 겪었다. 코치는 소년에게

"그래도 네가 배울 생각이 있다면 나는 너를 계속 제자로 두고 싶구나."라고 말했고, 치료가 끝난 소년은 다시 코치의 지도를 받기 시작했다.

소년은 자신의 불리한 신체 조건을 보완하기 위해 무척 열심히 훈련했다. 그러나 어찌 된 일인지 코치는 3개월 동안 단 한 가지 기술만 가르치고 연습시켰다. 소년은 의아했지만 코치가 이렇게 하는 데는 반드시 이유가 있을 것이라고 생각했기 때문에 묵묵히 따랐다. 다시 3개월이 흘렀지만 코치는 여전히 같은 기술을 끊임없이 반복하기만 했다. 소년은 결국 참지 못하고 물었다. "이제 그만 다른 기술도 배워야 하지 않을까요?" 그러자 코치는 "이 기술 하나만 제대로 배우고 익히면 된다."라고 말했다.

이렇게 다시 3개월이 흐른 후 소년은 처음 참가한 전국유도대회에서 우승했다. 이것은 그 누구도, 심지어 소년 자신도 전혀 예상하지 못한 결과였다. 장내 아나운서가 소년의 이름을 우승자로 호명했지만 소년은 도무지 믿을 수가 없었다. '왼팔이 없는 내가, 그것도 달랑 기술 하나만으로, 처음 출전한 대회에서 우승하다니 정말 불가사의한 일이야!' 집으로 돌아가는 길에 그는 코치에게 조심스럽게 물었다. "단 한 가지 기술밖에 갖추지 못한 제가 대체 어떻게 우승한 걸까요?" 그러자 코치는 이렇게 말했다. "두 가지 이유가 있단다. 첫째, 너의 기술은 유도에서 가장 어려운 기술이야. 둘째, 상대가 그 기술을 방어하려면 반드시 너의 왼팔을 잡아야 하지!"

소년은 이처럼 훌륭한 스승을 만나 자신도 몰랐던 경쟁우위를 찾았다. 스승은 소년이 스스로 약점이라고 생각했던 부분을 경쟁우위로 만들었으며 그것을 개발해서 누구보다 뛰어난 선수로 길러냈다.

기업이 경쟁우위를 따져 경영방침을 결정하는 것처럼 개인 역시 경쟁우위, 즉 자신이 가장 잘하는 일을 선택해야 한다. 다음의 경제학 이론이 그 힌트가 될 수 있다.

1. 비교우위론

다른 사람과 비교해서 그의 강점을 부러워할 필요는 없다. 당신의 강점은 유일무이한 당신 자신만의 것이며 당신에게 가장 유리하다는 사실을 잊어서는 안 된다.

2. 자본의 기회비용

일단 경쟁우위를 찾았다면 다른 것은 모두 포기해야 한다. 최고의 경쟁우위를 선택해서 반드시 그것에 전력을 쏟아 붓고 성실하게 임하는 것이 중요하다.

3. 경제 효율

성과는 그것에 들인 시간이 아니라 그 효과로 결정되는 것이다. 부가가치가 높은 경쟁우위에 투자해야 하며 그로부터 합당한 성과를 얻어야 한다.

커다란 성공을 거둔 사람들은 공통점이 있다. 바로 그들의 재능, 지능, 분야, 직무에 관계없이 모두 자신이 가장 잘하는 일을 찾아서 그것에 집중했다는 것이다. 반면에 어떤 사람은 수년에 걸쳐 바쁘게 일을 하지만 도무지 성공의 기미가 보이지 않는다. 이런 사람들은 성공이 자신의 능력과 노력 위에 건립되므로 열심히 일하다보면 반드시 성과가 있을 것이라고 굳게 믿는다. 하지만 사실 그들은 잘못된 방향으로 자신의 강점을 엉뚱한 데 투입하고 있기 때문에 결코 성공할 수 없다. 잘하지도 못하는 일에 많은 에너지와 시간을 들인다면, 설령 약점을 극복하더라도, 잘돼봤자 그 분야의 '전문가' 정도의 위치에밖에 오르지 못할 것이다.

독일 문학의 거장 괴테(Goethe)는 젊은 시절에 자신의 경쟁우위를 제대로 이해하지 못했다. 그래서 화가가 되겠다는 엉뚱한 꿈을 꾸었고 그 바람에 무려 10여 년의 세월을 낭비했다. 미국의 여배우 홀리 헌터(Holly Hunter)는 작은 몸집의 강인한 여성이라는 이미지를 싫어해서 비슷한 이미지의 배역을 한사코 거절했다. 이렇게 그녀는 성공으로 가는 길을 피해 한참 동안 먼 길을 돌고 돌았다. 그러던 중 훌륭한 제작자와 감독의 도움을 받아서 마침내 자신에게 적합한 이미지를 찾았고 그 결과, 영화 〈피아노(The Piano)〉에서 열연을 펼쳐 칸 영화제 황금종려상과 오스카 여우주연상을 수상했다. 과학자이던 아이작 아시모프(Issac Asimov)는 어느 날 오전에 타자기 앞에 앉아 있다가 문득 이런 생각이 들었다. '나는 일류 과학자가 될 수는 없을 것 같아. 대신 최고의 공상과학소설 작가는 될 수 있을 거야!' 이후 그는 자신의 모든 에너지와 시간을 소설 창작에 쏟아 부었고 마침내 전 세계에 이름을 떨치는 작가가 되었다.

성공하고 싶다면 '자신이 가장 잘하는 일'을 선택하라. 그렇지 않으면 아무리 노력한들 잘못된 방향으로 갈 뿐이다.

그렇다면 어떻게 해야 '자신이 가장 잘하는 일'을 찾을 수 있을까? 우선 자신의 진정한 재능과 한계를 명확하게 인식해서 이것을 투입했을 때 가장 적합하고 효율이 높은 분야를 찾아야 한다. 이때 기억해야 할 것은 자신을 너무 높거나 낮게 바라보아서는 안 되며 반드시 객관적이고 정확하게 평가해야 한다는 점이다. 가족이나 친구의 의견을 묻거나 전문가의 자문을 구하는 것도 좋다. 하지만 무엇보다 중요한 것은 언제나 당신 자신이다. 마음속 깊은 곳에서 우러나오는 열정과 잠재능력을 당신만큼 정확하게 아는 사람은 없기 때문이다.

운명은 모두에게 공평하며 사람은 누구나 자신만의 강점이 있다. 그러므로 재능이 부족한 것을 슬퍼하고만 있을 것이 아니라 그것을 발견하는 눈을 만들어야 한다. 자신을 평가하면서 약점에만 몰두하면 강점을 무시하는 잘못을 저지르기 쉽다. 또 자신이 잘하는 일을 하려고 하지 않고, 할 일을 미리 결정한 후 그것에 맞춰 약점을 고치려다가 시간만 낭비한다. 이런 일이 반복되다보면 자신에 대해 정확하게 알 수 없으며 결국 강점을 찾는 일은 점점 더 멀어질 뿐이다. 기억하자. 우리가 해야 할 일은 약점을 고치거나 줄이는 것이 아니라 강점을 더 크게 확대하는 것이다.

성공은 자신이 만드는 것이다. 자신을 너무 높거나 낮게 바라보아서는 안 되며 당신의 능력이 유일무이하다는 것을 굳게 믿어야 한다. 그러면 당신은 모두가 부러워하는 성공을 거둘 수 있을 것이다.

나만의
경쟁우위

　능력이란 사람이 일할 수 있는 도구며, 일종의 자본이다. 이것은 예민한 통찰력, 정확한 판단력, 과학적인 정책결정력, 과감한 실행력, 적극적인 협동심, 강한 의지, 성실함, 친화력 등을 모두 포함한다. 이중에서도 다른 사람보다 더 나은 부분이 바로 자신의 경쟁우위가 되는 것이다. 경쟁우위를 찾고 그것을 강화하는 것이야말로 성공의 시작이라고 할 수 있다.

　그렇다면 "당신이 다른 사람보다 나은 점이 뭐라고 생각하시나요?"라는 질문을 받았을 때 어떤 대답을 하겠는가? 자신감? 비전? 학력? 아마도 이 질문에 대해 자신 있게 대답하는 사람은 그리 많지 않을 것이다.

　누구나 자신만의 경쟁우위가 있지만 이는 절대적이지 않으며 상황에 따라 얼마든지 변화할 수 있다는 점을 명심해야 한다. 그래서 지금은 아니지만 앞으로는 경쟁우위가 될 수도 있으며 또 그 반대일 수도 있다. 또 A와 비교했을 때는 경쟁우위지만 B와 비교하면 아닐 수도 있으며, 영역에 따라 경쟁우위일 수도 있고 아닐 수도 있다.

　하버드 대학을 졸업한 청년이 직장을 구하고 있었다. 어느 날 그는 자신의 능력을 입증할 수많은 자료와 증서를 가지고 한 대기업에 면접을 보러 갔다. 면접관은 그의 이력서를 이리저리 뒤적이며 질문했다. "당신이 다른 사람보다 나은 점이 뭐라고 생각하시나요?"

이 청년은 8년에 걸쳐 하버드 비즈니스 스쿨의 모든 과정을 수료했으며 두 개의 학위를 취득했다. 그래서 자신 있는 말투로 답변을 시작했다. "저는 학사 학위를 두 개……" 그러나 그의 말이 채 끝나기도 전에 면접관은 고개를 가로 저으며 "우리 회사 직원의 30%가 학사 학위 두 개 혹은 석사 이상의 학력이 있습니다. 학력은 당신의 경쟁우위가 될 수 없을 것 같군요."

그는 예상치 못한 반응에 무척 당황했지만 포기하지 않고 이렇게 말했다. "저는 입대해서 아프간 전쟁에 참전했습니다. 당시 그곳에서 수많은 어려움이 있었으나……" 그러자 면접관은 이번에도 말을 끊으며 "우리 회사 보안팀 직원들도 모두 군복무 경험이 있습니다."

취업이 절실했기에 청년은 각종 수상경력, 뛰어난 외국어 실력 등을 주저리주저리 읊어댔다. 그러나 면접관은 완곡한 말투로 이제 그만 하라고 말한 후, 다음 지원자를 준비시키라고 말했다. 이마에 땀이 맺힐 정도로 긴장한 청년은 몹시 실망한 채 자리를 뜨려고 했다. 그 순간 그의 머릿속에 한 가지 생각이 번뜩였다. "예전에 한 작은 회사에서 인턴으로 일한 적이 있었습니다. 당시 그 회사가 자금 융통에 어려움이 생겼는데, 그때 저는 저축한 돈 2만 달러를 내놓았습니다. 이것은 제 이야기를 실은 그 회사의 사보입니다." 면접관은 그가 건넨 신문을 보다가 고개를 들고 "이게 다에요?"라고 반문했다.

이런 냉소적인 반응은 오히려 청년의 투지를 불렀다. 그는 다음 지원자가 들어오기 전까지 포기하지 않고 최선을 다하기로 결심했다. "언젠가 동료가 극심한 복통을 호소한 적이 있었습니다. 새벽 2시였음에도 저는 즉시 그를 업고서 거리로 나가 택시를 타고 병원으로 갔습니다. 나중에 동료의 부모님께서 직접 오셔서 감사의 뜻을 전했으며, 이 이야기를 사내 홈페이지에 올리기까지 했습니다."

여기까지 들은 면접관은 마침내 웃음을 터트리며 말했다. "그래요! 이게 바로 당신의 경쟁우위인 것 같군요. 끝까지 포기하지 않는 거요. 우리 회사는 바로 당신처럼 끈기 있는 사람이 필요해요. 같이 일하게 되어서 기뻐요!"

경쟁우위란 상대적이어서 다른 사람이 가진 것은 결코 경쟁우위라고 할 수 없다. 예를 들어 당신의 학력이 경쟁우위인지 알아보려면 당신이 속한 집단 내 구성원의 학력이 어느 수준인지 알아보아야 한다. 1천만 달러는 큰 돈이지만 모든 사람이 1천만 달러를 가지고 있다면 부유하다고 할 수 없는 것과 마찬가지다.

한 기업이 외국 기업과 매우 중요한 계약을 앞두고 있었다. 회장은 이 계약을 성공하기 위해 각 부서에서 최고 인재들을 선발해서 전담팀을 꾸리라고 지시했다.

얼마 후 박사 학위를 소지하거나 수많은 협상 또는 계약 경험이 있는 전문가 스무 명이 선발되었다. 이들은 누구나 인정하는 회사의 최고 인재들이었으며 계약이 성공한다면 앞으로 탄탄대로를 걸을 것이 분명했다.

그러나 총무팀 직원 존스만은 예외였다. 사람들은 그가 이 팀에 선발된 것을 모두 의아해 했으며 혹시 무슨 비리나 특혜가 있는 것은 아닌지 의심했다. 특히 같은 총무팀의 팀장인 마이크는 존스에 비해서 학력, 경력 등이 훨씬 뛰어난데도 불구하고 선발되지 못해 무척 불만이었다. 결국 그는 참지 못하고 직접 회장을 찾아갔다.

회장은 즉시 담당 임원을 불러서 어떻게 된 일인지 물었다. "존스를 선발한 이유가 뭔가? 학력이나 경력이 그리 뛰어난 것 같지도 않은데 말이야. 마이크만 해도 존스보다는 훨씬 유능해 보이지 않은가."

그러자 임원은 이렇게 대답했다. "존스는 상대 기업의 나라에서 어렸을 때부터 오랜 기간 거주한 덕분에 그곳의 문화에 대해 잘 알고 있습니다. 바로 이 때문에 그를 선발한 것입니다. 마이크와 같은 수준의 학력과 경력을 가진 직원은 많습니다. 그는 경쟁우위라고 할 만한 것이 없기 때문에 선발하지 않았습니다."

이 이야기는 절대적인 경쟁우위란 없으며 언제나 상대적이어서 비교 대상, 시기, 상황에 따라 달라질 수 있음을 잘 설명하고 있다. 그러므로 당신의 가치를 높이고 이를 바탕으로 성공하고자 한다면 다른 사람이 가지지 못한 것을 경쟁우위로 삼아야 한다.

당신의 경쟁우위란 곧 다른 사람이 가지지 않은 강점이다. 다른 사람은 없지만 나에게 있는 것, 이것이야말로 가장 믿을만한 경쟁우위다.

긍정적으로
자신을 바라보라

자신을 어떻게 바라보고, 인정하며 평가를 내리는가에 따라 그 사람의 인생이 나아갈 방향과 모습이 결정된다고 해도 과언이 아니다. 그렇기에 자신을 정확하게 인식하는 것은 무엇보다 중요한 일이다. 그런데 일반적으로 사람들은 자신이 어떠한 사람인지에 대해서는 매우 쉽고 빠르게 결론을 내리는 반면, 그 결론이 정확한지에 대해서는 크게 신경 쓰지 않는다. 이것은 당신이 생각하는 것보다 훨씬 큰 잘못이다. 결론이 제대로 되었다면 다행이지만, 그렇지 않다면 우리의 인생이 완전히 잘못된 방향으로 나아갈 수도 있기 때문이다.

한 청년이 동창회에 참석했다. 동창들은 그가 여행을 다녀왔다는 사실을 알고 흥미를 보이며 그에 관한 이야기를 해달라고 했다. 그는 평소에 사람들 앞에서 이야기한 경험이 많지 않기 때문에 이목이 집중되자 매우 긴장했으며 실제로 몇 차례 말을 더듬기까지 했다. 그런데 동창회가 끝난 후, 옛 친구 한 명이 다가오더니 이렇게 말했다. "아까 너의 여행 이야기는 정말 흥미로웠어. 나중에 기회가 되면 다시 한 번 너의 이야기를 듣고 싶어." 그는 뜻밖의 칭찬을 받고 어안이 벙벙했다. 이전에는 앞에 나서서 말하는 것을 시도조차 해본 적 없던 그는 어쩌면 자신의 말솜씨가 크게 나쁘지 않을지도 모른다고 생각했다. 그는 천천히 자신감이 생겼고, 이후 유명한 기업 경영 전문가가 되어 수많은 강연을 했다.

당신의 인생은 당신이 자신을 바라보는 방식대로 흘러간다. 예를 들어, 스스로 똑똑하지 않다고 생각하는 사람이 정말로 두뇌 회전이 느려지는 식이다. 자신에 대한 인정과 평가, 다시 말해 '자아개념(self-concept)'은 한 번 굳어지면 바꾸기가 무척 어렵다. 실제로 많은 사람이 "나는 원래 이러저러한 사람이라서 바뀌지 않아!"라고 말한다. 자아개념은 일종의 신념과 비슷해서 이를 건드리는 것은 견디기 어려운 고통을 일으킬 수도 있다.

그렇기에 만약 자아개념을 바꾸는 데 연이어 실패하더라도 속상해할 필요는 없다. 반드시 바꾸겠다는 굳은 의지와 끈기, 그리고 자신감을 바탕으로 새로운 자아개념과 행동을 일치시킨다면 당신의 인생은 분명히 더욱 새롭고 아름다워질 수 있다.

데보라는 언제나 활기차고 모험을 두려워하지 않는 여성이다. 하지만 과거의 데보라는 달랐다. 이는 그녀가 자아개념을 바꾼 후 얻은 수확이다. "어렸을 때 저는 무척 소심한 아이였어요. 다칠까봐 무서워 운동을 해본 적도 없죠." 그러던 어느 날, 데보라는 몇 차례 자아개념에 관한 강연을 들은 후 용기를 내 잠수, 스카이다이빙 등 몇 가지 운동을 시도했다. 하지만 자아개념이 그렇게 쉽게 바뀌지는 않았고 여전히 자신을 '용기를 내 스카이다이빙에 성공한 소심이'라고 생각했다. 그런데 주변 사람들이 다가와 이렇게 칭찬해주는 것이 아닌가. "정말 대단하다. 나도 너처럼 이렇게 대담해져서 스릴 있는 경험을 해보고 싶어." 이런 칭찬이 반복되다보니 그녀는 점차 생각이 바뀌었다. "혹시 나는 그렇게 소심하지 않은 것이 아닐까?"

나중에 데보라는 이렇게 털어놓았다. "그때부터 더 이상 내 자신을 소심하다고 생각하지 않기로 했어요. 물론 쉽지는 않았죠. 마음속에 '내가 생각하는 나', '주변 사람들이 생각하는 나'가 서로 충돌해서 갈등이 좀 있었죠. 그러던 중에 다시 한 번 스카이다이빙을 시도했고, 그것이 바로 자아개념을 완전히 바꾸는 계기가 되었어요."

데보라의 마음가짐이 바뀌기 시작한 것은 바로 두 번째 스카이다이빙을 시도했을 때였다. 비행기가 12,500피트까지 올라가자 데보라는 극도의 공포를 억누르며 일부러 활기차게 행동했다. 비행기 안에는 그날 처음 스카이다이빙에 도전하는 사람들이 있었는데 그들은 너무 긴장해서 교관이 물어보는 말에 제대로 대답하지도 못했다. 데보라는 그들을 보며 마음속으로 이렇게 자신에게 말했다. "처음에는 나도 저들처럼 떨었지만 이제는 달라. 나는 오늘 구름 위를 날며 더 자유롭고, 더 용감한 여성이 될 거야!" 그 순간 데보라는 자신에게 무언가 커다란 변화가 생겼음을 직감했다. 마침내 자아개념이 변화한 것이다! 그녀는 비행기에서 첫 번째로 뛰어내렸다. 하강할 때 그녀는 큰 소리를 질렀으며 태어나서 처음으로 온몸에서 에너지가 솟구치는 것을 느꼈다. 데보라는 더 이상 소심한 아이가 아니며 모험과 인생을 즐기는 멋진 여성이 되었다.

자아개념의 변화는 살면서 가장 재미있고, 신기하며, 자유로운 경험이다. 명절이나 생일을 맞은 성인들이 평소에는 좀처럼 하지 않던 일을 과감하게 시도하는 경우가 종종 있다. 이처럼 일시적인 행동은 대부분 그동안 자신에게 허락하지 않았던 것이지만 어쩌면 잠재의식 속에서 기대하고 있는 모습일지도 모른다. 좀 더 긍정적으로 자신을 바라보고, 적극적으로 자아개념을 바꾸고 행동한다면 더 나은 인생이 펼쳐질 것이다.

긍정적인 자아개념을 가진 사람은 무궁무진한 잠재능력을 발휘하고 '진실한 자아'를 드러낼 수 있다. 과거와 현재에 얽매이지 말고 더 나은 자아개념을 정립한다면 더 멋진 사람이 될 수 있다!

소수를 모아
다수를 만들어라

작은 것들이 모여 예상치 못한 역량을 발휘하는 경우가 있는데 이는 경쟁우위도 마찬가지다. 소수의 작은 강점들을 모아 다수로 만들면 커다란 강점 하나보다 훨씬 큰 경쟁우위를 가질 수 있다.

실패를 거듭하는 사람들은 대부분 자신의 작은 강점들을 알지만 이를 조합하는 방법을 모른다. 그래서 난관에 부딪히면 각각의 작은 강점들로 대처해보다가 이내 물러서고 만다. 이때 만약 당황하지 않고 작은 강점들을 모아 큰 덩어리로 만들어 함께 대응한다면 상상하지 못한 큰 힘을 얻을 수 있다.

미국에는 "10개 사단보다 수학자 한 명이 낫다."는 말이 있는데 그 유래는 다음과 같다.

제2차 세계대전이 한창 벌어지던 때, 미국과 영국은 운송선 부대가 바다 밑에 잠복 중이던 독일 잠수함 부대의 무차별 공격을 받아서 골머리를 앓고 있었다. 운송선이 좌초되거나 되돌아가면서 전방에 필요한 물품이 원활하게 보급되지 않자 전투력이 크게 저하되었으며, 병사들의 사기도 나날이 떨어졌다. 이에 연합군은 온갖 방법을 동원해서 이 문제를 해결해보려고 했으나 모두 실패로 돌아갔다.

새로운 방법을 찾던 연합군은 수학자들에게 자문을 구하기로 했다. 수학자들은 문제를 분석하고 상의한 후 결론을 내리고 이렇게 말했다.

"지금의 운송선 편대 구성에 문제가 있는 것 같습니다."

"하지만 우리는 규정에 맞추어 제대로 하고 있습니다. 뭐가 문제란 말입니까?"

"우리 연합군의 운송선과 독일의 잠수함이 넓은 바다에서 맞닥뜨리는 것은 매우 우연한 사건처럼 보이지만, 사실 수학적으로 분석해보면 그렇지 않습니다. 생각해보세요. 함께 움직이는 운송선의 규모를 작게 할수록 편대는 많아질 것입니다. 예를 들어 연합군의 운송선이 100척인데 20척씩 편대를 구성하면 다섯 편대, 10척씩 구성하면 열 편대가 되는 식입니다. 편대가 많으면 당연히 공격 받을 확률도 커지니 불리하지요. 지금 연합군의 운송선 부대는 편대가 너무 많습니다. 그러므로 지금의 규모가 작은 편대들을 합쳐서 큰 편대로 만들어 여러 척이 함께 이동해야만 합니다."

수학자들은 규모가 작은 편대들을 큰 편대로 합치는 것을 제안했고 연합군은 수학자들이 일러준 대로 여러 운송선이 한꺼번에 많이 이동하도록 했다. 결과는 대성공이었다. 첫 항해에서 함께 움직인 30척 중 단 1척만 습격 받았을 뿐 나머지 29척은 안전하게 해상을 통과한 것이다. 이후 연합군은 이 방법으로 독일의 공격을 피해 전방까지 보급품을 무사히 전달할 수 있었다.

종전 후, 연합군은 수학자들에게 훈장을 수여했으며, 그들의 공헌을 만방에 알렸다. 이에 관해서 연합군의 한 장군은 이렇게 말했다. "수학자들은 우리의 승리에 결정적인 역할을 했으므로 훈장을 받는 데 전혀 부족함이 없습니다. 그들의 아이디어는 거의 10개 사단의 병력에 맞먹을 정도로 대단한 것이었죠."

수학자들은 확률의 개념을 이용해서 연합군이 승리할 수 있는 발판을 만들었다. 그들이 말한 방법은 소수를 모아 다수로 만들어 커다란 역량을 형성하는 것이다. 소수는 위험을 마주하면 대응하기는커녕 마치 세찬 바람을 맞은 풀처럼 몸을 가누지 못하고 뿌리가 흔들릴 정도로 이리저리 흔들린다. 수학자들에게 자문을 구하기 전에 연합군이 큰 피해를 보았던 것도 바로 이와 같은 이유다. 하지만 운송선을 모아 다수로 만들자 함께 위험을 헤쳐나간 것이다.

당신의 작은 지식, 경험, 기술 등은 모두 우위가 될 수 있지만 작은 우위만으로는 어려움에 대처할 수 없다. 중요한 것은 이렇게 수많은 작은 우위들을 합해서 커다란 작용을 발휘하도록 만드는 것이다. 이것이야말로 살면서 자신의 경쟁우위를 발휘할 수 있는 최고의 지혜다.

잠재능력과 신념이
성공으로 이끈다

　인생은 스스로 개척하는 것이다. 누구나 살면서 크고 작은 좌절을 겪지만 그것을 참고 견뎌내는 것은 당신의 몫일 뿐 다른 누구의 것도 아니다. 다른 사람의 도움을 구걸하고 은혜를 바라는 태도는 당신의 인생을 내버리는 것과 같다. 하지만 안타깝게도 많은 사람이 어려움을 만났을 때, 스스로 해결하기보다는 누군가가 나타나 도와주기를 기다린다.

　물건을 잔뜩 실은 마차가 빠르게 달리다가 그만 진흙에 바퀴가 빠지고 말았다. 말들이 아무리 힘을 써서 끌어당겨도 옴짝달싹하지 않자 마부는 혹시 자신을 도와줄 사람이 있는지 사방을 둘러보았다. 아무도 나타나지 않자 그는 하늘을 향해 두 팔을 벌리며 소리쳤다. "아킬레우스여! 제발 도와주십시오!"

　그러자 정말로 엄청난 힘을 가진 아킬레우스가 나타났다! 그런데 어찌 된 일인지 아킬레우스는 마차를 들어 올려주기는커녕 마부에게 다가오더니 이렇게 속삭였다. "마차 바퀴 윗부분을 어깨로 들어 올려요. 말들이 조금만 움직이면 이 진흙탕에서 빠져나갈 수 있을 거요. 그런 다음 내가 당신을 돕겠소."

하늘은 스스로 돕는 사람을 돕는다고 했다. 문제를 해결해야 할 때 당신의 머릿속에 가장 먼저 떠올라야 하는 생각은 반드시 '스스로 해결하겠다'여야 한다. 아무리 향을 피우며 하늘에 공들여 빌어봤자 절대 문제를 해결할 수 없다. 반드시 용기를 내어 도전하며, 실패하더라도 계속 시도해서 문제를 해결해야 한다.

한 노인이 굶주린 거지 두 명에게 다가가 낚싯대와 생선 한 바구니를 주며 나눠 가지라고 말했다. 거지 두 명은 각각 원하는 대로 한 사람은 낚싯대를, 다른 한 사람은 생선을 가지고 헤어졌다. 낚싯대를 선택한 거지는 바다로 갔다. 그는 낚시를 해서 잡은 생선을 먹은 후, 힘을 차리고 더 많은 생선을 잡아서 시장에 가져다 팔았다. 생선 장사를 계속한 그는 얼마 후, 돈을 모아 자립했다. 반면에 생선을 선택한 거지는 그 자리에 앉아 장작불을 지핀 후, 생선을 구워서 허겁지겁 모두 먹어치웠다. 다 먹은 후, 그는 이제 자신에게 아무것도 남지 않았다는 것을 깨달았다. 또다시 지독한 배고픔에 시달리기 싫었던 그는 눈앞에 펼쳐진 푸른 바다를 멍하니 바라보다가 천천히 걸어 들어가서 스스로 삶을 마감했다.

두 명의 거지는 모두 똑같이 노인의 도움을 받았지만 완전히 다른 운명을 맞이했다. 생선을 선택한 거지에게 다른 사람의 도움이 무의미했던 까닭은 바로 신이 그에게 내린 은총인 머리, 마음 그리고 두 손과 발을 사용하지 않았기 때문이다. 물론 스스로 이렇게 어려운 문제를 해결할 능력이 없다고 생각할 수도 있다. 하지만 모든 사람에게는 잠재능력이 있다! 이것은 평소에는 잘 드러나지 않지만 반드시 존재하며 한계가 없으므로 다방면으로 끊임없이 개발해야 한다. 매일 아침, 자신에게 하루를 충실하게 잘 보낼 수 있다고 긍정적으로 말해보자. 또 어려운 일을 해야 할 때는 용기를 내어 도전하자고 말해보자. 실제로 이러한 자기암시는 큰 효과가 있어서, 평소에는 많아 봤자 10%밖에 드러나지 않는 잠재능력을 60%까지 끌어올린다고 한다.

잠재능력을 최대한 개발하고 발휘하도록 하는 동시에 중요한 것이 바로 할 수 있다는 '신념'이다. 신념은 한 사람의 모든 사고와 행위, 나아가 인생 전체에 영향을 미쳐서 그의 성공, 건강, 행복을 결정한다고 해도 과언이 아니다. 어떤 일에 부딪히더라도 위축되거나 물러서지 말고 자신에게 잠재된 능력을 믿어야 한다. 성공하고 싶다면 필승의 신념이 있어야 하며 이것은 당신의 삶을 가장 높은 곳으로 이끌어줄 것이다!

한 아버지가 병에 걸려 생사를 헤매고 있었다. 그는 고통에 시달리면서도 먼 곳으로 공부하러 간 아들을 기다리며 남아 있는 온 힘을 다해 삶을 놓지 않았다. 얼마 후, 소식을 듣고 급히 돌아온 아들이 병상에 와서 아버지를 불렀다. 아버지는 천천히 눈을 뜨고 아들의 얼굴을 확인한 후, 다시 조용히 두 눈을 감고 영원히 잠들었다.

이것이 바로 신념의 힘이다. '마지막으로 아들을 꼭 보겠다.'는 신념이 그의 생명을 지탱했던 것이다. 강한 신념은 잠재의식, 감각, 행동에 모두 명령을 내려서 자신도 몰랐던 능력을 이끌어낸다. 어려움을 극복하겠다는 신념, 문제를 해결하겠다는 신념, 성공하겠다는 신념이 있다면 당신은 그와 같이 되기 위해 노력하고 바라는 모습대로 변화할 것이다. 반대로 그러한 신념이 없으며 자신에게는 어떠한 능력도 없다고 생각한다면 당신의 능력 역시 그에 따라 소멸되고 말 것이다.

성공하는 사람은 일을 시작할 때 이미 성공에 대한 신념이 있으며, 그렇기에 일을 하는 과정에서 아무리 큰 난관에 부딪혀도 두려워하지 않는다. 이 신념은 그를 지지하고 자극하며, 적극성을 북돋아서 당신을 쉬지 않고 새로워지도록 한다. 이런 사람들은 언제나 말과 행동이 자연스럽고 부드러운데 이 역시 강한 신념으로부터 나오는 것이다. 크고 작은 난관이 끊이지 않는 어려운 환경도 그의 신념을 더 강하게 할 뿐이며 성공으로 나아가는 그의 발목을 잡지 못한다. 성공에 대한 신념이 있는 사람만이 목표를 향해 쉬지 않고 달려가며 다른 사람보다 더 빨리 도착할 수 있다.

신념이 클수록 목표도 원대하다. 신념도 목표도 없는 사람은 겉보기에는 열심히 무언가를 하는 것 같아도 사실 제자리에서 발만 동동 구르는 것과 다르지 않다. 이런 사람들은 어디로 나아갈지, 어떻게 해야 할지 몰라 우왕좌왕하다가 결국 성공으로부터 멀어질 뿐이다. 이것이 바로 성공하는 사람과 실패하는 사람의 차이다.

앞에서 말한 것처럼 누구에게나 무한한 잠재능력이 존재한다. 이것은 마치 어두운 바다 밑, 깊은 산 속에 파묻힌 것과 같기에 반드시 파헤쳐서 찾아내야 그 모습을 드러낸다. 할 수 있다는 신념을 바탕으로 적극적으로 행동한다면 자신의 능력이 커지는 것을 느낄 수 있으며 목표를 달성할 수 있다. 이 능력은 새로 만든 것이 아니다. 그저 원래부터 있었던 잠재능력을 가둬 둔 창고의 자물쇠를 푼 것뿐이다. 그동안 보이지 않던 잠재능력이 발휘되어 지금의 자신을 뛰어넘는다면 무엇과도 비교할 수 없는 최고의 희열을 느낄 수 있다.

하늘은 스스로 돕는 사람을 돕는다. 힘들고 어려운 일이 있을 때 강한 신념과 잠재능력이 있다면 반드시 난관을 해결하고 성공을 향해 나아갈 수 있다.

약점을
강점으로

　지금 당신의 가장 큰 약점은 무엇인가? 공포, 분노, 좌절, 우울, 흡연, 음주……, 약점이 무엇이든 중요한 것은 바로 그것이 당신의 삶을 차지하도록 만들지 않는 것이다. 지금 약점이라고 생각되는 그것을 당신의 강점으로 만들어야 한다!

　우선 종이 두 장을 준비하고 각각 강점과 약점을 써보자.
　강점을 쓴 종이를 잘 보이는 곳에 붙이고 오며가며 자주 보면 자신감을 키우는 데 도움이 될 것이다.
　약점을 쓴 종이는 다시 한 번 자세히 보면서 연구해보자. 시간이 좀 걸리더라도 그 약점 탓에 수치심이나 죄책감이 들지 않을 때까지 여러 번 보는 것이 좋다. 그리고 어떻게 하면 그 약점들이 당신에게 긍정적인 효과를 일으킬 수 있을지 연구해야 한다.

　한 인도 여성은 얼굴 위에 있는 붉은 반점 때문에 늘 고민이었다. 그녀는 친구를 사귈 때도 항상 위축되었으며 집에 손님이 오면 급하게 방으로 들어가서 문을 걸어

잠그고 나오지 않았다.

어느 날 어머니의 진심어린 응원을 받은 그녀는 용기를 내기로 했다. '반점을 없앨 수는 없어. 다른 방법을 생각해보자!'

이후 그녀는 화학자의 도움을 받아 얼굴 위의 반점을 효과적으로 가리는 화장품을 개발했다. 이 화장품은 그녀처럼 얼굴 위에 있는 반점으로 고생하던 많은 여성에게 환영을 받았고 인기에 힘입어 전국으로 팔려나갔다. 덕분에 그녀는 많은 돈을 벌었으며 명예와 이익, 두 마리 토끼를 잡은 성공한 실업가가 되었다.

미국의 유명한 시인인 에머슨(Emerson)은 "어떤 약점이라도 긍정적인 면이 있다."라고 말했다. 그의 말처럼 약점과 강점은 종이 한 장 차이며 약점을 고치기 어렵다면 차라리 그것을 마주하고 긍정적으로 활용할 방법을 생각해야 한다.

아름다운 목소리를 가진 한 러시아 여성이 있었다. 유명 가수가 되고 싶었던 그녀에게는 숨기고픈 한 가지 약점이 있었다. 바로 덧니였다. 그녀는 자신의 덧니가 마음에 들지 않기에 무대에 오를 때마다 최대한 입술을 오므려 노래했다. 그러나 그녀는 이것이 오히려 웃음거리가 될 거라고는 전혀 예상하지 못했다.

그러던 어느 날 그녀의 팬 한 명이 솔직하게 말했다. "덧니를 가리려고 하지 마세요. 진심을 담아서 자연스럽게 입을 벌려 노래하는 것이 좋아요. 시원스럽게 입을 벌리고 노래하면 분명 관객들이 더 좋아할 거예요. 당신이 싫어하는 덧니가 행운을 가져다줄지도 몰라요!" 그녀는 충고를 받아들이기가 어려웠다. 많은 관객 앞에서 어떻게 내 약점을 드러낼 수 있단 말인가. 그러나 그녀는 끊임없이 자신을 설득했고 드디어 용기를 냈다. 힘들었지만 최선을 다한 그녀는 더 이상 덧니를 부끄러워하지 않았으며 노래할 때 덧니가 아니라 진심을 전하는 데 주의를 기울였다. 그리고 마침내 최고의 기수가 되었다.

　세상에는 완벽하게 아름다운 사람도 없으며, 티끌 하나 없는 완벽한 일도 없다. 모든 사람은 강점과 약점을 모두 가지고 있지만 사실 그 자체는 중요하지 않다. 중요한 것은 강점을 더 강화하고, 약점의 구속에서 벗어나서 강점으로 전환하는 것이다. 그러면 몸과 마음이 모두 커다란 자유를 느끼고 더 아름다운 인생을 누릴 수 있다.

　유명한 탭댄스 무용수인 클레이턴 베이츠(Clayton Bates)의 별명은 '페그 레그 베이츠(Peg Leg Bates)', 즉 '나무다리 베이츠'였다. 어렸을 때 한쪽 다리를 잃은 그가 직업 무용수가 될 거라고 예상한 사람은 아무도 없었다.

　하지만 베이츠는 한쪽 다리가 없는 것이 약점이라고 생각하지 않았다. 그는 탭댄스용 구두를 나무다리 아래에 고정시키고 자신만의 멋진 탭댄스를 고안했다. 무대 위에서 그는 누구보다 돋보였다. 베이츠의 성공은 약점을 강점으로 전환한 데서 시작된 것이었다.

　영국인 믹은 어렸을 때부터 다른 사람과 말할 때 더듬거나 의사를 제대로 전달하지 못하는 약점이 있었다. 대화를 할수록 자신감이 떨어지자 그는 편지와 쪽지를 쓰기 시작했다. 시간이 흐르면서 그가 쓴 멋진 편지와 쪽지가 SNS에 퍼져 나가면서 큰 인기를 얻었다. 만약 그가 그저 약점을 감추고 위축되기만 했다면 불가능한 일이었을 것이다.

　긍정적인 마음가짐을 가진 사람만이 자신의 약점을 강점으로 바꿀 수 있다. 갈라진 금속을 용접하면 높은 열이 금속 분자를 결합시켜 이전보다 훨씬 견고해진다. 마찬가지로 약점이 강점으로 변화하면 예상보다 더 강력한 강점이 될 수 있다.

약점을 강점으로 바꾸어라! 그러면 더욱 완벽해질 수 있다.

당신의 성장은
성공보다 중요하다

　현대인은 누구나 성공을 바라지만 아무리 열심히 모든 것을 쏟아 붓고 공을 들였는데도 불구하고 성공하는 사람은 소수에 불과하다. 이것은 혹시 우리가 생각하는 성공의 범위가 너무 협소해서 아닐까?

　일반적으로 성공은 다음의 두 가지를 포함한다. 첫째, 사회로부터 개인의 가치를 인정받고 그에 상응하는 보답, 예를 들어 재물, 지위, 명예, 존경 등을 받는 것이다. 둘째, 스스로 자신의 가치를 인정해서 자신감과 행복으로 충만한 것이다.

　빌 게이츠는 성공이란 '인생의 태도'라고 했다. 그에 따르면 많은 돈을 벌고, 건실한 기업을 경영한다고 해서 반드시 성공했다고 할 수 없으며 올바른 가치관념, 성실한 태도 등이야말로 진정한 성공이라고 말했다. 실제로 빌 게이츠는 가난한 사람들을 위해 많은 재산을 투자해서 다양한 자선 사업을 펼치고 있다. "살면서 가장 행복하고 감동 받았던 순간은 바로 일 년 전에 인도의 한 시골 마을을 방문했을 때입니다. 현지의 의사들은 나에게 마이크로소프트의 기술 덕분에 먼 곳에 있는 환자도 진료를 받게 되어 더 많은 환자를 치료하고 생명을 구할 수 있다고 말했어요. 그들은 진심으로 나에게 감사하다고 했습니다." 그는 당시를 회상하며 눈물이 고인 채로 말을 이었다. "저는 바로 그때, 제가 한 일이 더 나은 세상을 만들었다는 것을 알았어요. 제가 정말 성공한 것 같은 생각이 들었습니다. 무척 감동적이었죠."

독일의 대문호 괴테는 "모든 사람은 성공하려고만 할 뿐, 성장하려고 하지 않는다."라고 말했다.

성공과 성장은 어떤 차이가 있을까? 나무에 비유하자면 성공은 꽃이 피고 열매가 열려서 많은 사람으로부터 그 아름다움을 칭찬받는 것이다. 반면에 성장은 꽃이 피고 열매가 열리기 전의 무수한 낮과 밤을 의미한다. 묵묵하게 햇볕을 쬐고 비를 맞으며, 매일의 새벽과 석양의 가르침을 듣고 폭풍우 속에서 꿋꿋이 버티는 것이다. 사람들의 찬양을 받는 것은 즐겁지만 그것에 익숙해진 나무는 가을이 왔을 때 우울해질 것이 분명하다. 반면에 성장의 기쁨을 아는 나무는 영양을 충분히 받아들이고 거센 바람과 비를 이겨낸 자신에게 자랑스러움을 느낄 것이다. 사람들이 알지 못하는 고통스러운 성장의 과정이 없었다면 어떻게 꽃을 피우고 열매를 맺었겠는가?

'자신을 초월하는 것', 이것이 바로 '성장'이며 성장이 계속되어 일정한 수준에 도달하면 성공은 자연히 그 뒤를 따르기 마련이다. 살면서 가장 큰 적수는 다른 사람이 아니라 바로 자기 자신이다. 가장 힘이 센 동물은 무엇일까? 커다란 나무를 뿌리째 뽑을 수 있는 코끼리? 커다란 배를 뒤집을 수 있는 고래? 그렇지 않다. 그것은 바로 자신의 무게보다 훨씬 큰 짐을 들어 올릴 수 있는 개미다. 코끼리나 고래가 다른 것과 싸워 이기려고 할 때, 개미는 자신을 초월하기 때문에 가장 힘이 센 동물인 것이다.

성공은 기나긴 인생 속에 그저 일시적인 순간으로, 외재적이고 다른 사람으로부터 받는 평가일 뿐이다. 성장은 끊임없이 새로워지는 지속적인 과정이며 내재적이고 자신의 마음속으로부터 느끼는 희열이다. 물론 성공도 중요하지만 그것만 추구하다가는 삶이 공허해지기 쉽다. 이런 사람들은 성공을 이룬 후에도 잃을까봐 마음이 편하지 않고 늘 걱정에 시달린다. 또 마음이 조급해서 성장의 필요성을 무시하고 무조건 성공을 이루려다가 되레 고생스러운 삶을 사는 경우가 많다. 반면에 성장은 오로지 자신의 것이니 그 과정이 아주 느리더라도 오히려 자신감과 의지가 더 강해질 것이다. 순간의 성공에만 몰두하지 않고 고개를 들고 더 멀리 바라본다면 산 뒤에 또 다른 산이, 넓은 평원 끝에 또 다른 평원이 펼쳐져 있는 것을 알게 될 것이다. 이 것을 깨달은 사람은 일시적인 성공을 거두어도 교만해지지 않는다. 그리고 끊임없이 자신을 초월해서 성장하고 성공보다 더 큰 수확을 얻는다.

지금처럼 개인의 가치가 무엇보다 중요한 시대에는 먼저 자신에게 맞는 성장의 방식을 선택하고 이를 통해 성공을 거두어야 한다. 성장이 없으면 절대 성공을 이룰 수 없다. 인간의 성장은 일상생활, 가정, 직장, 학교 등 모든 상황에서 생각과 행동이 모두 성숙해지는 것을 의미한다. 좀 더 구체적으로 말하자면 각 단계에서 자신을 넘어서는 목표를 정해 하나씩 이루어나가는 것이다. 이러한 성장의 과정 속에서 자신에게 가장 적합한 것을 찾고 시도함으로써 성공에 더 가까워질 수 있다. 목표들을 이룰 때마다 당신의 내면은 더 강하고 두터워져서 끊임없이 성장할 것이다. 그 과정은 험난할 수도 있지만 성장을 거친 사람은 천방지축이고 단순했던 어린 시절에서 벗어나 점차 강인해지고 사회 안에 깊이 뿌리내릴 수 있다.

성공은 성장의 일부분일 뿐이다. 그러므로 무작정 성공을 좇아서는 안 되며 성장의 과정을 중요하게 생각하고 묵묵히 노력해나가야 한다. 그러면 성공이 자연스럽게 당신을 좇아올 것이다.

제4장

자신감

- 마사 슈워츠-

1950년에 태어난 마사 슈워츠(Martha Schwartz)는 미국의 유명한 조경설계사이자 하버드 대학 래드클리프 칼리지(Radcliffe College)의 객원교수다. 그녀는 미시간 대학 (University of Michigan)에서 순수미술 학사 학위와 조경설계 디자인 석사 학위를 취득했으며 하버드 디자인스쿨에서 공부했다. 30여 년에 걸쳐 수많은 작품을 발표해 호평받았으며, 2008년에는 조경 디자인 분야의 업적을 인정받아 미국 쿠퍼 휴이트 디자인 상(Cooper‐Hewitt Design Awards)을 수상했다. 이외에도 영국 황실 건축학원(RIBA)의 명예학위, 미국 조경 디자인 협회(ASLA)가 수여하는 많은 상을 받았다. 그녀는 현재 뛰어난 예술가들을 지원하는 로마 아메리칸 스쿨(American Academy in Rome)의 회원으로 활동하고 있다.

자신감은
성공의 원동력이다

인간에게는 모두 광활한 우주처럼 한계가 없는 잠재능력이 있다. 그런데 왜 어떤 사람은 손을 대는 사업마다 성공하고, 어떤 사람은 항상 제대로 되는 일이 없어서 괴로워하는 것일까? 그것은 바로 언제나 자신이 부족하다고 생각하며 단점과 약점에만 주목하고, 심지어 운명의 탓으로 돌리기 때문이다. 이처럼 자신을 비하하고 스스로 위축되는 심리는 모두 자신감이 부족하기 때문에 비롯된다. 이러한 심리는 앞으로 나아가려는 당신의 발목을 잡는 '방해꾼'이므로 반드시 없애야 한다.

하버드 대학이 배출해 낸 걸출한 인물들은 모두 태생적으로 '천재'라기보다는 자신감이 넘쳐 잠재능력을 잘 개발한 사람이라고 할 수 있다. 그들은 다른 사람이 할 수 없는 일도 반드시 해낼 수 있다고 생각하며 고난을 견딜 각오가 되어 있다. 이러한 태도는 그들의 잠재능력과 역량을 최대한 발휘시켜 행동으로 드러나게 만든다.

성공한 사람들은 객관적인 사물을 정확하게 인식하며, 자신의 재능과 지혜를 충분히 발휘한다. 그렇다고 그들을 우러러보며 숭배할 필요는 없다.

자신감만 있다면 당신 역시 그처럼 될 수 있기 때문이다.

동서고금을 막론하고 사람들의 실패 원인을 살펴보면 대부분 그가 무능했기 때문이 아니라 자신감이 부족했기 때문임을 알 수 있다. 자신감이 부족한 사람들은 일을 하기도 전에 안 될 것이라고 생각하기 때문에 '가능'을 '불가능'으로 바꾼다. 또한 자주 놀라고 당황하며 말과 행동이 거칠고 부자연스러운 것이 특징이다. 반면에 자신감이 넘치는 사람은 언제나 안정적이며 부드럽고 자연스러운 언행을 구사한다. 기억하자. 영양 부족은 신체의 발육을 저해하지만, 자신감 부족은 지능과 재능이 발휘되는 것을 막는다. 반드시 자신 및 자신의 능력을 믿어야 한다. 자신감이 작으면 작은 성공을 거둘 것이고, 자신감이 크면 커다란 성공을 거둘 것이다! 자신감이 없는 사람은 성공할 수 없다.

1980년, 여섯 청년이 함께 피지(Fiji)의 비티레부(Viti Levu) 섬에서 작은 돛단배를 타고 15킬로미터 정도 떨어진 암초로 갔다. 그들은 남태평양의 화려한 산호를 구경하고 망망대해 위의 고요함과 매력에 빠져들었다. 오후 3시, 즐거운 시간을 보낸 그들이 비티레부 섬으로 출발하고 얼마 지나지 않아 내내 조용하던 바다 위에 갑자기 바람이 불더니 해면이 크게 요동치기 시작했다. 배는 순식간에 뒤집혔고 여섯 명은 모두 바다에 빠졌다.

간신히 배를 제대로 돌린 그들은 놀라고 당황해서 어떻게 해야 할지 몰랐다. 암초로 돌아가서 기다려야 한다는 의견도 있었고, 어떻게 해서든지 비티레부 섬으로 돌아가야 한다는 의견도 있었다. 이렇게 서로 자신의 생각이 옳다며 옥신각신하며 결론이 나지 않자 예전에 비슷한 경우를 한 번 겪은 적 있는 빌이 자신 있는 말투로 이렇게 말했다. "지금 가장 시급한 것은 우리가 배를 떠나지 않는 거야. 일단 모두가 한데 모여 있으면 반드시 희망이 있어. 흩어지면 이 요동치는 바다 아니면 상어가 삼켜

버릴지도 몰라. 그러니 꼭 협동심을 발휘해서 단체행동을 해야 해. 그리고 반드시 살아 돌아간다는 믿음을 잃지 마!"

확신에 찬 빌의 말을 들은 사람들은 결국 그의 제안을 받아들였다. 그들은 힘을 모아 배가 뒤집히지 않도록 지탱시켜 어떻게 해서든지 물 위에 제대로 떠있을 수 있도록 했다. 심하게 흔들거리며 중심을 잡지 못하는 이 돛단배가 그들의 생명줄이었기 때문이다. 그들은 함께 배의 균형을 유지하며 조금씩 전진했는데 힘에 부치면 한 사람씩 교대로 선실에 들어가서 휴식을 취했다. 그동안 빌은 끊임없이 친구들을 응원했고 그들은 18시간의 사투 끝에 마침내 무사히 해변으로 돌아왔다.

망망대해에서 이 여섯 청년의 생명을 살린 것은 바로 자신감이었다. 만약 그들에게 자신감이 없었다면 결코 살아 돌아오지 못했을 것이다.

자신을 비하하고 부정하는 사람은 이미 실패의 길에 들어선 것과 다름없다. 이와 반대로 자신감이 있는 사람은 언제나 성공의 길을 걷는다.

당신에게
자신감이 필요한 이유

　자신감 없이 성공하는 사람은 없다. 그러므로 자신감의 힘은 우리가 상상할 수 없을 만큼 크며 충분한 자신감은 큰일을 이루어 성공하고자 하는 사람이라면 갖추어야 할 필수조건이라고 할 수 있다. 자신감의 표현을 자만이라고 생각하거나 다른 사람이 거만하게 볼까봐 걱정할 필요는 없다. 자신감이 있는 사람은 다른 사람에게 신뢰감을 주어 그 앞길이 탄탄대로지만, 자만심으로 가득한 사람은 다른 사람에게 거부감을 일으키기 때문에 스스로 더 어려운 상황으로 걸어 들어가는 것과 같다.

　자신을 믿지 않는 사람은 항상 주변 사람과 환경의 영향을 받으며 그것에 의지하려고만 한다. 자신의 능력을 의심하는 사람은 절대 다른 이의 신뢰를 얻을 수 없다. 그러므로 자신을 굳게 믿고, 잠재능력을 자극해서, 가지고 있는 재주와 능력을 최대한 발휘해야만 한다. 그러면 어떠한 난관에 부딪히더라도 꿋꿋이 밀고 나가서 반드시 성공을 쟁취할 수 있을 것이다.

　사람들이 당신에게 무심코, 혹은 걱정해준다는 빌미로 던지는 소리에 흔들릴 필요는 없다. "그건 아마 성공하기 힘들 거야!", "지금까지 제대로 성공한 적도 없잖아.", "왜 되지도 않을 일에 그렇게 몰두하니?" 이런 말들은 모두 공중으로 던져버리고 행동으로 당신의 능력을 증명해야 한다. 그러면 다른 사람들 역시 당신을 이전과 다르게 볼 것이며, 긍정적인 평가는 당신의 자신감을 더욱 강화할 것이다. 다시 말해 자신감 있는 사람이 사람들의 신뢰도 더 받을 수 있다는 것이다. 이런 사람들은 어떤 일을 하더라도 능동적이고 적극적인 태도로 임하기 때문에 하는 일마다 좋은 성과를 거둘 수 있다.

미국 남북전쟁 당시 북군의 데이빗 패러것(David Farragut) 장군에게 수하의 지휘관이 목표 지역을 함락시킬 수 없는 각종 이유를 줄줄이 읊어댔다. 그러자 장군이 말했다. "그리고 또 자네가 스스로 이 공격이 실패할 것이라고 생각하는 것도 이유가 되겠군!"

생각해보라. 자신조차 믿지 않는 사람이 무슨 큰일을 해내겠는가? 소심해서 도전을 두려워하며 확신이 없는 사람, 독립적으로 판단하지 못하고 언제나 다른 사람의 의견을 따르려는 사람은 절대 신뢰를 얻을 수 없다. 이런 사람들은 자신을 믿지 못할 뿐만 아니라 더 나아가 비하하기까지 한다. 이러한 태도는 마치 신체에 치명적인 바이러스처럼 그들의 자신감을 갉아먹고, 정신을 피폐하게 만들어서 생활을 더욱 힘들게 만들 것이 분명하다.

뉴저지에서 온 에밀리는 하버드 대학에 다니고 있다. 그녀는 고향에서 처음으로 하버드 대학에 진학한 학생이어서 많은 사람의 축하와 응원을 받았다. 에밀리 역시 합격 통보를 받았을 때, 자신에게 이렇게 좋은 기회가 왔다는 것을 믿기 어려울 정도로 기뻤고, 정말이지 세상을 다 가진 것만 같았다.

그러나 기쁨은 그리 오래가지 않았다. 그녀는 큰 포부를 가슴에 품고 하버드 대학으로 왔지만 조금씩 우울해지기 시작했다. 수업 내용은 너무 어려워서 따라가지 힘들었으며, 사투리 때문에 놀림 받는 것이 싫어서 늘 소극적으로 행동했기 때문에 마음이 맞는 친구도 사귀지 못했다.

무엇보다 도시의 문화와 생활은 낯설기만 했고, 자신의 생활방식을 친구들이 신기하다는 듯이 바라보는 것이 가장 견디기 어려웠다. 그녀는 점점 하버드 대학에 온 것이 잘못된 결정이었다는 생각이 들었다.

외로움과 공허함에 휩싸인 에밀리는 자신이 하버드 대학 전체에서 가장 쓸모없는 사람이라는 생각까지 했다. 스스로 해결방법을 찾지 못한 그녀는 결국 심리치료사를 찾아가 도움을 구했다.

심리치료사는 그녀가 인생의 '새로운 시기'를 맞이했음에도 이미 '지나간 시기'에 대한 미련을 버리지 못했기 때문에 이런 일이 발생했다고 말했다. 또 익숙한 시골 마을의 문화와 낯선 도시 문화의 충돌도 그녀를 더욱 혼란스럽게 했다고 덧붙였다. 에밀리 역시 자신이 하버드 대학을 그저 새로운 학문을 배울 수 있는 곳이라고 생각했을 뿐, 서로 다른 문화들이 융합된 곳이라고는 생각해본 적이 없다는 데 동의했다.

그녀는 이곳에서 만난 수많은 도전을 어떻게 해서든 해결하거나 새로운 환경에 적응하려고 들지 않았으며 그저 한쪽 구석에 처박혀서 웅크린 채 두려움이 가득한 표정으로 바라보기만 했다. 그리고 자신의 무능과 불행을 슬피 한탄하기만 했을 뿐, 아무런 행동도 취하지 않았다. 그 결과 하버드 대학에 입학했을 때 충만했던 자신감이 점점 사라진 것이다.

그녀는 오로지 자신의 어려움만 바라보고 좌절했으며, 좋은 면은 아예 볼 생각조차 하지 않았다. 공부 역시 새로운 것을 거부하고 고등학생 때의 학습방식을 적용하려다 보니까 제대로 될 리 만무했다.

에밀리는 자신이 작은 시골 마을 출신이고 사투리가 심하기 때문에 다른 사람들이 깔보고 멀리 한다고 생각했지만 사실은 그렇지 않았다. 알고 보니 열등감 탓에 자신이 먼저 다른 사람들을 멀리했고 그러다보니 그들이 에밀리를 도울 수 없었던 것이었다.

심리치료사는 에밀리가 자신감을 되찾을 수 있도록 다음과 같은 방법을 시도했다.

우선 그는 그녀가 하버드 대학에서 목격한 것 중에서 '일반적'이지 않다고 생각하는 사항들을 새롭게 바라보고 객관적으로 인식하도록 했다.

두 번째 단계는 교내외에서 더 많은 활동에 참여하는 것이었다. 다른 사람들과 교류의 기회를 늘리고 자신만의 세계에서 걸어 나오도록 하기 위해서였다.

에밀리는 이외의 몇 가지 심리치료를 통해서 마침내 자신감을 회복했다. 그녀는 이제 효과적인 사교 방법을 통해 마음이 맞는 친구를 여럿 사귀었으며 어려움 없이 학업 생활을 해나갔다.

자기 비하나 열등감은 그 무엇보다 파괴력이 크다. 그러나 안타깝게도 이런 방식으로 자신에게 상처를 주고, 자신을 가치라고는 전혀 없는 보잘것없는 존재라고 생각하는 사람이 많다. 그들은 언제 어디서나 상황에 관계없이 가장 뒤로 물러서며 최선을 다해 다른 사람의 시선에서 벗어나고자 한다.

고개를 들고 당당하게 앞을 바라보며 사람들 사이를 지나가자. 그러면 당신은 더욱 자유롭고 독립적이며 바라는 생활을 누릴 수 있다.

1999년, 갓 스물두 살이 된 중국 청년 웨이다웨이가 미국 MIT의 박사 과정에 지원했다. 그런데 별 탈 없이 입학시험을 치르던 중, 마지막 면접에서 베이커 교수와 이야기를 나누다가 연구주제와 방식에 대해 큰 논쟁을 일으키고 말았다. 두 사람은 흥분해서 서로 자신의 의견을 주장했고, 고성이 복도까지 들릴 정도로 격렬하게 싸웠다.

"나는 자네의 실험 방식에서 지금 당장 열 개도 넘는 오류를 찾아낼 수 있네!"

"물론 제 방식이 완벽하다는 것은 아닙니다. 이곳에서 계속 연구하고 수정하면서 완벽해질 거라고 확신합니다."

그리고 웨이다웨이는 다소 무례한 말투로 이렇게 덧붙였다.

"물론 MIT에서 나를 받아주지는 않겠지만요!"

하지만 모든 사람의 예상을 뒤엎고 그는 합격자 명단에 당당히 이름을 올렸다!

베이커 교수는 신입생 환영회에서 이렇게 말했다. "웨이다웨이! 다들 알다시피 이 학생은 나와 한참 동안 논쟁을 벌였죠. 그래도 나는 그를 지도하고 싶어요. 최선을 다해서 나의 이론을 반대하는 사람을 만나는 것은 정말 즐거운 일입니다. 그도 지도 교수가 필요하겠지만 나 역시 그가 필요하답니다. 물론 그가 틀렸다는 사실을 증명한다면 더 기쁠 겁니다. 하지만 그가 옳다는 것을 증명하면 더더욱 기쁘겠지요." 그 순간, 웨이다웨이는 진심으로 감동했다. 자신감 넘치던 그는 원하는 것을 얻었고 마침내 MIT의 학생이 되었다.

미국의 시인 에머슨은 "자신을 존중하지 않는 사람은 결코 존중받을 수 없다."고 말했다. 언제나 자신에 대해 현실적이지만 긍정적인 평가를 내리는 사람만이 자신을 존중하고 품격을 갖출 수 있다. 아무리 돈이 많고 지위가 높다한들 자신을 긍정적으로 바라보지 않는데 어떻게 진정한 즐거움과 만족을 얻겠는가?

그래서 자신을 있는 그대로 인정하고 부족하다고 생각하는 부분을 적극적으로 보완하는 것은 현대인에게 가장 필요한 품성이라고 할 수 있다. 사람은 누구나 더 자유롭고 건강하게 발전하도록 스스로 격려하고 응원하는 힘이 있다. 그러므로 반드시 굳건한 의지를 바탕으로 자신을 완성해야 한다.

또한 한 번 실패했다고 해서 영원히 자신을 '실패자'로 규정한다거나 그

우울한 기분에 휩싸여 웅크린 채 살아서는 안 되며, 반드시 자신의 능력을 믿고 용감하게 세상을 마주해야 한다. 그래야만 어떠한 어려움을 만나더라도 계속 전진할 수 있기 때문이다.

자신감은 멈추지 않는 발전기와 같다. 그것은 당신이 열등감, 공포 등과 싸워 이기게 도와줄 것이다. 그러므로 자신의 능력을 믿고 용감하게 도전하라. 그러면 큰일을 이루고 자연스럽게 성공으로 나아갈 수 있다.

자신감의

힘

　자신감의 유무에 관계없이 노력만 하는 사람은 다른 사람이 하는 일을 해낼 수 있겠지만 그 이상은 어렵다. 그러나 노력에 자신감이 더해진다면 다른 사람이 할 수 없는 일까지 모두 해낼 수 있다. 강한 자신감은 살면서 부딪히는 각종 고난, 좌절, 실패를 받아들일 수 있는 힘이 되어 당신의 인생 전체에 커다란 영향을 미칠 것이다. 그러므로 성공하고 싶다면 자신이 타인에 못지않으며 반드시 '강자(强者)'가 될 수 있다고 굳게 믿어야 한다.

　"나는 날마다 모든 면에서 점점 더 나아지고 있다."
　이것은 프랑스의 유명한 심리요법 전문가인 에밀 쿠에(Emile Coue)가 한 말로, 1920년대 영국과 미국의 많은 사람이 매일 되뇌어 마음에 새겼다고 한다. 에머슨 역시 "자신감은 성공의 첫 번째 비결이다."라고 말해서 자신감의 중요성을 강조했다.

　열두 살인 찰스는 가랑비가 촉촉이 내리는 어느 일요일 오후에 혼자 그림을 그리고 있었다. 그는 당시 어린이들에게 인기 있던 만화의 주인공인 고양이 펠릭스를 그린 후 아버지에게 보여주었다. 그의 집에서 이것은 매우 대담한 행동이었다. 왜냐하면 그의 아버지는 일요일 오후마다 혼자 소파에 앉아 무화과 한 바구니를 먹으며 산더미처럼 쌓인 책과 신문 등을 읽었는데 이때 누군가로부터 방해받는 것을 무척 싫어했기 때문이다. 찰스를 포함한 가족들은 모두 아버지가 자신만의 시간을 보내는 것을 잘 알고 있었다.

하지만 아버지는 찰스가 그림을 건네자 읽고 있던 신문지를 옆에 내려놓고 이렇게 말했다.

"멋지구나! 네가 직접 그린 거니?"

"네!"

아버지가 고개를 끄덕이며 인정과 칭찬의 의미가 담긴 따뜻한 미소를 짓자 찰스는 온몸이 떨리는 것 같은 전율을 느꼈다. 왜냐하면 아버지는 찰스뿐 아니라 다른 다섯 아이에게도 격려나 칭찬을 자주 하는 사람이 아니었기 때문이다. 그는 그림을 잘 살펴본 후 찰스에게 돌려주며 이렇게 덧붙였다. "너는 그림에 재능이 있는 것 같구나. 계속 연습하는 것이 좋겠다!" 그날 이후, 찰스는 아버지의 말에 따라 눈에 보이는 것을 모두 그리기 시작했다.

아버지가 집을 떠난 후, 찰스는 종종 그에게 편지와 잘 그려진 그림을 함께 부치고 답장을 기다렸다. 아버지는 편지를 자주 쓰지 않았지만 가끔 오는 편지에는 언제나 찰스의 그림에 대한 칭찬 몇 마디가 쓰여 있었다. 아버지의 칭찬은 몇 주 동안이나 찰스를 기쁘게 만들었으며 칭찬에 고무된 찰스는 자신이 앞으로 그림을 그려 성공할 수 있다고 굳게 믿었다.

대공황으로 나라 전체의 경제가 어려운 시기에 아버지가 갑자기 세상을 떠났다. 아버지는 약간의 연금을 제외하고는 아무것도 남기지 않았기 때문에 열일곱 살이던 찰스는 학교를 그만둘 수밖에 없었다. 그러나 찰스는 조금도 당황하지 않았으며 아버지의 칭찬을 기억하고 반드시 성공할 수 있다고 생각했다. 우선 그는 하키팀 토론

토 메이플 리프스(Toronto Maple Leafs)에서 '키즈라인'이라는 별칭으로 인기를 끌고 있던 선수인 조 프리모(Joe Primeau), 부서 잭슨(Busher Jackson), 찰리 코내처(Charlie Conacher)의 그림을 그렸다. 그런 후에 이 그림을 들고 무작정 〈글로브 앤 메일(The Globe and Mail)〉을 찾아가 스포츠란 편집장에게 건넸다. 그림을 본 편집장은 그 자리에서 찰스를 고용했고 찰스는 이후 4년 동안 〈글로브 앤 메일〉의 스포츠란에 그림을 그려 인기 작가가 될 수 있었다.

미국 작가 찰스 템플턴(Charles Templeton)은 쉰다섯 살이 되도록 단 한 번도 소설을 써본 적이 없었다. 엄밀히 말하면 아예 써볼 생각 자체가 없었다. 그런데 어느 날 '글이나 한 번 써볼까?' 하는 생각이 들기 시작했고 머릿속의 아이디어를 조금씩 글로 옮기기 시작했다. 사실 그가 처음 쓴 글은 조악하기 그지없으나 여러 번 수정을 거듭해서 마침내 대강의 틀이 완성되었다. 이후 그는 이 일을 계속하는 것에 대해 고민하다가 수화기를 들어 친구이자 소설가인 아서 헤일리(Arthur Hailey)에게 전화를 걸었다.

"아서, 내가 글을 하나 썼는데…… . 물론 아직은 대강의 틀만 잡은 것이지만 영화 시나리오로 완성할 생각이야. 혹시 아는 제작자나 감독을 소개해줄 수 있을까?"

"찰스, 실망하지 말고 잘 들어. 사실 이런 식으로 소개하는 경우는 성공할 확률이 매우 낮아. 설령 운이 좋아서 영화로 만들어진다고 해도 시나리오로 받을 수 있는 돈이 그리 크지도 않을 거야. 너의 이야기가 진부하지 않은 거라고 확신할 수 있어?"

"물론이지."

"그래, 그렇다면 우선 이것이 1년이라는 시간을 걸어야 하는 도박이라는 것을 명심해. 일단 네 이야기를 소설로 완성하는 게 좋을 거야. 그렇게 소설로 어느 정도 성공을 거두면 영화 제작자나 감독의 관심을 끌 수 있어. 그러면 더 많은 돈을 벌 수 있을 거야."

전화를 끊은 찰스는 잠시 생각에 잠겼다. '내가 소설을 쓸 수 있을까? 나에게 그런 재능과 인내력이 있을까?' 이상하게도 생각을 하면 할수록 점점 해낼 수 있다는 자신감이 들었다. 이후 그는 직접 조사를 시작하고, 인물을 묘사하고, 스토리를 배열했다. 그리고 계속해서 글을 다듬고, 또 다듬었다. 그가 소설을 완성하는 데는 꼬박 1년 3개월이 걸렸다.

그의 소설은 캐나다와 미국을 시작으로 영국, 이탈리아, 네덜란드, 일본, 아르헨티나에서도 출판되어 인기를 끌었다. 그러자 아서의 말처럼 정말 영화계에서 먼저 연락이 와서 윌리엄 샤트너(William Shatner), 할 홀브룩(Hal Holbrook), 에바 가드너(Ava Gardner)가 주연한 영화 〈대통령 납치하기(The Kidnapping of the President)〉로 제작되었다. 이후 찰스는 소설 다섯 권을 더 썼고 명실상부한 인기 소설가가 되었다.

자신감은 당신이 꿈꾸는 것보다 훨씬 더 큰 성공을 거둘 수 있도록 도와준다. 자신감이 있는 사람은 잠재능력을 최대한 발휘할 수 있을 뿐 아니라 모든 사람이, 심지어 자신도 불가능하다고 생각하는 일을 가능하게 한다.

1926년에 도쿄 대학(東京大學) 법학과를 졸업한 오무라는 '미쓰비시 광업(三菱鑛業)'에 들어갔다. 그는 신입사원 환영회에서 동기들에게 이렇게 호언장담했다. "나는 이 회사의 회장 자리에 오르고 말 거야."

사람들은 이것이 단순히 젊은 신입사원의 호기 어린 말이라고 생각했지만 오무라는 진심이었다. 그는 다음날부터 즉시 회장이 되기 위한 장기적인 계획을 세웠으며 동료들이 깜짝 놀랄만한 왕성한 의욕과 투지, 체력을 바탕으로 수십 년을 하루 같이 열심히 일했다. 그는 자신보다 배경과 실력이 좋은 동료들을 앞지르기 시작했고, 오로지 자신의 능력으로만 험한 환경을 헤쳐 나갔다. 그리고 35년 후에 마침내 '미쓰비시 광업'의 회장 자리에 올랐다.

예순 살이 채 되지 않은 오무라가 회장이 된 것은 당시 일본에서 전무후무한 일로 재계의 수많은 인사를 깜짝 놀라게 한 커다란 성과였다.

1949년, 스물네 살의 자신만만한 청년이 제너럴모터스(General Motors Corporation)의 회계사 직에 지원했다. 그가 이 회사를 선택한 것은 오로지 아버지가 "제너럴모터스는 아주 탄탄한 기업이야."라고 말하면서 추천했기 때문이었다.

면접이 끝날 무렵, 회계팀의 팀장은 경력직원을 원하고 있으며 경력이 없으니 어려울 것 같다고 말했다. 머릿속에 제너럴모터스에 들어가겠다는 생각밖에 없던 청년은 자신이 충분히 그 일을 할 수 있으며 최선을 다하고 모든 능력을 동원해서 일하겠다고 힘주어 말했다. 그는 당당하고 자신감 넘치는 모습으로 팀장에게 깊은 인상을 남겼고 결국 취업에 성공했다.

팀장은 청년이 돌아간 후, 비서에게 이렇게 말했다. "지금 방금 제너럴모터스의 회장을 노리는 사람을 고용했어!"

이 청년이 바로 1981년에 제너럴모터스의 회장이 된 로저 스미스(Roger Smith)다.

그의 동료는 이렇게 말했다. "회사에 들어온 지 한 달 만에 로저가 진지하게 말하더군요. 앞으로 제너럴모터스의 회장이 되겠다고요."

강한 자신감은 그가 성공을 향해 나아가도록 이끌었고 하나하나 단계를 밟아 마침내 회장의 자리에 앉는 데 커다란 도움이 되었다.

자신감이 없는 사람은 절대 강자가 될 수 없다. 반드시 할 수 있다고 믿으며, 목표를 향해 최선을 다해 노력해야 한다.

자신감이
곧 성공이다

마리 퀴리(Marie Curie)는 "무엇보다 꾸준한 것이 중요하다고 생각한다. 특히 자신감이 있어야 한다."고 말했다. 살면서 필요한 강인함, 진취성, 용기, 인내, 성실, 꾸준함 등 여러 품성은 모두 자신감에서 비롯된다. 성공을 만드는 열쇠인 자신감이 있는 사람만이 평범하지 않은 삶을 살 수 있다. 그러니 자신감이 곧 성공이라고 해도 과언이 아니다.

멕시코계 미국인인 루피타는 어렸을 때부터 둔하고 똑똑하지 않은 아이로 불렸다. 그녀는 학업도 도중에 그만두었으며 열여섯 살이라는 어린 나이에 결혼해서 아들 둘, 딸 하나를 낳았다. 어느 날, 루피타는 아이들이 자신 때문에 다른 사람들로부터 업신여김을 당할까봐 직접 공부를 해서 아이들을 가르치기로 결정했다. 하지만 그녀를 받아주는 학교를 찾는 일은 쉽지 않았다.

"아시겠지만, 지능이나 이전의 학습 경험 등이 우리 학교와는 어울리지 않을 것 같군요."

그러다가 아이들 학교의 교장선생님이 그녀에게 텍사스 남부에 있는 한 교육원을 소개했다. 그곳은 갖가지 이유로 학업을 포기한 사람들을 가르치는 곳이었다. 루피타는 1년을 공부한 후, 시험에 통과하지 못하면 그만두는 조건으로 이 교육원에 들어갔다. 우여곡절 끝에 공부할 곳을 찾은 루피타는 뛸 듯이 기뻤지만 주변 사람들은 모두 그녀가 곧 교육원을 그만두고 집으로 돌아올 것이라고 생각했다.

모두의 예상과 달리 루피타는 공부를 시작한 후, 자신이 다른 사람들에 비해 크게 뒤떨어지지 않는다는 새로운 사실을 발견했다! '왜 남들이 바보 같다고 말하는 것을 그냥 받아들였을까? 나도 다른 사람들처럼 대학을 다닐 수 있지 않을까?' 그리하여 루피타는 사회교육원을 다니는 동시에 대학에 등록해서 공부하기 시작했다. 3년 후, 그녀는 교육원을 우수한 성적으로 수료했으며 대학에서 경영관리학사 학위까지 취득했다. 무엇보다 큰 수확은 바로 그녀가 자신감을 얻었다는 것이었다.

일반적으로 멕시코계 미국 여성은 대학 진학률이 낮은 편이었기 때문에 루피타의 자녀들은 어머니를 무척 자랑스러워했다. 자신감이 크게 향상된 아이들은 루피타의 응원과 지지를 받아 다양한 방면의 재능을 개발했으며 학업 성적 역시 크게 올랐다.

대학 졸업 후에도 쉬지 않고 자기개발을 멈추지 않았던 루피타는 1971년에 휴스턴 대학(University of Houston)의 멕시코-미국 문화 연구소(Center for Mexican American Studies)에서 일하게 되었다. 또 1977년에 박사학위를 취득하면서 미국교육협회(National Education Association)의 회원 자격을 얻었다. 1981년부터 휴스턴대학교의 교무부장으로 임명되었으며, 나중에는 로널드 레이건(Ronald Reagan) 정부의 사법 자문위원회 연구소에서 일하기도 했다. 뿐만 아니라 휴스턴 대학에서 '훌륭한 교육자상', 멕시코 과달라하라 대학(Universidad de Guadalajara)에서 '우수 교육자상'을 수상하는 등 큰 영예를 얻었다.

어머니의 영향을 받은 아이들 역시 열심히 공부해서 성공적인 삶을 살았다. 큰 아들인 마리오는 내과의사, 작은 아들 빅토르는 변호사가 되었으며, 딸 마리사는 법률을 공부했다. 마리오는 이렇게 말했다. "우리 형제가 무언가를 이루었다면 그것은 모두 어머니가 우리에게 주신 사랑, 자신감, 응원 덕분입니다. 언제나 자신감이 넘치고 긍정적인 어머니는 우리에게 커다란 영향을 미쳤습니다."

출신, 활동 분야, 경력 등과 관계없이 성공한 사람들은 모두 항상 자신을 사랑하고, 스스로 강하게 만들며, 자주적인 마음가짐을 유지한다는 공통점이 있다. 찰리 채플린(Charles Chaplin) 역시 "사람은 자신감이 있어야 한다. 자신감이 충만한 사람만이 어려움에 부딪히더라도 자신의 지혜와 재능을 발휘할 수 있다. 또 이런 사람만이 미래의 가능성을 만들어낼 수 있다. 이것이야말로 내가 가장 추천하는 성공의 비결이다." 기억하자! 자신감은 성공의 기초며, 사는 동안 가장 효과적으로 사용할 수 있는 무기다.

성공은 자신감으로부터 시작된다. 자신감이 있는 사람은 언제나 적극적이고 긍정적으로 사람들을 만나고 각종 활동에 참여한다. 그들은 아무리 힘들어도 용감하게 난관과 맞서고, 빠르게 환경에 적응하며 대담하게 도전한다.

당신의 가치는
무엇보다 높다

개인의 성공 여부는 그가 자신의 가치를 어떻게 생각하느냐와 관계가 깊다. 일반적으로 사람들은 '스스로 생각하는' 자신의 능력에 근거해서 적합한 목표를 설정하고, 그에 따라 일을 한다. 그래서 자신의 능력을 넘어서는 것으로 보이는 일을 마주하면 애써 거부하며 피하려고만 드는 것이다. 그러나 이런 태도는 성공의 기회를 그냥 하늘 위로 날려버리는 것과 같다.

세상을 떠날 날이 얼마 남지 않은 것을 직감한 소크라테스는 자신의 뒤를 이을 사람을 찾고자 했다. 며칠 후, 그는 가장 훌륭한 제자 한 명을 불렀다.

"나의 촛불이 곧 꺼질 것 같구나. 그러니 어서 다른 초를 찾아 불을 붙이고자 한다. 내 뜻을 알겠느냐?"

"알겠습니다."

"너를 믿는단다. 내가 생각하기에 가장 적합한 이를 찾아 오거라. 반드시 지혜와 용기, 그리고 자신감이 있는 사람이어야 한다."

"네, 반드시 찾겠습니다."

그날 이후, 제자는 어떠한 고생도 마다하지 않고 사방으로 소크라테스의 후계자를 찾으러 다녔다. 그러나 소크라테스는 그가 적당한 사람을 데려올 때마다 고개를 가로 저었다. 이런 일이 여러 번 반복되자 조수는 크게 낙심했다. 소크라테스는 그를 위로하며 이렇게 말했다. "네가 나를 위해 얼마나 애썼는지 잘 알고 있다. 하지만 내 생각에는 그들보다는 오히려 네가……"

"걱정 마십시오. 반드시 적합한 사람을 찾겠습니다. 온 세상을 다 뒤져서라도 가장 뛰어난 사람을 찾아 데려오겠습니다."

소크라테스는 안타까운 듯 고개만 저었을 뿐, 더 이상 아무 말도 하지 않았다.

6개월이 흐른 후, 병이 더 깊어진 소크라테스는 사경을 헤매는 상태가 되어 죽음을 앞두고 있었다. 후계자를 찾으러 멀리 떠났던 조수는 소식을 듣고 급히 달려와 흐느꼈다.

"죄송합니다. 제가 부족해서 선생님을 실망시켰습니다."

그러자 소크라테스는 가쁜 숨을 몰아쉬며 이렇게 말했다.

"그래……, 나는 실망했단다. 그러나 미안한 것은……, 바로 나다. 나의 뒤를 이을 만큼 지혜와 용기가 뛰어난 사람은…… 바로 너였어. 그러나 안타깝게도…… 너는 네 자신을 믿지 않았지……."

조수는 자신을 과소평가한 탓에 소크라테스의 후계자가 될 수 있는 기회를 놓쳤다. 이처럼 자신의 가치를 낮게 평가하는 자기비하 혹은 열등감 때문에 쉽게 포기하거나 성공의 기회를 날려 버리는 일은 매우 흔하다. 이런 사람들은 조금이라도 어려워 보이는 일을 만나면 미리 안 될 거라고 생각하며 포기한다. 그러므로 성공하고 싶다면 강한 자신감을 바탕으로 자신의 가치를 조금 높이 평가하는 것이 좋다. 그러면 설령 어렵고 성공 확률이 무척 낮은 일에 부딪히더라도 반드시 할 수 있다는 신념을 가지고 임할 수 있기 때문이다.

고아원에서 자란 크리스는 어렸을 때부터 또래보다 체구가 작고 외모도 그다지 멋진 편이 아니었다. 특히 치아가 고르지 않아서 거울을 볼 때마다 자신이 흉측한 괴물 같다는 생각을 했다. 그는 항상 열등감에 휩싸여 언제나 자신을 비하하며 자신감 없이 살았으며 취업에도 번번이 실패했다.

서른 살이 되었으나 여전히 제대로 된 직장이 없는 그의 미래는 암울하기만 했다. 이런 상황은 그를 무척 우울하게 만들어 급기야 자살까지 생각하게 만들었다.

그가 삶과 죽음 사이에서 배회하며 괴로워할 때, 친구 헨리가 찾아왔다.

"크리스! 정말 좋은 소식이 있어!"

"농담하지마! 나한테 무슨 좋은 소식이 있겠어?"

"아니야, 내 이야기 좀 들어봐. 글쎄 나폴레옹에게 손자가 한 명 있었는데 어디로 갔는지 행방이 묘연하대. 그런데 사람들이 하는 이야기를 들어보니 상황과 외모가 너와 상당히 비슷해. 아무래도 네가 나폴레옹의 잃어버린 손자인 것 같아!"

크리스는 반신반의했지만 조금씩 그럴지도 모른다는 생각이 들었다. '정말 내가 나폴레옹의 손자일까? 나폴레옹도 나처럼 키가 작았다고 하던데…….' 그는 할아버지가 알프스 산맥을 넘으며 병사 수만 명에게 명령을 내리고 지휘하는 모습을 머릿속에 떠올려보았다. 그러자 자기도 모르게 온몸에서 힘이 솟는 것 같았으며 자신이 매우 특별한 사람이라는 생각까지 들었다.

다음 날 아침, 크리스는 위대한 나폴레옹의 손자로서 가슴을 쫙 펴고, 정면을 바라보며 당당히 거리를 걸었다. 그는 곧장 한 대기업으로 가서 입사지원서를 제출했다. 얼마 후, 크리스는 순조롭게 면접에 통과해서 이 회사의 직원이 되었으며 이후에도 계속 자신감 넘치는 자세로 열심히 일했다. 그리고 20년 후, 이 기업의 회장 자리에 올랐다.

자신의 가치를 높게 생각하는 것은 성공의 비결 중 하나다. 자신감 있는 눈빛으로 상대방을 바라보고 당당한 자세로 이야기하는 것은 그저 고개를 숙이고 고분고분 순종하는 것보다 훨씬 매력적이다. 자신을 비하하고 열등감에 사로잡힌 사람은 결코 존중받을 수 없으며 자신감이 있는 사람만이 꿈을 실현하고 성공을 거둔다. 사방이 막힌 것 같을 때 필요한 것은 생각보다 간단하다. 바로 자신 있는 발걸음이다. 지금 당신이 서 있는 자리에서 한 걸음만 전진하면 더 나은 인생이 펼쳐질 것이다.

아무리 속상하고 힘든 일이 있더라도 항상 승리자의 자세를 유지해야 한다. 열등감과 자기비하에서 벗어나야만 성공할 수 있다는 것을 잊지 말자.

"내가 최고다!"
라고 외쳐라

큰 성공을 이룬 사람들은 모두 자신의 능력을 확신한다. 그들은 자신의 분야에서 성공할 수 있다고 굳게 믿으며 가지고 있는 모든 잠재능력과 에너지를 동원해서 눈앞의 장애물을 걷어내고 곧장 성공으로 나아간다.

종종 별로 대단한 능력이 있는 것 같지도 않은 사람이 성공하는 경우가 있다. 대부분 사람은 자신보다 훨씬 안 좋은 상황에 처한 사람이 모두의 예상을 깨고 성공한 것을 목격했을 때, 그가 '운이 좋았다' 거나 '신의 가호를 받았다' 라고 생각한다. 그리고 왜 자신에게는 그러한 '운' 이나 '가호' 가 내리지 않는지 속상해한다. 하지만 진짜 문제는 자신의 능력을 믿지 않고 의심하는 것이다. 이러한 마음가짐은 당신이 나아가는 길을 방해할 뿐이므로 아주 작은 싹이라도 자라지 않도록 조심해야 한다. 당신의 온 마음을 강한 자신감으로 채웠을 때 비로소 모든 이와 다른 특별한 사람이 될 수 있다.

조 지라드(Joe Girard)는 미국의 성공한 세일즈맨으로 이 분야의 기네스 기록을 여러 번 갈아 치웠다.

미국으로 이주해 온 그와 가족들은 무척 가난하고 지위도 낮았기 때문에 사회에서 대접받지 못했다. 어린 조 지라드 역시 성장 과정 내내 다른 아이들의 놀림과 멸시를 받았으며, 이 때문에 언제나 괴로움과 자기비하에 휩싸여 있었다.

어느 날, 그는 더 이상 참지 못하고 아버지에게 울먹이며 물었다.

"우리는 왜 이렇게 가난한가요?"

"어쩔 수 없단다. 운명이지. 그저 평생 이렇게 살 수밖에 없어."

힘없는 아버지의 대답은 그를 더욱 실망시킬 뿐이었다.

하지만 다행히 그의 어머니는 아버지와 달라서 슬퍼하는 아들을 언제나 응원하고 지지했다.

"잊지 말거라. 내 마음 속에서 너는 최고란다. 너는 이 세상에 단 하나뿐이고, 너보다 뛰어난 사람은 없어!"

어머니의 진심에서 우러나온 말들은 그가 자신의 가치를 다시 생각하는 계기가 되었다. 이후 그는 천천히 자신이 유일무이한 존재로 최고며, 더 뛰어난 사람은 없다고 생각했다.

조 지라드는 첫 직장을 구할 때 이력서 대신 카드 한 장을 면접관에게 건넸다. 그가 가져온 카드는 최고와 최강을 상징하는 스페이드A였다.

카드를 받은 면접관은 그를 빤히 바라보며 물었다.

"왜 이 카드를 주는 겁니까?"

"당연하죠. 제가 바로 스페이드A이기 때문입니다!"

"왜 당신이 스페이드A라고 생각합니까?"

"저는 최고니까요."

자신감 넘치는 그의 대답에 면접관은 큰 웃음을 터트렸고 조 지라드는 바로 채용되었다.

그의 말은 허풍이 아니었다. 조 지라드는 진정한 세계 최고가 되었으며 1년 동안 1,425대의 차를 팔아서 기네스 기록에 이름을 올렸다.

가난했던 조 지라드가 일약 세계 최고의 세일즈맨이 될 수 있었던 비결은 바로 그가 매일 자신에게 "나는 최고다."라고 말했기 때문이다. 이처럼 자신을 응원하는 암시는 그의 신념과 용기를 강화했으며 어느새 마음속에 자리 잡아 성공의 기초가 되었다.

만약 어떤 사람이 무시하는 것 같은 말투로 "네가 최고라고?"라고 묻는다면 어떻게 반응해야 할까? 성공하고 싶다면 조금도 머뭇거리지 않고 과감하게 "당연히 내가 최고지!"라고 외쳐야 한다. 단순히 이렇게 생각하는 것만으로 더 많은 에너지를 얻을 수 있으며 가지고 있는 능력을 모두 최대한 발휘할 수 있기 때문이다.

성공하는 사람은 절대 다른 사람의 도움에 의존하지 않는다. 그들은 자신의 노력이 반드시 성과를 보일 것이라고 굳게 믿기 때문에 최대한 자신감을 키워서 더 나은 사람이 되고자 할 뿐이다.

자신감이
곧 자산이다

"나는 성공한다. 왜냐하면 나는 나를 믿기 때문이다." 이 말을 하루에 50번씩 크게 외쳐보자. 조금 우스꽝스럽다고 생각할 수도 있지만 이렇게 함으로써 분명 커다란 동력을 얻을 수 있을 것이다. 특히 좌절을 겪은 후에 재기해서 성공을 거둔 사람은 모두 이것에 동의한다. 그들은 자신감만 있다면 목표가 산을 옮기고, 바다를 메우는 것만큼 크고 어렵더라도 반드시 성공하는 날이 온다는 것을 잘 알고 있다.

한 멕시코 여성이 가족과 함께 미국으로 이주하기 위해 길을 떠났다. 그런데 텍사스 주와 인접한 국경 엘 파소(El Paso)에 도착했을 때 뜻밖에도 남편이 아무 말도 없이 가족을 버리고 떠났다. 그녀는 배고프다고 칭얼대는 아이 두 명을 데리고 어떻게 해서든지 살 길을 찾아야 했다. 그러나 스물두 살이었던 그녀는 가난하고 배운 것이 없었으며 영어도 할 줄 몰랐다. 그녀는 잠시 당황했지만 포기하지 않았고 허드렛일을 해서 차표 살 돈을 모았다. 아이들을 데리고 간 캘리포니아에서도 수많은 어려움이 있었지만 그녀는 결코 더 나은 삶에 대한 희망과 비전을 버리지 않았다. 낮에는 식당에서 접시를 닦고, 밤에는 멕시코 식당에서 새벽 6시까지 일했다. 이렇게 일해도 수

입이 많지는 않지만 타코 음식점을 열기 위해 최선을 다해 한 푼, 한 푼 모았다.

그녀는 500달러가 모이자 은행에 가서 대출을 신청했다.

"가게를 얻으려고 해요. 타코를 파는 멕시코 음식점을 낼 생각이거든요. 제 꿈을 실현하려면 대출이 꼭 필요합니다."

변변한 담보나 보증인도 없고, 성공 여부도 불확실했지만 은행 지점장은 그녀의 과감함과 자신감을 믿고 대출을 승인했다.

스물다섯 살에 마침내 자신의 음식점을 연 그녀는 이후 15년 동안 최선을 다해서 사업을 확장해서 미국에서 가장 성공한 멕시코 요리 재료 도매상이 되었다. 이 여성이 바로 나중에 미국의 재무장관이 된 로마나 바누엘로스(Romana Banuelos)다.

그녀의 성공은 모두 자신감에서 비롯된 것이었다. 자신감은 그녀로 하여금 맨손으로 사업을 일으켜 살 길을 찾도록 만들었으며 커다란 용기와 번뜩이는 지혜를 주었다. 그녀처럼 자신을 인정하고 반드시 성공할 수 있다고 굳게 믿는다면 누구든 성공하고 원하는 보상을 얻을 수 있다. 반면에 자신을 비판하고 안 좋은 면만 보는 사람은 성공하기 어렵다.

유대인 물리학자인 파울 에렌퍼스트(Paul Ehrenfest)는 남들이 알아차리지 못한 작은 허점까지 파고드는 날카로운 비판과 평가로 매우 유명했다. 다른 물리학자들 역시 그의 비판을 즐겁게 받아들였다. 그는 자신의 이론 역시 매우 냉철하게 분석했는데 이런 행동은 종종 도를 넘어 자신에 대한 비판으로 이어졌다.

과도한 자기비판은 곧 과학자로서 에렌퍼스트의 재능을 억눌렀고 창의성을 사라지게 만들었다. 그는 자신의 이론을 비판하는 데 집중하느라 감히 세상에 내놓을 생각도 하지 못했다. 그러다가 과학에 대한 관심과 애정 자체를 잃었고, 결국 염세적으로 변해서 세상을 비관하다가 자살로 삶을 마감했다.

자신감은 과감함을 만들고, 과감함은 다시 자신감을 강화한다. 에렌퍼스트의 이야기는 자신감 부족이 창조와 지혜의 가장 큰 적이라는 것을 잘 보여준다.

지그문트 프로이트(Sigmund Freud)는 모든 사람에게 '위대한 사람'이 되려는 욕망이 있다고 주장했다. 그가 말하는 '위대한 사람'이란 바로 '성공'을 의미한다. 다른 심리학자들 역시 다양한 실험을 통해 민족, 문화, 역사, 가정환경, 성별, 연령에 모두 관계없이 누구나 본능적으로 칭찬과 존중 받고자 한다는 것을 증명했다.

1962년 미국 역사학회는 가장 위대한 대통령 다섯 명을 묻는 설문조사를 진행했다. 이 설문에서 에이브러햄 링컨과 조지 워싱턴(George Washington)의 뒤를 이어 프랭클린 루스벨트(Franklin Roosevelt)가 3위를 차지했다. 그는 국민들의 큰 사랑을 받았으며 미국 역사상 유일하게 4선에 성공해서 백악관에 가장 오래 거주한 대통령이었다.

루즈벨트와 함께 당시 세계의 판도를 결정한 영국 수상 윈스턴 처칠(Winston Churchill) 역시 "루즈벨트는 세계 역사에 가장 큰 영향을 미친 미국인이다."라고 말했다. 실제로 현대에 미국의 대통령이 '세계 대통령'으로 불리게 된 것은 루즈벨트의 역할이 크다.

앞에서 이야기한 것처럼 성공한 사람들은 모두 자신감으로 충만하다. 그러나 루즈벨트의 자신감은 더 특별한 의미가 있다. 그가 장애인이었기 때문이다.

서른아홉 살에 소아마비에 걸린 그는 강한 의지와 적극적인 치료를 통해 다행히 전신 불구를 면했다. 그것만으로도 대단한 것이지만 그는 멈추지 않고 목발과 휠체어에 기대어 1932년 대통령 경선에 도전했으며 마침내 대통령에 당선되었다. 이 모든 것은 성공에 대한 자신감 없이는 감히 상상할 수도 없다. 루즈벨트는 신체에 장애가 있었지만 영혼은 그 누구보다 훨씬 건강했다.

첫 번째 취임 연설 당시 그는 당시 미국 사회에 엄습한 '대공황'을 언급하며 미국인의 자신감을 북돋기 위해 이렇게 말했다.

"신념을 가지십시오. 우리가 두려워해야 하는 것은 형용할 수도 없고, 어떠한 근거도 없는 두려움, 그 자체입니다."

자신감은 용기, 에너지, 지혜를 만들며 다른 사람이 감히 할 수 없는, 심지어 감히 상상하지도 못하는 일을 하게 만든다. 자신감은 성공하기 위해 반드시 필요한 요소며 당신의 일생에서 가장 소중한 자산이다.

자신감이 없는 사람은 다른 사람에게 신뢰를 줄 수 없다.

제5장

즐거움

- 일레인 케이마크-

일레인 케이마크는 미국 하버드 대학 경제학과 교수로 국제통화기금(IMF)에서 일했다. 1953년 3월 22일에 뉴욕 로체스터(Rochester)에서 태어난 그녀는 방사선 학자와 도서관 사서인 부모님 아래에서 자랐다. '진정한 자유주의자'인 그들은 딸을 빈민학교에 보내 다양한 계층의 사람들과 만나고 사회의 수많은 면면을 이해하도록 지도했다. 지금 즐겁지 않은 이유가 무엇인 것 같은가? 대부분 사람들은 돈이 없거나, 지위가 낮아서, 혹은 집이나 차가 마음에 들지 않아서라고 생각한다. 그러나 일레인 케이마크(Elaine Kamarck)의 생각은 다르다. 그녀는 재물, 지위, 물질 등과 즐거움이 무관하다고 생각하며 즐거움에는 무언가 특별한 비밀이 있다고 주장한다.

현명한 사람은
내일을 걱정하지 않는다

　유명 의사인 윌리엄 오슬러(William Osler)는 존스 홉킨스 병원(Johns Hopkins Hospital)을 건립하고 하버드 대학에서 강의했다. 그가 사망한 후 하버드 대학 도서관이 그의 경력을 정리해 발표했는데 그 분량이 두꺼운 책 두 권에 달했다. 이처럼 뛰어났음에도 불구하고 사실 그의 지능은 매우 평범한 수준이었다고 한다. 그도 평범한 사람들과 마찬가지로 '어떻게 해야 기말고사를 통과할 수 있을까?', '졸업 후에는 무슨 일을 해야 하나?', '어떻게 해야 먹고 사는 데 지장이 없을까?' …… 등을 고민했다. 그러던 중 그는 어느 날 우연히 책에서 "모호한 내일을 생각하는 것은 중요하지 않다. 지금 해야 할 확실한 일을 하는 것이 중요하다."라는 글귀를 보았다. 이것은 그의 삶에 대한 태도를 완전히 바꾸어 놓았다.

　윌리엄 오슬러는 사람들이 성공의 비결을 물을 때마다 '오늘을 충실히 살았기 때문'이라고 대답했다.

　사람이란 넓디넓은 바다보다 훨씬 복잡한 존재며 인생은 그 끝이 보이지 않는다. 그러나 하루하루를 충실히 살기만 한다면 안전을 확보하고 계속 앞으로 나아갈 수 있다. 스위치를 눌러 지나간 어제와 단절하고, 다시 한 번 스위치를 눌러 아직 오지 않은 내일과 단절해서 오로지 오늘의 생활에 몰두하는 것이다. 쓸데없이 지나간 어제의 일에 묶여 있거나 아직 존재하지도 않는 내일을 걱정하는 것은 에너지를 낭비하고 스트레스를 더하는 일일 뿐이다.

물론 이것은 내일을 준비하지 말라는 의미가 아니다. 윌리엄 오슬러는 모든 지혜와 열정을 오늘에 집중해서 최선, 그리고 최대의 결과를 만들어내는 것이야말로 미래를 맞이하는 데 가장 좋은 방법이라고 생각했다.

심리적인 문제가 있는 사람들 중에는 어제 일어난 일에 대한 부담과 내일 일어날 일에 대한 공포에 억눌려 있는 사람이 많다. 이런 생각은 과도한 스트레스를 주어 심리적 기반을 흔들고 붕괴시키므로 반드시 이 문제를 해결해야 한다. 다음의 이야기에 등장하는 울프 부인 역시 한때 이것을 깨닫지 못해서 죽음을 생각할 정도로 커다란 절망에 빠지고 말았다.

미시시피 주에 사는 울프 부인은 1937년에 남편이 세상을 떠나자 커다란 고통에 휩싸였다. 그녀는 이제 남편 없이 혼자서 살아가야 한다는 생각에 극심한 스트레스를 받았다. 특히 가장 시급한 문제는 바로 경제적 위기를 해결하는 것이었다. 남편을 치료하는 동안, 돈이 될 만한 것을 모두 내다 팔았기 때문에 그녀는 당장 직장을 구해야 했다. 결혼 전에 백과사전 영업사원이던 그녀는 다시 회사를 찾아가서 일하고 싶다고 말했다.

다행히 사장의 동의를 얻은 그녀는 우선 할부로 낡은 중고차 한 대를 구매한 후 책을 팔러 다니기 시작했다. 울프 부인은 이렇게 밖으로 나가 일하다보면 고통을 잊고 새롭게 출발할 수 있겠다고 생각했지만 아침에 혼자 집을 나서고, 다시 텅 빈 집으로 돌아와 쓸쓸하게 혼자 식사할 때마다 외로움은 더욱 심해졌다. 또한 일도 그다지 순조롭지 않아서 차 할부금을 갚는 것도 힘들 지경이었다.

곧 파산할지도 모른다는 생각에 울프 부인은 더욱 고통스러웠고 자신감을 잃었다. 그녀는 매일 아침 눈을 뜨는 순간부터 할부금을 갚지 못할까봐, 집세를 내지 못할까봐, 먹을 것을 사지 못할까봐, 갑자기 병이 날까봐……, 끊임없이 걱정했다. 심지어 차라리 죽는 것이 낫겠다고 생각하기도 했다. 그녀가 자살하지 못한 유일한 이유는 바로 친언니 때문이었다. 그녀는 언니가 자신을 위해 슬퍼하는 것을 바라지 않았으며, 무엇보다 가난한 언니가 장례식 비용 때문에 고생하게 만들고 싶지 않았다. 간신히 하루하루 고통스럽게 살아가던 울프 부인은 어느 날 우연히 한 편의 글을 읽고 생각을 바꾸었다. 그녀가 평생 잊을 수 없던 구절은 바로 "하루하루는 각각의 새로운 삶이다."였다. 그녀는 이 구절을 써서 침대 머리맡, 화장대 거울 등 잘 보이는 곳에 붙여 놓고 시시각각 자신을 일깨웠다. 이후 그녀는 매일 새롭게 시작되는 삶을 살기 위해 노력했다. 과거를 잊고 미래를 생각하지 않으며 하루치 삶을 사는 데 집중한 것이다.

얼마 후 울프 부인은 마침내 힘든 현실의 고통에서 벗어났다. 날마다 기쁘고 충실하게 생활한 결과 덩달아 일도 순조롭게 풀렸다. 울프 부인은 이제 하루하루를 열심히 살아간다면 앞으로 펼쳐질 미래 역시 밝은 빛과 따뜻함으로 가득할 것이라고 굳게 믿는다.

물론 우리는 항상 어제와 내일의 교착지점에 서 있다. 하지만 그렇다고 해서 그것에 매어 살았다가는 몸과 마음이 모두 피폐해질 뿐이다. 한 정치학자는 이렇게 말했다. "하루뿐이라고 생각한다면 어떠한 어려운 일도 최선을 다해 완성할 수 있다. 하루뿐이라고 생각한다면 즐겁게, 참을성 있게, 자애롭게, 순수하게 살 수 있다. 이것이야말로 삶의 정수(精髓)다."

멀리 펼쳐진 장미정원을 바라보느라 자신의 정원 안에 핀 장미를 보지 못하고 있지는 않은가? 당신에게 가장 중요한 것은 지금 당신이 살고 있는 오늘임을 잊지 말아야 한다.

영혼을
자유롭게 하라

한 연구에 따르면 빈곤, 실연, 실업, 이혼, 사별, 질병 등 생활에서 일어나는 변화 43가지가 커다란 스트레스를 일으킨다고 한다. 이러한 스트레스는 그 사람의 성공을 방해하는 장해물이 될 수 있다. 커다란 성공을 거둔 록펠러나 카네기 같은 사람들 역시 스트레스를 받았지만 그들에게는 이것을 이겨낼 수 있는 능력이 있었다.

어떻게 해야 스트레스가 자신을 무너뜨리지 않게 할 수 있을까? 우선 당신이 느끼는 고통, 상실감, 무력감 등은 외부환경이 아니라 당신의 내면에서 만들어진 것이라는 점을 깨달아야 한다. 그러므로 당신을 억압하고 신념을 무너뜨리며 나아갈 길을 가로막는 부정적인 내면을 없애기만 한다면 더 자유롭게 비상하고 열정적으로 살게 될 것이다.

과학자 스티븐 호킹(Stephen Hawking)이 하버드 대학을 방문했을 때 한 학생이 질문했다.

"영원히 휠체어에서 벗어나지 못하도록 만든 병마를 원망하지 않으십니까? 삶이 불공평하다거나 자유를 빼앗겼다고 생각하지 않으시나요?"

무척 민감한 질문일 수도 있으나 호킹 박사는 여전히 평정심을 잃지 않고 질문에 대답하기 위해 천천히 키보드를 눌렀다. 스크린 위에는 다음과 같은 대답이 떠올랐다.

"나는 여전히 눈이 잘 보입니다. 두뇌 역시 생각을 멈추지 않았으며, 이상도 사라지지 않았죠. 여전히 사랑하는 가족과 친구들이 있고요. 아! 그리고 가장 중요한 것은 내게 자유로운 영혼이 있다는 것이지요."

호킹 박사는 커다란 고난을 마주하고도 자신의 영혼을 고통 속에 가두지 않았을 뿐만 아니라 오히려 더욱 아름다운 영혼으로 승화시켰다. 그의 영혼은 슬퍼하거나 원통해하지 않았으며 더 많은 자유를 누렸다. 그리고 스스로 힘을 내 비상해서 호킹 박사가 신체적 장애를 극복하고 더 커다란 성공을 거둘 수 있도록 도왔다!

살면서 겪는 각종 어려움이나 유쾌하지 않은 일들을 가슴 속에 품고 있으면 당신의 영혼은 오히려 당신을 지배하고 심신을 피폐하게 만들 것이다. 그러므로 영혼을 나쁜 것에 묶어 가두어서는 안 되며 더 자유롭게 만들어야 한다.

넬슨 만델라(Nelson Mandela)는 27년의 수감 생활을 마치고 남아프리카의 대통령이 되었다. 그는 감옥에서 자신을 괴롭힌 간수 세 명을 취임식에 초대했고 극진히 대접하였다. 그리고 이해할 수 없다는 표정으로 바라보는 사람들에게 이렇게 말했다.

"감옥의 문을 나서며 내리쬐는 햇빛을 느꼈을 때 생각했지. 만약에 이전의 고통과 원한을 떨쳐버릴 수 없다면 몸은 감옥에서 나왔어도 영혼은 여전히 감옥 안에 있는 것과 마찬가지라고 말이야. 나는 절대 그렇게 되지 않을 것이라고 결심했네."

만델라가 시련을 이겨내고 대통령의 자리에 오른 것은 자신의 영혼을 더욱 자유롭게 만들었기 때문이었다. 그의 말처럼 몸은 자유로워도 마음은 여전히 감옥 안에 있는 사람이 어떻게 성공할 수 있겠는가?

자신에게 물어보자. 당신의 영혼이 평생 감옥에 갇혀 있기를 바라는가? 이것을 바라는 사람은 없을 것이다. 지금 당장 당신의 영혼을 자유롭게 하고, 몸과 마음을 가볍게 해서 그로부터 희열을 느껴보자. 그러면 성공이 멀지 않은 곳에 있을 것이다.

다른 사람을
도와라

고대의 예언자이자 조로아스터교를 창시한 조로아스터(Zoroaster)는 "타인을 위해 일하는 것은 책임이나 의무가 아니라 누려야 하는 권리다. 왜냐하면 그것은 당신에게 더 큰 즐거움과 건강을 가져다주기 때문이다."라고 말했다.

미국의 한 무신론자는 모든 종교가 신화에 불과하며 그저 바보들이 떠들어대는 이야기일 뿐이라고 일갈했다. 그러나 그 역시 예수가 말한 '타인을 도와야 한다'는 것에는 동의하며 이렇게 말했다. "긴 인생 여정에서 즐거움을 누리고 싶다면 자신만이 아닌 타인을 위해 살아야 한다. 진정한 즐거움이란 타인을 돕는 데서 얻을 수 있기 때문이다."

시애틀에 사는 풀러 씨는 전신이 마비되는 병에 걸려 수년간 침대에 누운 채 생활하고 있다. 그럼에도 그는 수많은 사람에게 '가장 이타적인 사람'으로 평가받는다.

자신의 몸조차 마음대로 움직이지 못하는 사람이 어떻게 다른 사람을 도울 수 있었을까? 바로 그가 누워 있는 중에도 줄곧 '타인을 위한 서비스'를 연구하고 개발했기 때문이다.

그는 전국 각지에 있는 마비 장애인의 이메일 주소를 모아서 그들에게 응원의 내용이 담긴 메일을 발송했다. 그리고 이들을 연합해서 '마비 장애인 단체'를 만들어 회원들이 서로 편지를 주고받으며 응원하고 의견을 나눌 수 있도록 했다.

그는 지금도 매일 침대에 누워 하루에 1,400통의 이메일을 발송해서 수많은 마비 장애인을 기쁘게 하고 있다.

풀러 씨는 다른 장애인들과 달리 의기소침하거나 절망에 빠져 있지 않았다. 그는 진정한 즐거움, 즉 타인을 돕는 데서 얻을 수 있는 즐거움에 대해 잘 알고 있었다. 조지 버나드 쇼(George Bernard Shaw)는 "자신을 중심으로 사는 사람은 이른 아침부터 늦은 밤까지 다른 사람이 자신을 즐겁게 만들지 않는다고 원망한다."고 말했다. 그의 말처럼 자신만 생각하는 사람은 결코 행복해질 수 없다. 다른 사람을 즐겁게 만들고 그들이 웃음 짓도록 해야만 당신 역시 진정한 즐거움과 행복을 느낄 수 있다.

리나 부인은 심장병 진단을 받은 후 1년여 동안 하루의 대부분을 침대 위에 누워서 보냈다. 그동안 침대에서 나온 때라고는 가정부의 부축을 받아 침실부터 정원까지 걸어서 잠시 햇볕을 쬘 때뿐이었다. 그녀는 자신이 평생 이렇게 살다가 죽을 거라고 생각했다. 만약 잔악한 일본인들이 진주만을 공격하지 않았더라면 말이다.

진주만 공습이 있던 날, 포탄 하나가 그녀의 정원에 떨어졌다. 마치 지진이 일어난 것처럼 온 집안이 흔들리는 바람에 침대에 누워 있던 리나 부인은 그만 아래로 굴러 떨어지고 말았다. 무슨 일인지 채 파악하기도 전에 공습경보가 울리기 시작했다. 휴일을 즐기고 있던 군인들은 급히 기지로 달려갔고 군인가족들은 일단 근처 학교로 모였다. 이 가족들은 방이 여러 개 있는 집들에 분산해서 머물기로 했다. 이때 이전부터 리나 부인을 잘 알던 군인이 그녀의 침대 머리맡에 전화가 있는 것을 알고 전화로 어떤 가족이 어느 집으로 갔는지 계속 알려줄 테니 빠짐없이 기록해달라고 부탁했다.

리나 부인은 끊임없이 울리는 전화를 받으며 군인들의 가족이 어느 지역으로 갔는지, 어떻게 이동했는지, 어느 집이 비어 있는지 등을 상세하게 기록했다. 그리고 가족을 걱정하는 군인이 전화하면 가족이 머무르는 곳을 알려주기도 했다.

자신의 남편이 안전하다는 것을 알고 난 후에는 더욱 최선을 다해서 다른 부인들의 안부를 살피고 그녀들을 위로했다. 처음 일을 시작했을 때 그녀는 평소처럼 누워서 전화를 받고 필요한 내용을 기록했다. 그런데 자신도 모르는 사이에 앉아서 전화를 받기 시작했으며, 점점 더 바빠지면서 어느새 책상에 앉아서 자료를 정리하고 필요한 물건을 챙기기 시작했다. 얼마 후, 그녀는 다른 사람들과 똑같이 생활했으며 밤에 자는 것 외에 다른 시간은 모두 침대에서 내려와 일했다.

전쟁은 끔찍한 일이지만 만약 일본이 진주만을 공격하지 않았다면 리나 부인은 평생을 침대에서 보냈을 것이다. 이 일을 계기로 그녀는 자신이 아닌 다른 사람에게 주의를 기울이고 관심을 보이기 시작했으며 자신도 모르는 힘을 확인했다. 다른 사람을 위해 사는 것은 그녀가 살아가는 중요한 이유가 되었다.

심리상담사를 찾아가 도움을 구하는 사람들 중 3분의 1이 생리적, 환경적으로 병의 원인을 찾을 수 없으며 그저 삶의 공허함 때문에 지친 것이라고 한다. 별다른 문제 없이 살던 사람들이 무료함을 느끼고 아무것도 자신을 만족시키지 못한다고 생각하고 자기연민이 생겨 심리상담사를 찾아가는 것이다. 한 심리학자는 이들이 리나 부인처럼 다른 사람에게 관심을 보인다면 스스로 자신의 병을 고칠 수 있다고 말했다.

'그게 뭐 대단한 일이라는 거지? 크리스마스이브에 추위에 떠는 고아를

만난다면 당연히 그 아이에게 관심을 보이고 기쁜 마음으로 진심에서 나오는 도움을 줄 거야.'

'나도 리나 부인처럼 진주만 사건 같은 큰일을 당했다면 분명히 발 벗고 나섰을 텐데.'

'나는 다른 사람과 달라. 평범하기 그지없는 삶을 살고 있다고, 즐거운 일도 없어. 남을 돕기는커녕 내가 도움을 받아야 할 상황이야. 이런 내가 다른 사람을 도울 수 있을까? 그것이 나에게 도움이 될까?'

이처럼 생각하는 사람도 있을 것이다.

하지만 아무리 단조로운 생활을 하는 사람도 날마다 다른 사람들을 만나며 살아간다. 그들을 어떻게 대하고 있는가? 보고도 못 본 척 지나치지 않는가? 그들에 대해 더 많이 알고 싶어 하는가? 예를 들어 당신의 집을 방문하는 집배원에 대해 생각해보자. 그는 하루에도 몇 킬로미터를 이동하며 우편물을 배달한다. 그가 어디에 사는지, 가족들은 어떻게 되는지, 혹시 지금 피곤하거나 목이 마르지는 않은지 관심을 보인 적 있는가? 편의점에서 아르바이트를 하는 학생, 신문배달원, 구두 고치는 사람들……, 그들과 교류하거나 친절을 베푼 적이 있는가? 이 사회를 바꾸는 개혁가가 되라는 것이 아니다. 당신이 만나는 모든 사람들에게 관심을 보이고 그들이 필요한 것이 무엇인지 살펴보자.

벤저민 프랭클린은 "타인을 위해 일하는 것은 곧 자신을 위해 일하는 것이다."라고 말했다. 타인을 위해 관심을 가지고 그들을 돕는 일은 당신에게 더 큰 즐거움과 만족, 명예를 가져다줄 것이다. 다른 사람을 생각하고 그들을 돕는 것은 스스로 고뇌에서 벗어나는 방법일 뿐 아니라 더 많은 친구를 사귀고 더 큰 즐거움을 얻을 수 있는 가장 좋은 방법이다.

타인을 위해 일하는 것은 책임이나 의무가 아니라 누려야 하는 권리다.
왜냐하면 그것은 당신에게 더 큰 즐거움과 건강을 가져다주기 때문이다.

가지지 못한 것보다
가진 것을 생각하라

사람들의 예상과 달리 인생에서 맞닥뜨리는 일의 약 10퍼센트만이 해결하는 데 어려움이 발생한다고 한다. 다시 말해 나머지 90퍼센트는 꽤 순조롭게 해결된다는 의미다. 그러므로 즐거워지고 싶다면 잘 풀리지 않는 10퍼센트가 아닌 잘 풀리는 90퍼센트에 집중해야 할 것이다.

그러나 안타깝게도 많은 사람이 이와 반대로 행동한다.

해롤드는 오래전부터 알고 지낸 직장 동료다.

어느 날 그의 차를 얻어 타고 미주리 주의 농장에 가고 있었다. 우리는 이런저런 이야기를 하다가 인생의 즐거움에 관한 이야기를 나누었다. 이때 그는 내가 영원히 잊지 못할 이야기를 들려주었다.

"나는 예전에 걱정이 참 많은 사람이었지. 그러다가 2010년 봄, 어느 날 서부도로에서 일어난 일 덕분에 나는 더 이상 걱정하지 않는 사람이 되었어. 그 일은 겨우 10초 정도밖에 되지 않는 짧은 사건이었지만 나의 인생을 바꾸어 놓았다네. 그 10초 동안 나는 이전의 10년에 배운 것보다 훨씬 많은 것을 배울 수 있었어."

베버에서 2년 동안 잡화점을 운영한 해롤드는 장사에 서툰 탓에 저축한 돈을 모두 날렸을 뿐만 아니라 빚까지 졌다. 이후 7년에 걸쳐 빚을 갚은 그는 힘을 내어 다시 가게를 열었지만 역시 실패로 돌아갔다. 그는 하는 수 없이 캔자스시티에 가서 막노동을 하기 시작했지만 이마저 여의치 않았다. 그는 자신감을 완전히 상실한 채 깊은 좌절감에 빠져 지냈다. 어느 날 그는 영혼이 빠져나간 것 같은 표정으로 목적지도 없이 터덜터덜 길을 걷고 있었다. 그때 저 멀리 무슨 물체가 미끄러져 오는 것이 보였다. 자세히 보니 그것은 두 다리가 없는 사람이었다! 그는 롤러스케이트에서 뜯어낸 것 같은 바퀴를 단 작은 판자 위에 앉아서 두 손으로 땅을 밀며 앞으로 나아가고 있었다. 멀리서 오던 그는 멍하니 바라보는 해롤드와 눈이 마주치자 미소를 지으며 인사를 건넸다. "안녕하세요! 오늘 아침 날씨가 정말 좋지 않습니까?"

그 순간 해롤드는 자신이 얼마나 부유한지 깨달았다. '두 다리가 없는 사람이 할 수 있는 일을 내가 하지 못한다는 것은 말이 안 돼! 나는 건강하고 사랑하는 가족들이 있어!' 그는 이제 무슨 일이든 할 수 있을 것 같았다. 그리고 반드시 자신이 가장 잘할 수 있는 일을 찾아 성공하고 말겠다고 결심했다.

살면서 잘 풀리지 않는 10퍼센트에 집중하느라 당신에게 즐거움을 가져다줄 수 있는 90퍼센트를 바라보지 않는 것은 정말 어리석은 일이다. 이것은 스스로 걱정과 괴로움을 찾는 것과 마찬가지다.

영국 시인이자 평론가인 새뮤얼 존슨(Samuel Johnson)은 이렇게 말했다. "모든 사건의 가장 좋은 일면을 보는 습관은 1년에 1,000파운드의 소득을 얻는 것보다 낫다."

자신보다 훨씬 부유한 사람을 보며 부러워하고 자신은 왜 그렇게 부유해질 수 없는지 속상해하고 있지는 않은가? 그렇다면 당신이 가진 두 눈은 어떤가? 10억이면 두 눈을 팔겠는가? 두 다리는 어떤가? 두 손, 두 귀, 사랑하는 가족? 당신이 가진 자산은 그 무엇보다 크다는 사실을 잊어서는 안 된다.

자신이 가진 것을 누리고 그것으로부터 즐거움을 얻는 것은 무엇보다 중요하다. 미국의 평론가인 로건 피어설 스미스(Logan Pearsall Smith)의 말 역시 반드시 기억해야 할 지혜를 담고 있다. "사람에게는 두 가지 목표가 있다. 첫 번째는 원하는 것을 이루는 것, 두 번째는 이룬 것을 즐기는 것이다. 두 번째 목표는 지혜로운 사람만이 이룰 수 있다."

이렇게 아름다운 세상에, 이렇게 많은 것을 가지고 살면서도 깨닫지 못한다면 부끄러운 일이다. 가진 것을 누리는 것은 무척 어려운 일이지만 반드시 해야 할 일이다.

불만과 고통의
악순환에서 벗어나라

잘 맞지 않는 사람이나 순조롭지 않은 일 때문에 크게 화를 내고 불만과 원망에 사로잡히는 사람들이 있다. 이런 사람들은 불만이나 원망을 더 확대해서 자신의 내면에 뿌리 깊게 자리 잡게 하지만 현명한 사람은 이를 스스로 해결할 줄 안다.

몇 해 전에 하버드 대학의 심리학자들이 한 조사에 따르면 평소 불만이 많고 자주 남을 탓하는 사람들은 거의 언제 어디서나 불만과 원망의 이유를 찾는다고 한다. 붐비는 버스 안에서 다른 사람과 부딪힐 때, 상사에게 잘못을 지적당할 때, 식당 종업원이 음식물을 흘렸을 때…… 이런 식으로 시시각각, 곳곳에서 이유를 찾아 그것을 곱씹으며 다른 좋은 일들은 아예 돌아보려고도 하지 않는 것이다. 이들은 더 중요하고 좋은 화제가 있는데도 불만스러운 일만 이야기 하려고 한다. 그래서 다른 사람들이 날씨, 교통 상황, 자녀 문제, 시사 등을 이야기하면 자신의 불만거리를 말하고 싶어서 입이 근질근질하다. 그러다가 결국 못 참고 쏟아내서 주변 사람들을 모두 도망가게 만드는 것이다.

어떤 사람은 이렇게 자신의 불만과 원망을 토로해서 스트레스를 풀려는 것뿐이라고 변명하지만 사실 이것은 스스로 자신을 고통스럽게 하는 것에 불과하다. 고통스러워질수록 주변에 대한 불만과 원망은 더욱 커질 것이 분명하다. 이처럼 '불만-고통-불만-고통'으로 이어지는 무한반복은 점점 걷잡을 수 없이 커져서 그 사람의 성격으로 굳어진다.

세찬 바람이 불고 비가 억수같이 쏟아지자 오래된 낡은 집의 천장이 허물어지기 시작했다.

집주인은 크게 화를 내며 마당으로 뛰어나가 하늘에 대고 감히 입에 담지도 못할 욕을 퍼붓기 시작했다.

"아이고! 세상에 무심하기도 하지! 이렇게 많은 비를 내 집에 쏟아 붓다니! 옷과 식량이 다 젖었으니 이제 나는 어디 가서 살라고! 나를 이렇게 못 살게 해 놓고 마음이 편하더냐!"

이때 이웃이 나와 그를 위로하며 말했다.

"그만 해요. 하늘의 신이 다 뜻이 있는 거겠지. 당신이 이런다고 신이 듣는 것도 아니고!"

"못 듣는다고 대수겠소. 내가 확 죽어버리든지 해야지……, 원통해서 살 수가 없소!"

"아아! 이제 됐어요! 아무 소용도 없는 일에 이렇게 힘을 낭비하면 뭘 합니까? 이럴 바에야 차라리 사람을 데려다가 집을 고치는 것이 낫지. 비가 그치면 옷과 양식을 말려요. 그러면 전부 괜찮아질 거요."

그러나 집주인은 펄쩍 뛰며 말했다.

"절대 그럴 수 없소. 신에게 따져 묻지 않고는 원통해서 살 수가 없소. 나를 왜 이렇게 괴롭히는지 원! 집도 무너지고 문도 부서졌으니……"

그는 집을 고치기는커녕 성질을 참지 못하고 몇 시간이나 하늘을 가리키며 욕을 하기 시작했다. 그러다가 바람이 한 차례 세차게 불자 그의 집은 완전히 무너지고 말았다.

이 집주인처럼 벌어진 일을 받아들이지 않고 문제를 해결하거나 바꾸려 하지 않으면서 불만과 원망만 쏟아내는 사람은 결국 자신을 더 큰 어려움에 빠지게 한다.

생각해보자. 불만, 원망, 비판, 험담 따위는 모르는 사람과 허구한 날 이런 것만 말하는 사람 중에 어느 쪽을 친구로 선택하겠는가? 대부분의 사람이 전자를 선택할 것이다. 이유는 간단하다. 사람들이 원하는 것은 바로 '고통이 없는 공간'이기 때문이다.

현대 사회에서 살면서 괴롭고 화를 치밀어 오르게 만드는 일에 부딪히는 것을 피할 수는 없다. 심지어 어떤 때는 두 눈을 빤히 뜬 채로 무언가에 떠밀려 저 아래 밑바닥으로 나동그라지는 느낌이 들 때도 있다. 이럴 때는 자제하기 어려운 불만과 원망이 발생한다. 실제로 이것을 자제하는 것은 결코 쉬운 일이 아니지만 계속된다면 결국 그 화살은 자신에게 돌아올 것이 분명하다.

그저 기분에 따라 일을 처리한다면 무슨 일이든 제대로 해결될 리 만무하다. '불만이 불만을, 원망이 원망을 낳는' 악순환에 빠진다면 당신의 인생은 더욱 괴로워질 뿐이다. 그러므로 자신의 감정을 조절하는 방법을 찾고 그것을 몸에 배게 해서 최대한 불만을 억눌러야 한다.

한 청년이 일이 잘 풀리지 않을 때마다 크게 화를 내고 누군가를 원망했다.
어느 날 청년이 불만과 원망을 토로하자 그의 아버지는 못 한 자루를 주고 말했다.

"지금부터 화가 치밀어 오르고 불만스러운 일이 생기면 이 못을 기둥에 하나씩 박으렴."

첫째 날, 청년은 모두 열일곱 개의 못을 박았다. 둘째 날에는 열다섯 개를 박았고, 셋째 날에는 열세 개, …… 이런 식으로 매일 기둥에 박는 못의 숫자가 점점 줄기 시작했다. 그는 못을 박으면서 자신의 감정을 제어하는 것이 못을 박는 것보다 쉽다는 것을 발견했다.

마침내 어느 날, 못을 한 개도 박지 않은 날이 왔다. 청년은 아버지에게 이 기쁜 소식을 전했으나 아버지는 담담하게 말했다. "이제 네가 불만을 억누를 때마다 기둥에 박았던 못을 하나씩 뽑아 내거라."

청년은 어리둥절했지만 이번에도 역시 아버지가 시키는 대로 했다.

얼마 후, 청년이 기둥에 박아 놓은 못을 전부 뽑자 아버지는 웃으며 말했다.

"정말 잘했구나. 이 기둥 위의 구멍을 보거라. 영원히 이 흔적을 지울 수는 없을 게다."

청년은 이제야 아버지의 뜻을 깨닫고 고개를 끄덕였다.

이후 그는 더 이상 불만이나 원망을 쏟아내지 않았다.

화가 나거나 불만, 원망 등의 감정이 일어났을 때 자신의 언어구조를 주의 깊게 살펴보자. '나는 왜 이렇게 가난하지?', '왜 나를 승진시켜주지 않지?', '왜 나에게 알려 주지 않는 거야?' 이러한 '왜'는 당신의 마음가짐과 감정을 장악해서 모든 에너지와 시간을 불만과 원망에 집중하도록 만든다. 또 스스로 가치 혹은 쓸모없는 사람이라는 생각이 들게 만들 수 있다.

그러므로 '어떻게 하면 가난에서 벗어날 수 있을까?', '어떻게 하면 승진할 수 있을까?', '어떻게 하면 더 많은 정보를 습득할 수 있을까?' 등으로 바꾸어 생각할 수 있다.

'왜'를 '어떻게 하면'으로 바꾸면 당신이 상상하는 것보다 훨씬 더 건설적이고 즐거움으로 가득한 삶을 살 수 있다. 또 깜짝 놀랄 만큼 빠른 속도로 변화한 당신을 보게 될 것이다.

삶을 바꿀 방법은 없을지도 모르지만 자신을 바꿀 수는 있다. 과거를 바꿀 수는 없지만 노력을 통해 미래를 바꿀 수는 있다. '불만이 불만을, 고통이 고통을 낳는' 악순환에서 벗어난다면 당신의 인생은 더욱 새로워질 것이다.

용서로
즐거움을 얻어라.

용서는 인간의 가장 소중한 미덕 중 하나로 세상의 모든 희로애락을 만들고, 사람들 사이의 갈등을 사라지게 하며, 서로의 마음속에 있는 아픔을 치유하고 그 자리를 자신감과 희망으로 채운다.

용서하는 마음으로 세상을 바라보는 사람은 언제나 즐겁고 영혼의 안녕을 얻는다. 그러나 대부분의 사람은 잘못이나 실수를 저질렀을 때 다른 사람의 용서를 구하지만, 반면에 다른 사람이 잘못이나 실수를 저지르면 마음에 두고 용서하지 않는다. 다른 사람을 용서하지 않는 것은 자신에게 고통을 주는 것과 같다. 이런 사람은 용서 후에 얻을 수 있는 즐거움을 결코 느낄 수 없다.

고전 레미제라블(les Miserables)의 주인공 장발장(Jean Valjean)은 정원사였지만 어느 해 겨울, 일자리를 잃었다. 배고픔에 시달리는 조카들을 외면할 수 없었던 그는 가게에서 빵 하나를 훔치다가 경찰에 잡혀서 5년형을 받았다. 이후 장발장은 네 번이나 탈옥을 시도해서 결국 19년 동안 감옥살이를 했다.

중년이 되어 출소한 장발장은 사람들의 멸시를 받았다. 차가운 바람이 매섭게 몰아치던 어느 늦은 밤, 갈 곳이 없었던 장발장은 배가 고파서 길에 쓰러졌다. 그를 발견한 미리엘 주교는 장발장을 가족과 똑같이 대접하고 맛있는 음식을 대접했다.

하지만 장발장은 주교의 방 안에 있던 은식기를 훔쳐 달아났다가 경찰에 잡히고 말았다. 경찰의 연락을 받고 온 주교는 이렇게 말했다. "이것은 모두 제가 그에게 선물한 것입니다." 그는 은촛대를 주며 "이것은 왜 두고 갔나? 자네의 영혼이 굴레를 벗고 성실한 사람이 되기를 바라네."라고 말했다. 주교의 용서는 장발장을 크게 감동시켰고 그는 좋은 사람이 되기로 결심했다. 이후 그는 사업에 성공해서 큰 부를 쌓았으며 빈민에 관심을 쏟아서 각종 자선사업을 벌였다.

장발장의 성공은 미리엘 주교의 용서에서부터 시작되었다. 주교의 용서는 장발장이 과거의 어두운 굴레를 벗고 그의 인생 항로를 바꾸게 했다. 미리엘 주교가 이후 용서를 통해 어떠한 즐거움을 얻었는지는 나오지 않지만 이는 분명히 그가 자랑스러워할 만한 성과다. 만약 그가 직접 목격했다면 분명히 커다란 즐거움을 느꼈을 것이다.

다른 사람의 잘못이나 실수를 용서했을 때 두 사람 사이에는 무엇보다 단단한 신뢰가 싹틀 것이다. 당신의 용서 덕분에 타인이 새롭게 살아갈 기회를 얻었다면 그처럼 감격스러운 일이 어디 있겠는가?

카트먼은 오케스트라의 예비 바이올리니스트다. 그는 정식단원이 병이 나거나 급한 일이 있을 때만 무대에 오를 수 있는 처지였다.

어느 날, 집으로 돌아온 그는 누군가 자신의 바이올린을 켜는 소리를 들었다. 가족들은 그의 바이올린을 만지지 않기 때문에 그는 순간적으로 도둑임을 직감하고 위층으로 뛰어올라갔다. 그의 예상처럼 한 십대 소년이 바이올린을 켜고 있었다.

무척 왜소한 이 소년은 머리가 마구 헝클어져 있었으며 입고 있는 낡아빠진 코트

주머니 안에는 이것저것 가득 담겨 있었다. 그는 의심할 바 없는 '좀도둑'이었다. 건장한 체구의 카트먼이 점점 다가오자 소년의 두 눈에는 공포가 가득했다. 그 모습을 본 카트먼은 마음이 누그러져서 미소를 지었다.

"네가 존이니? 다니엘 씨의 외조카라면서. 나는 집사란다. 다니엘 씨가 네가 올 거라고 하시더구나. 네가 이렇게 빨리 올 줄은 몰랐다!"

소년은 잠시 멍하니 바라보다가 이렇게 말했다.

"외삼촌이 집에 계시지 않나요? 그러면 전 그냥 돌아갈게요."

소년이 조심스럽게 바이올린을 내려놓고 나가려고 할 때, 카트먼이 그를 불러 세웠다.

"바이올린을 좋아하니?"

"네. 하지만 잘 못해요."

"그러면 이 바이올린을 가지고 가서 연습하거라."

소년은 의심스러운 눈초리로 카트먼을 바라보다가 다시 슬그머니 바이올린을 집어 들었다. 거실을 지나가던 소년은 벽에 붙은 음악회 포스터에 카트먼의 사진과 그 아래 '바이올리니스트 카트먼'이라고 적힌 것을 보고 멍하니 있다가 어떻게 된 일인지 깨닫고 허둥지둥 도망갔다.

같은 날 저녁, 아내가 카트먼에게 물었다.

"여보, 당신이 아끼는 바이올린이 안 보이네요. 수리를 맡겼나요?"

"아니야, 다른 사람에게 선물했어."

"선물했다고요? 당신한테 없어서는 안 되는 것이잖아요!"

"그래, 당신 말이 맞아. 하지만 누군가를 구할 수만 있다면 선물하는 것도 나쁘지 않다고 생각했어."

그는 아내에게 오늘 있었던 일을 털어놓은 후에 이렇게 물었다.

"내가 한 일이 잘한 것일까?"

"어찌 되었든 그 아이에게 꼭 도움이 되었으면 좋겠네요."

2년 후, 실직한 카트먼은 특별히 하는 일 없이 집에서 시간을 보냈다.

어느 날, 그는 텔레비전에서 방영하는 전국음악경연대회를 보고 있었다. 그중에서 리터라는 바이올리니스트가 두각을 나타냈는데 학력이나 경력이 모두 베일에 싸여 있었다. 사회자가 리터에게 그를 가르쳐준 스승에 대해 묻자 리터는 혹시 나중에 우승하게 되면 밝히겠다고 말했다. 사람들은 이제 누가 우승하는가보다 리터의 스승이 누구인지를 더욱 궁금해 했다. 카트먼도 마찬가지었다.

여러 관문을 통과한 리터는 마침내 뛰어난 공연으로 우승을 거머쥐었다!

모든 카메라 렌즈가 자신에게 집중되자 리터는 감격한 목소리로 또박또박 말했다.

"제 스승은 카트먼입니다. 그는 유명한 바이올리니스트는 아니지만 제게 바이올린을 주었지요. 저는 그 바이올린을 아끼며 쉬지 않고 연습해서 오늘 이 자리까지 오게 되었습니다."

리터는 뜨거운 눈물을 흘리며 말을 이었다.

"그때 거의 모든 사람이 저를 쓰레기 취급했습니다. 심지어 제 자신조차도요. 하지만 카트먼 씨, 당신은 가난과 고통 속에 빠진 저를 존중해주었고, 역경을 이겨낼 불꽃이 제 마음 속에 타오르게 했어요. 오늘에야 저는 부끄럽지 않게 바이올린을 돌려드릴 수 있게 되었습니다."

텔레비전 속의 리터를 바라보던 카트먼도 2년 전의 일이 떠올랐고, 역시 행복의 눈물을 흘렸다.

천재의 스승으로 유명세를 탄 카트먼은 다시 오케스트라에 들어갔고 수석 연주자가 되었다.

카트먼은 어린 리터가 멋진 공연을 하고 우승을 차지한 후 자신에 대한 감사의 마음을 고백했을 때 무엇과도 비교할 수 없는 즐거움을 느꼈다. 자신의 작은 용서 덕분에 어린 소년이던 리터가 더 아름다운 삶을 살게 되었기 때문이다. 그가 리터를 끌고 경찰서로 데려갔다면 리터의 오늘은 어떻게 되었을까? 카트먼은 즐거움을 느낄 수 있었을까? 그렇지 않다. "바다는 넓다. 바다보다 더 넓은 것은 하늘이다. 하늘보다 더 넓은 것은 사람의 마음이다."라는 말이 있다. 용서는 무엇보다 아름다운 마음이며 인간 세상의 가장 아름다운 풍경임을 잊어서는 안 된다.

용서하는 사람이 많아지면 그 사회는 서로를 더욱 이해하고 협력한다. 용서는 인간관계의 윤활제며 즐거움을 만드는 마법이다! 다른 사람을 용서하면 이제까지 보지 못한 넓고 파란 하늘을 얻게 될 것이다.

고통을
'포맷' 하라

'포맷(format)'이란 컴퓨터와 관련된 개념으로 간단하게 말하자면 저장장치에 있는 자료를 삭제하고 초기화하는 것을 의미한다. 컴퓨터의 성능을 높이기 위해 종종 포맷을 하는 것처럼 우리 인생에도 포맷이 필요하다. 좌절과 고통이 없는 인생은 없다. 하지만 늘 그런 나쁜 기억에만 파묻혀서 비관적이고 염세적인 마음가짐으로 살아서는 안 된다. 이때 가장 직접적인 방법이 바로 좌절과 고통을 모두 '포맷' 하는 것이다.

매우 비관적인 여성이 있었다. 그녀는 무슨 일이든 항상 걱정하느라 매일 고통 속에서 생활했다.

어느 날, 혼자 쇼핑을 마친 그녀는 봉투 여러 개를 들고 주차장으로 가다가 자신의 차 옆에 경찰 몇 명이 서 있는 것을 보았다. 그녀는 순간 당황해서 자신이 무슨 잘못을 저질렀는지 생각했다. 긴장한 그녀는 잠시 멍하니 있다가 간신히 딸에게 전화를 걸어야겠다고 생각했다.

"엄마야! 지금 마트 주차장이야. 빨리 이리로 와! 경찰들이 내 차를 둘러싸고 있는데 무슨 일인지 모르겠구나! 어서 와다오!"

회사에서 일하던 딸은 어머니의 다급한 목소리를 듣고 즉시 마트로 달려왔다.

딸은 하얗게 질린 어머니를 보고 덩달아 긴장해서 숨을 고르고 조심스럽게 경찰에게 다가갔다.

"저……, 무슨 일인가요?"

"무슨 일이냐고요? 저희는 그냥 이야기 하는 중입니다. 경찰들도 잠시 서 있을 수 있잖아요!"

또 한 번은 이 여성이 독감에 걸려 병원에 입원했다. 그녀는 가족들이 오자 숨을 몰아쉬며 이렇게 말했다.

"나는…… 아마 가망이 없나 봐!"

깜짝 놀란 가족들이 왜 그런 생각을 하느냐고 묻자 그녀는 의사가 차트에 커다란 느낌표를 그린 것을 보았다며 이것이 불치병을 의미하는 것이 틀림없다고 말했다. 가족들은 당황했지만 하는 수 없이 간호사를 불러 물었다.

"저……, 차트에 그린 커다란 느낌표는 무슨 뜻인가요?"

"네? 아, 이건 느낌표가 아니라 '링거' 표시에요! 왜 그러시죠?"

이 여성의 비관과 걱정은 자신에게 불행을 가져올 뿐 아니라 주위 사람들까지 불편하게 만들었다. 그런데 주변을 둘러보면 이런 사람들이 무척 많다. 친구가 배신할까봐, 창문이 깨질까봐, 심지어 하늘이 무너질까봐 걱정하는 것이다. 이들은 만약을 대비하는 것뿐이라고 항변하지만 사실 이런 감정은 자신의 에너지를 갉아먹는 일에 불과하다.

현명한 사람은 이들과 달리 비관을 낙관으로 바꾸고 고통을 '포맷' 해서 인생의 새로운 장을 열 줄 안다.

마이크는 네 살 때 농장에서 놀다가 고슴도치를 발견했다. 호기심이 발동한 그가 고슴도치에게 다가가려는 순간, 그만 옆에 있던 뜨거운 용접기가 그의 얼굴을 덮쳤다.

이 사고로 마이크는 왼쪽 눈의 시력을 잃었고, 반년 후에 염증 탓에 오른쪽 눈마저 시력을 잃고 말았다. 이후 이제 막 세상을 바라보기 시작한 어린 마이크는 영원히 어둠 속에 살아야 했다.

아무것도 보이지 않자 마이크는 계속 울기만 했다. 이때 형 이안이 다가와 마이크에게 말했다. "너의 귀가 눈이 될 수 있어!" 이때부터 마이크는 형의 말에 따라 소리에 집중하기 시작했고, 얼마 후 개구리 소리를 들으며 그것을 잡으러 다녔다.

하지만 귀에 의존하는 것만으로는 부족했다. 귀로는 나무에 열린 맛있는 과일이나 바쁘게 줄을 지어 이동하는 개미들을 볼 수 없었기 때문이다. 그러자 어머니는 이렇게 속삭였다. "너의 손과 발이 눈이 될 수 있단다!" 이후 마이크는 손으로 물건을 만지고 발을 이용해서 거리를 가늠했다. 얼마 후 그는 집안에서 자유롭게 행동했으며 나무에 열린 크고 잘 익은 과일을 따 먹을 수 있게 되었다. 몇 년 후, 마이크는 시각장애인 학교에 들어갔고 많은 지식을 배웠다.

소년이 된 마이크는 자신이 가장 중요한 것을 잃었다는 것을 깨닫고 크게 슬퍼했다. 그러자 내내 엄격하기만 했던 아버지가 다가와 그에게 말했다. "네 마음이 곧 눈을 대신할 수 있단다."

마이크는 아버지의 말씀을 잘 이해할 수 없었으나 열심히 되새기고 그것에 관해 생각했다. 어느 날 그는 무언가를 깨달은 듯, 진정으로 자신의 마음가짐을 바꾸고 더 이상 세상을 원망하지 않았다. 그는 더 이상 자신의 결함을 떠올리지 않았으며 마음 속의 눈을 사용해서 인생의 길을 걸어나가겠다고 결심했다.

마이크는 우선 플롯과 피아노를 배웠으며, 레슬링을 배워 20개 시합에 참여해서 우승을 거두기도 했다. 이뿐 아니라 수영, 단거리 달리기, 창던지기, 투포환 등을 배웠으며 매번 우수한 성적을 거두었다. 중학교에 다닐 때는 캐나다 전국대회와 국제 선수권 대회에 나가 우승을 거두었다. 또 전미 제1회 시각장애인 수상스키 선수권대회에서 우승했으며 세계신기록까지 세웠다. 1984년 로스앤젤레스 올림픽에서는 성화 봉송을 하기도 했다. 그는 운동선수로서 103번이나 우승을 거두었다.

마이크는 고통에서 벗어나 강인한 마음으로 전진했으며 자신의 삶을 더 화려하게 만들었다. 커다란 어려움을 겪었지만 자기 비하에 빠지지 않았으며 용감하게 고통을 잊고 새로운 인생을 마주한 것이다.

그렇다. 어떤 일들은 아예 우리가 어찌해 볼 도리가 없을 수도 있다. 하지만 그렇다고 해서 실망, 비관, 고통에 휩싸여 헤어 나오지 못하는 것은 자신을 더 안 좋은 상황으로 몰고 갈 뿐이다. 살면서 커다란 타격을 받았을 때 반드시 큰 소리로 외쳐라. 나의 투지와 강인한 의지로 반드시 어려움을 극복할 수 있다고. 그리고 고통을 '포맷' 하고 인생의 새로운 장을 열어라!

현명한 사람은 비관을 낙관으로 바꾸고 고통을 '포맷' 해서 인생의 새로운 장을 열 줄 안다.

즐거움을
연습하라

한 연구에 따르면 단순한 두뇌 노동은 피로를 느끼게 하지 않는다고 한다. 그렇다면 우리를 피로하게 만드는 것은 대체 무엇일까?

영국의 유명한 심리학자인 일레인 해트필드(Elaine Hatfield)는 자신의 저서에 이렇게 썼다. "우리가 느끼는 피로의 절대 대부분은 정신적인 요소에서 비롯된다. 순수하게 생리적인 소모 때문에 발생하는 피로는 거의 없다고 할 수 있다."

미국의 유명한 병리학자 아브라함 브릴(Abraham Brill) 역시 "건강에 문제가 없고, 앉아서 일하는 사람인 경우 피로는 모두 심리적, 감정적인 요소에서 만들어진다."라고 말했다.

정리하자면 책상 앞에 앉아서 일하는 수많은 사람이 피로를 느끼는 것은 바로 그들 자신의 '짜증과 불만' 때문이라는 것이다. 이러한 부정적인 감정 요소는 오랫동안 앉아서 일하는 사람의 에너지를 소모시키고 면역력을 떨어뜨려 쉽게 감기에 걸리거나 항상 기력이 부족하게 만든다.

최근 수많은 보험회사에서 만든 홍보책자에도 역시 이와 관련된 문구가 자주 등장한다. "걱정, 긴장, 속상함 등이 피로의 주요 원인이다. 그러므로 긴장을 풀고 모든 에너지를 가장 중요한 일에 투입하라!"

지금 잠시 자신을 살펴보자. 혹시 책을 읽으면서 눈썹을 찡그리고 있는지는 않은가? 한쪽 눈썹이 치켜 올라가 있지는 않은가? 아니면 어깨가 위로 솟아 있지 않은? 얼굴의 근육이 긴장되어 있지는 않은가? 만약 그렇다면 당신은 지금 끊임없이 피로를 생산해내는 중이다.

그렇다면 이러한 피로를 해결하는 방법은 무엇일까? 바로 '릴랙스(relax)', 즉 긴장을 풀고 마음을 편하게 하는 것이다. 언제 어디서든 쉬지 않고 릴랙스 하라!

릴랙스는 가장 먼저 근육에서부터 시작해야 한다. 편하게 앉아서 몸을 살짝 뒤로 기대고 눈을 감은 채 마음속으로 자신에게 속삭여라. "긴장을 풀고, 눈썹에 힘을 빼고, 편하게……" 이렇게 1분 동안 계속하는 것이다.

어떠한가? 지금 당신의 근육이 풀어졌는가? 눈앞이 밝아지고 정신이 맑아지지 않았는가? 언뜻 볼 때는 대단한 효과가 없는 것처럼 보일 수 있다. 그러나 그저 1분 릴랙스 했을 뿐이다. 이를 잊지 않고 계속 한다면 머리, 목, 얼굴, 어깨 등 몸 전체를 편하게 만들 수 있다.

특히 눈과 그 주위의 근육을 릴랙스하는 것이 무엇보다 중요하다. 이에 관해서 시카고 대학의 에드먼드 제이콥슨(Edmund Jacobson) 박사는 이렇게 말했다. "눈 주위의 근육을 완벽하게 릴랙스 할 수 있다면 모든 고통을 떨쳐버릴 수 있다. 눈이 소모하는 에너지가 전신이 소모하는 에너지의 4분의 1에 해당하기 때문이다."

한 작가는 어렸을 때 우연히 만난 노인으로부터 매우 중요한 것을 배웠다고 털어놓았다. 당시 그녀는 다른 친구들과 함께 놀다가 넘어져서 무릎을 다쳤다. 이때 한 노인이 다가와 그녀를 일으켜 세우고 몸에 묻은 흙을 털어주며 말했다. "너무 긴장하면 다칠 수 있단다. 놀 때 가장 중요한 것은 자신을 릴랙스하는 거야. 스트레칭을 자주 하렴. 내가 어떻게 하는 건지 알려주마!"

한때 서커스단의 피에로였던 그는 그녀와 친구들에게 달리는 법, 도약하는 법 등을 가르쳐 주면서 계속 강조했다. "네 몸을 오래 신어서 늘어나는 양말이라고 생각하렴. 그러면 더 릴랙스 할 수 있단다!"

릴랙스는 결코 힘이 들이는 것이 아니며 언제 어디서나 할 수 있는 일이다. 끊임없이 자신에게 "릴랙스……릴랙스……릴랙스……"라고 속삭이자. 그러면 당신은 점차 스트레스와 긴장을 잊고 아이들처럼 자유롭고, 새처럼 가벼워질 것이다.

릴랙스 외에 피로를 없애거나 피할 수 있는 좋은 방법이 하나 더 있다. 그것은 바로 당신이 하는 일을 사랑하는 것이다! 그것은 바로 당신이 지금 하고 있는 일을 좋아하는 것이다.

회사원인 앨리스는 매일 퇴근해서 집에 돌아가면 밥도 먹기 싫고 침대에 누워 자고만 싶었다. 어느 날 저녁, 역시 평소처럼 기진맥진해서 침대에 누워 있는데 전화벨이 울렸다. 그녀의 남자친구가 함께 노래를 부르러 가자고 제안하자 앨리스는 정신이 번쩍 드는 것 같았다. 사실 그녀는 노래 부르고 춤추는 것을 매우 좋아하는 활동적인 사람이었다. 몇 시간이나 노래를 부르고 집에 돌아온 그녀는 얼굴에 화색이 돌았으며 너무 즐거워서 잠이 들기 어려울 정도였다.

남자친구의 전화를 받기 전까지 엘리스는 피곤해하며 만사가 귀찮았다. 그런데 노래 부르고 춤 춘 후에 오히려 힘이 더 나는 것 같이 보이는 것은 바로 그녀의 피로가 신체가 아니라 심리적인 요소에서 비롯되었다는 것을 의미한다.

당신이 느끼는 피로는 종종 걱정, 좌절, 불만 등의 심리적 요소가 만들어내는 것이며 당신의 일 자체가 만들어내는 것이 아니다. 특히 일을 제대로 완성하지 못한다면 초조, 좌절 등이 당신을 더욱 피로하게 만들 수 있다.

반면에 좋아하고 관심이 있는 일을 하는 사람은 일하면서 매우 즐거워하며 피로를 느끼지 않는다. 오히려 일하면서 더욱 활력을 느끼기도 한다. 싫어하는 사람과 아주 짧은 거리를 걷는 것은 당신에게 커다란 피로를 가져올 테지만 마음이 잘 통하는 친구와 함께 걷는 먼 길은 즐겁기 그지없을 것이다!

빅토리아는 한 회사에서 속기사로 일하고 있다. 어느 날 팀장이 서류에 틀린 글자가 있으니 다시 작성하라고 하자 빅토리아는 틀린 부분만 찾아 고치면 안 되겠느냐고 물었다. 그러자 팀장은 버럭 화를 내며 하기 싫으면 다른 사람을 알아보겠다고 소리쳤다. 빅토리아는 하는 수 없이 서류를 처음부터 작성하기 시작했다.

이후 그녀는 누군가 다른 사람에게 자신의 자리를 빼앗길까봐 걱정되기 시작했다. 그래서 자신이 일을 매우 좋아하며 즐기는 것처럼 생각하고 행동하기 시작했는데, 그러다보니 정말 일을 무척 좋아하게 되었다. 그러자 일의 효율도 올라서 추가 근무를 할 필요도 없게 되었으며, 스스로 더 많은 일을 맡아 하려고 했다. 이런 태도는 동료들의 호감을 얻었다. 얼마 후 마케팅 팀장이 개인비서로 빅토리아를 선발했다. 팀장은 그녀에게 열정이 넘쳐서 많은 일을 하는 모습이 보기 좋다고 말했다.

빅토리아는 단순히 마음가짐을 변화하는 것만으로 이렇게 커다란 발전을 이루어냈다는 것이 믿기지 않았다!

운동을 통해 신체를 단련하는 것도 중요하지만 더 중요한 것은 바로 당신의 심리, 감정을 단련하는 것이다. 매일 아침, 큰 소리로 자신을 응원하고 계획한 것을 이룰 수 있다고 다짐하자. 조금 유치하거나 창피하다고 느낄 수도 있지만 그렇지 않다! 수많은 심리학자가 다양한 방법으로 이 방법의 효과를 여러 차례 증명한 바 있다.

매일 모두 자신과 이렇게 대화를 나누는 과정에서 용기와 즐거움을 얻을 수 있으며 자신에게 평안과 에너지를 주는 것이 무엇인지 파악할 수 있다. 매일 약간의 시간을 할애해서 자신과 이야기를 나누어라. 그러면 당신의 영혼은 더 밝고 맑아질 것이며 기쁨과 행복으로 가득할 것이다.

너무 많이 생각하지 말고 앞에서 언급한 방법을 이용해서 천천히 릴랙스하라. 자신에게 이로운 것을 발견하면 더 이상 피로를 느끼지 않을 것이다.

제 6 장

습관

- 로자베스 모스 칸터-

로자베스 모스 칸터(Rosabeth Moss Kanter)는 하버드 대학 경영대학원 교수로 주로 경영전략, 혁신 및 리더십을 연구하고 있다. 1989년부터 1992년까지 〈하버드 비즈니스 리뷰(Harvard Business Review)〉의 편집장을 맡았고, 논문 13편을 직접 발표했다. 총 17권의 저서 중 ≪변화의 주도자(The change masters)≫, ≪거인이 춤추는 법(When Giants Learn To Dance)≫, ≪월드 클래스: 세계 일류만이 살아남는다.(World Class: Thriving Locally in the Global Economy)≫ 등은 출판과 함께 큰 반향을 일으키며 베스트 셀러가 되었다. 현재 세계에서 가장 인정받는 경영관리 전문가로 그녀만의 탁월한 경영전략과 혁신 이론은 전 세계 수많은 대기업의 발전모델이 되었다. 그녀는 각종 국제 포럼에 참여해 세계 유명 인사들과 한 자리에서 강연하고 있으며, 직접 굿메저컨설팅(Goodmeasure Inc.)을 설립해서 전 세계 기업, 의료기관 등 혁신 모델을 필요로 하는 다양한 조직을 컨설팅하고 있다.

좋은 습관은
성공의 열쇠다

구소련의 교육자인 콘스탄틴 우신스키(Konstantin Ushinsky)는 "좋은 습관은 사람의 신경계에 존재하는 도덕적 요소로, 이것을 끊임없이 개발하면 평생 그 이로움을 누릴 수 있다."고 말했다.

행동은 습관이 되고, 습관은 성격이 되며, 이렇게 만들어진 성격은 당신의 인생을 좌우한다. 그러므로 좋은 습관은 성공의 열쇠라고 할 수 있다. 습관은 지극히 개인적인 특성으로 개인의 업무 효율, 생활의 질, 나아가 일생과 성공에 커다란 영향을 미친다.

노벨상 수상자 십여 명이 모인 자리에서 기자가 그중 한 과학자에게 물었다.

"성공을 거두는 데 가장 중요한 것은 어디에서 배우셨나요?"

"유치원이요."

"유치원에서 어떤 중요한 것을 배우셨습니까?"

"습관을 배웠습니다. 자기 것이 아니면 손대지 말고, 물건을 잘 정리하고, 잘못을 알았으면 고치고……, 그런 습관들이죠."

과학자의 대답이 농담이었을까? 그렇지 않다. 그는 어렸을 때부터 길러 온 좋은 습관이 성공과 매우 밀접한 관계가 있고 그것이 성공의 기초임을 강조한 것이다.

벤저민 프랭클린의 아버지는 작은 가게를 운영하는 평범한 상인이었다. 그래서 열 명이 넘는 자녀를 부양하는 것이 몹시 힘들었고 가정 형편은 언제나 좋지 않았다. 그 바람에 어린 프랭클린은 학교에 들어간 지 2년 만에 그만두고 형의 인쇄소에서 일할 수밖에 없었다. 하지만 어려운 형편이 그의 학업에 대한 열정을 무너뜨리지는 못했다. 그는 공장에서 일하는 동시에 먹고 자는 시간까지 아끼며 열심히 책을 읽고 공부했다.

스무 살이 된 프랭클린은 자제력, 신중함, 질서, 강인함, 절약, 성실, 근면, 공정, 관용, 평안, 간결함, 충성 등을 자신의 생활 습관으로 삼기로 결정했다.

그는 이 습관들을 평생 단 한시도 잊지 않았으며 이를 바탕으로 마침내 성공을 거두었다.

습관은 성격을 만들고 성격은 그의 인생을 좌우한다. 바른 학업 습관을 갖춘 학생은 성적이 오르고, 생활 습관이 좋은 사람은 군더더기 없이 깔끔하며 질서 있는 생활을 한다. 이런 사람들에게 성공의 기회가 더 많이 찾아오는 것은 당연한 일이다.

포드(Ford)는 미국을 전 세계 자동차 업계의 선두에 서게 만들었으며, 미국 국민경제에 커다란 영향을 미친 대기업이다. 이렇게 최고의 규모와 영향력을 자랑하는 기업의 창립자인 헨리 포드(Henry Ford)가 첫 직장을 구한 계기는 무척 이색적이다. 바로 '쓰레기를 줍다'였다.

헨리 포드는 학교를 졸업한 후, 한 자동차 회사에 입사 지원했다. 그는 다른 지원자들의 학력이 매우 높은 것을 보고 희망이 없다고 생각했지만 일단 면접을 보러 갔다. 회장실 앞에서 대기하던 그의 눈에 휴지 몇 장이 문 앞에 떨어져 있는 것이 들어왔다. 그는 망설임 없이 휴지를 주워 쓰레기통에 버렸다. 우연히 이 모습을 본 회장은 포드가 사무실에 들어오자마자 이렇게 말했다.

"포드 씨, 채용되었습니다."

무심코 한 행동, 바로 습관이 그가 취업하도록 만든 것이다.

좋은 습관은 그 사람의 고유한 특성으로 매일 함께 하는 것이며 성공하는 사람들이 공통적으로 지닌 일종의 미덕이다. 좋은 습관은 당신의 인생 여정 중에 성공으로 나아가는 길을 열어줄 열쇠다! 그러므로 좋은 습관을 기르는 것을 소홀히 해서는 안 된다.

좋은 습관은 일과 생활에서 모두 성공을 거둘 수 있는 기초다. 성공한 사람은 자신을 도와줄 수 있는 좋은 습관을 기르며 좋은 습관이 많을수록 더 나은 삶을 살 수 있다.

나쁜 습관이
당신의 인생을 무너뜨린다

  습관은 당신에게 성공을 가져다줄 수 있지만, 그 반대일 수도 있다. 아주 작은 습관이라도 큰일에 영향을 미치고, 사고와 행동까지 좌지우지해서 간절히 원하는 것을 이루지 못하도록 방해할 수도 있다. 의식조차 하지 못하는 행동 탓에 이런 일이 벌어진다면 너무나 안타깝지 않겠는가? 그러므로 항상 자신의 작은 습관에까지 주의를 기울여야 하며, 만약 나쁜 것이 있다면 없애고 좋은 것이라면 더욱 강화해서 당신에게 도움이 될 수 있도록 해야 한다.

  옛날에 아주 가난한 사람이 살았다. 어느 날 그는 바위를 황금으로 바꾸는 방법이 적힌 양피지 한 장을 발견했다.
  이 방법에 따라 바위를 황금으로 바꾸려면 고대 이집트의 신비한 작은 돌이 필요했다. 이 돌은 흑해(黑海) 해변에 있으며 겉으로 보기에는 다른 돌과 별 차이가 없으나 만져보면 따뜻하다고 쓰여 있었다.
  그는 무척 기뻐하며 즉시 간단하게 짐을 꾸려 길을 떠났다. 그리고 온갖 고생을 한 후, 1년 만에 마침내 흑해에 도착해서 정신없이 신비한 돌을 찾기 시작했다. 처음에 그는 보이는 돌이란 돌은 모두 집어 들고 만져본 다음, 아닌 것 같으면 아무렇게나 획 던져버렸다. 그러다가 문득 계속 이런 식으로 했다가는 어떤 돌이 만져본 것인지, 또 어떤 돌이 만지지 않은 것인지 구분할 수 없다는 생각이 들었다. 그래서 이후부터는 만져봤을 때 따뜻함이 느껴지지 않은 돌은 바다로 던져 버리기로 했다.

하루 또 하루, 한 달 또 한 달이 흘렀다. 그렇게 1년이 흐른 후, 해변에 있는 수많은 돌이 바다에 버려졌다. 그리고 다시 몇 년 동안, 그는 눈에 보이는 돌을 모두 만져 봤지만 여전히 따뜻한 것을 찾지 못했다. 하지만 포기하지 않았으며 돌을 집어 들고, 잠시 만졌다가, 다시 바다에 버리는 과정을 쉴 새 없이 반복했다.

어느 날 아침, 그는 평소와 마찬가지로 일찍 일어나서 돌을 줍기 시작했다. 그러다가 무심코 돌 하나를 집어 든 순간, 따뜻함을 느꼈다! 그리고 평소처럼 아무 생각 없이 그 돌을 멀리 바다로 던져버렸다! 그가 자신의 잘못을 깨달았을 때는 이미 늦었다. 왜 이런 행동을 했을까? 바로 수년간 몸에 밴 습관 때문이었다. 이 불쌍한 사람은 주워든 돌을 만져보고, 바다에 던져 버리는 습관이 생겼고, 이 습관 탓에 오랫동안 찾아 헤맨 돌을 마침내 찾았음에도 무심코 바다로 던진 것이다. 이렇게 그는 커다란 부를 만들어줄 수 있는 돌을 허무하게 놓치고 말았다.

윌리엄 셰익스피어(William Shakespeare)는 "습관은 가장 좋은 하인이거나 가장 나쁜 주인이다."라고 말했다. 그의 말처럼 나쁜 습관이 당신의 생활을 지배할 때 그것은 '가장 나쁜 주인'이 될 것이다. 우리는 매일 습관 속에서 생활하고 있으며 생각이나 말 한마디, 행동 하나까지 모두 습관의 영향을 받는다. 특히 나쁜 습관은 당신의 미래에 커다란 장해물이 될 수 있으므로 몸에 배어 있는 나쁜 습관을 찾아서 용감하게 마주하고 극복해야 한다. 그래서 단점을 장점으로 만들고, 끊임없이 좋은 자질과 덕목을 기르기 위해 최선을 다해야 한다.

벤저민 프랭클린은 젊은 시절에 쓸데없이 말을 많이 하며 논쟁을 벌이거나 시간을 낭비하는 습관이 있었다. 어느 날, 그는 이러한 나쁜 습관들을 없애지 않으면 결코 성공할 수 없다고 생각했다. 그리고 이를 없애기 위해 구체적인 계획을 세웠다.

그는 우선 시간을 낭비하지 않기 위해 '시간표'를 쓰기로 결정했다. 몇 시에 일어나고, 몇 시부터 몇 시까지 식사하거나 책을 읽을지 등을 모두 미리 결정한 후 그것에 맞춰 행동하기로 한 것이다. 또 쓸데없는 말을 줄이기 위해서 '침묵'하기로 했으며, 자신과 타인에게 모두 좋은 말인지 잘 생각해본 후에 말을 꺼내기로 했다.

또 나중에 어떤 사람이 프랭클린에게 '교만'한 것 같다고 말하자 이번에는 '겸허'라는 좋은 습관을 만들기 위해 노력했다.

이렇게 해서 그는 매주 나쁜 습관을 하나씩 고쳐 나갔으며 매일 저녁에 반드시 자신의 말과 행동을 돌아보고 잘못된 것이 있는 것 같으면 깊이 반성했다. 또 매일 노력의 결과를 기록했으며 나쁜 습관이 완전히 사라지지 않은 것 같으면 다시 일주일을 더욱 노력했다.

1년 후, 나쁜 습관들이 모두 사라진 프랭클린은 완전히 새로운 사람이 되었다.

벤저민 프랭클린은 뛰어난 과학자이자 미국 독립운동의 선봉에 선 애국자가 되어 미국인들의 사랑과 존경을 한몸에 받았다. 이것은 모두 그가 나쁜 습관을 고치고 좋은 습관을 기르는 것을 한시도 게을리하지 않았기 때문이다.

셰익스피어는 이렇게 경고했다. "나쁜 습관은 당신의 성공, 명예, 즐거움을 모두 방해할 것이다."

미국의 석유사업가이자 대부호인 진 폴 게티(Jean Paul Getty)는 지독한 골초였다.

어느 해, 휴가를 보내던 그는 차를 몰고 프랑스 국경을 향해 가던 중 큰 비를 만났다. 어쩔 수 없이 가는 가까운 작은 마을의 여관에서 하룻밤을 묵기로 했다. 여관 안에서 간단하게 저녁 식사를 한 그는 피곤함이 몰려 와 금세 잠이 들었다.

한밤중에 잠이 깬 그는 담배 한 대를 피우기 위해 침대 가까이에 있는 불을 켰다. 그리고 습관적으로 손을 뻗어 담뱃갑을 찾다가 손에 잡히는 것이 없자 그제야 이곳이 집이 아님을 깨달았다. 게티는 일어나서 옷 주머니, 배낭 등을 모두 뒤졌지만 어디에도 담배는 없었다. 아직 해도 뜨지 않은 시각이어서 음식점이나 술집도 모두 문을 닫았기 때문에 여관 근처에는 담배를 살 만한 곳이 없었다. 담배를 구하려면 꽤 먼 거리를 걸어서 버스 정류장 앞의 가게까지 가야했다.

담배를 찾지 못하자 피우고 싶은 생각이 더 간절해졌다. 게티는 부랴부랴 옷을 갈아입고 우산을 챙겨 길을 나서려고 준비했다. 그리고 문을 열고 방을 나서려는 순간, 갑자기 동작을 멈추었다.

'지금 뭐 하는 거지?'

게티는 깊은 생각에 빠졌다.

'나는 성공한 사업가야. 수많은 직원에게 지시를 내리고 사업을 진두지휘하지. 이런 내가 고작 담배 한 대를 피우려고 한밤중에 비를 맞으며 담배를 사러 가다니! 습관이란 정말 무서운 것이군!'

그렇게 한참을 생각한 그는 우산을 내려놓고 빈 담뱃갑을 쓰레기통에 던진 후, 다시 침대에 누워 잠을 청했다.

그날 밤 이후, 게티는 완전히 담배를 끊었다. 사업은 나날이 번창했으며 그는 세계 최고의 대부호가 되었다.

자신의 나쁜 습관을 알면서도 고치지 않는다면 당신은 '습관의 노예'가 될 수밖에 없다. 나쁜 습관은 당신이 성공으로 나아가는 길을 막는 장해물이니 반드시 없애야 한다. 그러니 지금 당장 나쁜 습관을 찾아내고 작별인사를 고하라!

만약 나쁜 습관을 없애고자 한다면 지금 당장 행동해야 한다. 핑계를 찾거나 다른 사람이 재촉할 때까지 기다리는 것은 금물이다. 용감하게 나쁜 습관을 마주하고 작별 인사를 해야 한다.

책임감의
힘

　성공한 사람들은 모두 책임감이 강하다. 책임감의 크기가 곧 당신이 거둘 수 있는 성공의 크기라는 점을 잊어서는 안 된다.

　강한 책임감은 당신을 대범하게 만들어서 무엇을 마주해도 결코 도망치거나 회피하지 않게 할 수 있다. 반면에 책임감이 없는 사람은 성실한 태도로 일하지 않기 때문에 결국 실패라는 결과를 마주할 수밖에 없다.

　팀장인 잭슨은 회사가 자신을 다른 지역으로 보내서 해결하기 어려운 업무를 맡길 것이라는 소문을 들었다. 이것은 무척 까다로울 뿐 아니라 성공해봤자 크게 티가 나지 않는 일이라 대부분 직원이 최대한 피하려는 업무였다. 잭슨 역시 이 일을 맡기 싫었기 때문에 전날 휴가를 내고 부하 직원에게 대신 가서 일을 처리하라고 지시했다. 어려운 일이니 부하 직원에게 맡기면 나중에 일이 잘못되더라도 자신은 책임이 없다고 여긴 것이다.

　보름 후, 예상대로 일은 제대로 해결되지 않았다. 회사가 책임을 추궁하자 잭슨은 자신이 그 날 휴가여서 구체적인 상황은 잘 알지 못하며 모든 것은 부하 직원이 한 일이라고 말했다.

회사는 잭슨의 말이 사실인 것을 확인하고 더 이상 그에게 책임을 추궁하지 않았다. 하지만 그의 책임감을 의심하기 시작했으며, 그의 행동이 팀원 전체의 사기와 업무 효율에 영향을 줄까봐 이후에는 아예 중요한 일을 맡기지 않았다. 결국 잭슨은 회사 안에서 내내 겉돌다가 사직서를 낼 수밖에 없었다.

마이크로소프트의 한 고위직 인사는 이렇게 말했다. "동료와 상사들이 나를 고위직으로 추천한 것은 아마 내가 언제 어디서나 마이크로소프트와 관련된 의견을 메모했기 때문일 것입니다. 저는 친구들과의 모임에서 나온 이야기나 길거리에서 낯선 사람들이 하는 말까지 마이크로소프트와 관련된 말이라면 뭐든지 듣고 적었습니다. 회사의 직원으로서 나는 우리의 생산품을 더 나아지게 할 책임이 있으니까요. 회사의 일을 내 개인의 일과 다를 바가 없다고 생각했습니다. 그 결과 회사 안에서 동료와 상사에게 모두 신임을 얻을 수 있었지요."

사람들은 모두 자신이 속한 곳에서 일정한 지위에 오르거나 중요 인물이 되고자 한다. 그래서 처음 직장에 들어간 사람들은 어떻게 해서든지 빠른 시간에 승진하기만을 바란다. 하지만 이런 사람들은 책임을 지는 일에는 별다른 주의를 기울이지 않기 때문에 회사의 중요 인물이 될 가능성이 무척 희박하다. 설령 중요 인물이 되었다고 하더라도 책임감이 부족하기 때문에 분명히 그 지위를 잃을 것이다.

안타까운 것은 많은 사람이 뛰어난 능력을 지니고 있음에도 불구하고 책임감이 부족한 탓에 회사에서 매우 평범한 사원으로 남거나, 심지어 문제를 일으킨다는 점이다. 반대로 어떤 사람들은 용감하게 어려운 일을 맡아 전력을 투입해 일을 성사시켜서 일약 회사의 중요 인물로 부상하기도 한다.

웨이브는 한 회사의 창고 관리직원으로 취업했다. 그가 맡은 일은 시간에 맞추어 불을 끄고, 창고 앞뒤의 문과 창을 잘 닫고, 화재나 절도 등의 위험이 없는지 확인하는 것이었다. 매우 단순한 일이었으나 성실한 웨이브는 누구보다 열심히 일했으며 그가 일한 1년 동안 단 한 번의 도난 사건도 발생하지 않았다.

어느 날, 갑자기 엄청난 바람이 불고 탁구공 만한 우박이 사정없이 떨어졌다. 우박이 그치자 이번에는 하늘에 구멍이 뚫린 듯이 엄청난 비가 쏟아져 내리기 시작했다. 집에서 쉬고 있던 사상은 창고 안에 쌓아 놓은 생산자재를 떠올리고 크게 걱정했다. 만약 유리창이 깨지고 비가 들이쳐서 자재가 젖기라도 한다면 손실이 이만저만이 아니었기 때문이다. 그래서 그는 급히 자재팀장에게 연락해서 지금 창고에 가서 확인해야겠으니 다른 직원 몇 명과 함께 오라고 말했다.

창고에 도착한 그들은 창문이 깨지고 빗물이 들이쳤으나 누군가 덮어 놓은 비닐 덕에 자재가 젖지 않은 것을 발견했다. 또 온몸이 흠뻑 젖은 웨이브가 비바람에도 아랑곳하지 않고 깨지고 뜯겨 나간 창문을 보수하는 것을 목격했다. 사장은 자재가 무사한 것을 확인한 후, 같이 온 직원들과 함께 웨이브를 돕기 시작했다.

일이 모두 마무리되자 사장은 웨이브의 두 손을 꼭 잡으며 감사의 말을 전했다. 그러자 웨이브는 담담한 표정으로 "제 일이라서 한 것뿐입니다."라고 말했다.

얼마 후 사장은 성실하고 책임감 강한 웨이브를 창고 관리주임으로 승진시켰다. 그러자 창고에서 오래 일한 직원들은 입사한 지 1년밖에 되지 않은 웨이브가 먼저 승진한 것에 대해 불만을 품었다. 이를 알게 된 사장은 그들을 불러 말했다. "물론 웨이브는 일한 지 얼마 되지 않았으나 최선을 다해 일을 했습니다. 저번에 큰비가 내렸을 때 창고에 와서 자재를 살핀 사람이 있습니까? 아마 여러분은 창고의 자재가 자신의 책임이 아니라고 생각했겠지요. 하지만 웨이브는 맡은 일을 다 했을 뿐만 아니라 그 밖의 일까지 했습니다. 그러니 그가 창고 관리주임으로 가장 적합한 사람 아닙니까!"

책임지지 않는 사람은 결코 자신이 속한 집단의 중요 인물이 될 수 없으며, 책임감 없는 관리자는 곧 그 지위를 내려놓아야 할 것이다.

기꺼이 책임을 지는 사람은 어려움을 마주하고도 물러서지 않으며 용감하게 나서서 전력을 다해 일한다. 그래서 행동으로 자신의 가치를 증명하고 신뢰와 명예, 그리고 지위를 얻는다.

잘못을
인정하라

주위를 둘러보면 성공의 법칙을 따르는 사람이 생각보다 그리 많지 않다. 그중에서 가장 대표적인 것이 바로 잘못을 저질렀으면서도 비난받는 것이 두려워 자신의 잘못임을 인정하지 않고 책임을 미루는 행동이다.

같은 시기에 한 회사에 입사 지원한 짐과 존스는 모두 우수한 인재였다. 하지만 남은 자리는 하나뿐이어서 회사는 고민 끝에 두 사람에게 한 가지 일을 맡긴 후, 더 우수한 사람을 채용하기로 결정했다.

인사팀장은 두 사람에게 함께 귀한 도자기 하나를 정해진 시간까지 부두로 운반하라고 말했다. 그리고 도자기가 매우 고가이니 이동 중에 반드시 조심해야 한다고 신신당부했다. 그런데 두 사람이 타고 가던 화물차가 도중에 고장이 나서 그만 멈춰버렸다. 그러자 짐은 즉시 내려서 조심스럽게 도자기를 안아 올린 후 부두로 향했고 존스는 그 뒤를 따랐다. 그 순간, 빠른 걸음으로 가던 짐이 맞은편에서 오는 사람을 미처 보지 못해 부딪혀서 넘어졌고, 그 바람에 도자기는 '쨍그랑!' 하는 날카로운 소리와 함께 산산조각이 났다. 놀란 짐과 존스가 깨진 도자기를 멍하니 바라보는 동안 부딪힌 사람은 순식간에 도망갔다.

회사로 돌아온 후, 존스는 인사팀장의 사무실로 걸어 들어가서 상황을 설명하고 이렇게 말했다. "팀장님, 이것은 절대 제 잘못이 아닙니다. 짐이 조심성 없이 깨뜨렸습니다!"

그러자 팀장은 조용히 "알았네. 알려줘서 고마워."라고 대답했다.

짐도 인사팀장에게 상황을 설명한 후 이렇게 덧붙였다.

"이것은 모두 제 잘못입니다. 제가 책임지겠습니다."

다음 날, 인사팀장은 짐과 존스를 사무실로 불러서 말했다.

"두 사람 모두 훌륭한 인재들이네. 하지만 이번에 우리는 두 사람 중 한 명만 채용하기로 했어. 고심 끝에 우리는 짐을 선택했네."

그러자 존스가 따지듯 말했다.

"대체 이유가 뭡니까?"

"용감하게 책임을 지는 사람이야말로 신뢰할 수 있지. 짐이 도자기를 안고 달린 것이 곧 그의 책임감을 보여준다네. 이후에 도자기가 깨진 것은 어쩔 수 없는 상황이야. 그런데 문제가 발생한 후에 자네와 짐의 반응은 완전히 달랐어. 그리고 사실 이 결정은 내가 아니라 회장님이 직접 내리신 거라네."

이때 한 사람이 사무실의 문을 열고 걸어 들어왔다. 놀랍게도 그는 바로 길에서 짐과 부딪힌 사람이었다. 그는 놀란 짐에게 다가와서 손을 내밀며 이렇게 말했다.

"우리와 한 가족이 된 것을 진심으로 환영하네!"

커다란 잘못을 저질렀으면서도 변명만 늘어놓는다면 상대방에게 거부감을 일으킬 것이 분명하다. 또 작은 잘못이라도 인정하지 않고 발뺌한다면 역시 좋은 결과를 기대할 수 없을 것이다.

살면서 단 한 번도 잘못을 저지르지 않는 사람은 없다. 중요한 것은 자신의 잘못을 용감하게 인정하고 책임지겠다는 태도다. 그러면 동료나 상사는 당신이 저지른 잘못을 잊고 당신의 책임감 있는 태도만 기억하게 될 것이다.

하워드는 졸업 후 노트북컴퓨터를 파는 세일즈맨이 되었다. 그는 아직 업무가 익숙하지 않았으나 친절하게 고객을 응대하고 열심히 일해서 사장과 동료들로부터 좋은 평가를 받고 있었다.

그러던 어느 날 하워드는 1,000달러짜리 노트북을 500달러에 판매하는 실수를 저질렀다. 사장이 알면 크게 화를 내며 하워드를 해고할 것이 불 보듯 뻔했다.

한 동료는 그에게 해당 고객을 찾아가서 사정을 이야기하고 500달러를 받아오라고 조언했다. 또 다른 동료는 차라리 하워드의 돈으로 500달러를 채워 넣으면 쥐도 새도 모르게 실수를 감출 수 있다고 말했다.

하워드는 잠시 생각한 후에 직접 사장에게 가서 자신의 실수를 말하기로 결정했다. 그러자 동료들은 깜짝 놀라 그를 만류했다.

"미쳤어? 그렇게 하면 분명히 쫓겨날 거야!"

그러나 하워드는 자신의 생각을 굽히지 않았다.

업무가 모두 끝난 후, 하워드는 500달러를 넣은 봉투를 들고 사장의 사무실로 갔다.

"죄송합니다. 사장님, 오늘 제가 큰 실수를 저질러서 회사에 500달러의 손실을 입혔습니다. 너무 어처구니없는 실수라 정말 창피합니다. 이 500달러로 손실을 메워주세요. 정말 죄송합니다. 혹시 저를 해고하시더라도 당연하다고 생각합니다."

이 말을 들은 사장은 하워드를 물끄러미 바라보며 물었다.

"정말 자네 돈으로 500달러를 메울 생각인가?"

"그렇습니다. 고객이 남긴 전화번호로 연락해서 나머지 돈을 받을 수도 있습니다. 하지만 가격을 착각한 것은 오로지 저의 실수니 책임은 전부 제게 있다고 생각합니다. 그리고 고객에게 이 이야기를 하면 저희 회사의 평판이 나빠질 테니 그냥 제가 책임을 지는 것이 좋을 것 같습니다!"

사장은 자신의 잘못을 용감하게 인정하고 책임을 회피하지 않은 하워드에게 감동했고, 모두의 예상과 달리 하워드를 해고하지 않았다.

자신의 잘못을 인정하는 것은 곧 그가 책임감이 강하다는 의미이므로 괜히 부정적인 결과만 떠올리며 겁낼 필요는 없다. 오히려 잘못을 감추고 책임을 다른 사람에게 떠넘기려는 행동이 더 커다란 잘못임을 잊지 말아야 한다.

물론 잘못을 인정했으나 용서받지 못할 수도 있다. 그러나 만약 잘못을 인정하지 않고 책임을 미룬다면 용서는커녕 다른 사람의 멸시까지 받을 수 있다. 또한 잘못을 인정하면 그것을 바로 잡을 기회가 있겠지만 그렇지 않으면 그런 기회마저 없다.

용기를 내어 잘못을 인정하고 책임져라. 그래야만 다른 사람의 신뢰와 존경을 얻을 수 있다.

책임감은 일종의 용기이자 지혜며 힘이다. 용감하게 책임을 지는 사람만이 더 큰 일을 맡을 수 있으며 사람들의 신뢰와 존경을 얻을 수 있다.

성실과 신뢰로
성공하라

성실과 신뢰는 모든 성공의 기초다. 아무리 말과 행동이 그럴싸해도 불성실하거나 신뢰할 수 없는 사람은 금세 티가 나게 마련이다.

다음은 성실하고 신뢰할 만하다면 다른 사람의 돈으로도 부를 쌓고 성공을 거둘 수 있음을 잘 보여주는 이야기다.

미국 댈러스의 백만장자 찰리 사이먼스는 젊었을 때 매우 가난해서 외지로 나가 일해야만 했다. 당시 그는 주말마다 은행에 가서 일주일 동안 번 돈을 꼬박꼬박 저금했다. 담당 창구의 은행원은 그가 매우 성실하며 똑똑하고 돈의 가치를 잘 아는 사람이라고 생각했다.

찰리는 어느 정도 돈이 모이자 직접 면화 도매사업을 하기로 결심했다. 그는 거래 은행에 가서 오랫동안 거래한 담당 은행원에게 대출을 받았다. 처음으로 남의 돈을 굴려 사업을 시작하게 된 것이다. 당시는 컴퓨터가 없었기 때문에 대출과 상환 기록을 모두 장부에 적어 보관했다. 그런데 사무직원의 실수로 찰리의 대출 기록이 모두 사라져버렸다. 대개 이러면 돈을 빌려간 사람이 나머지 돈을 갚지 않아도 받을 방법이 없지만 찰리는 이를 알고 있으면서도 항상 제때에 이자를 내고 원금을 갚아 나갔다. 또 한 번 찰리의 성실함을 확인한 담당 은행원은 그를 크게 신뢰하며 앞으로도 필요한 돈이 있다면 얼마든지 빌려주겠다고 제안했다.

한 번은 보험회사를 경영하는 두 사람이 찰리를 찾아왔다. 예전에 보험 세일즈맨으로 뛰어난 실적을 올렸던 그들은 패기 있게 직접 보험회사를 차렸으나 경영 수완이 부족해서 회사가 곧 도산될 위기에 처했던 것이다.

그들은 찰리에게 사정을 이야기하며 이렇게 말했다.

"저희 힘으로는 회사를 다시 살리기 어렵습니다. 그동안 모았던 돈을 모두 '학비'로 쓴 셈이지요. 이제 저희는 입에 풀칠하기도 어려운 상황입니다."

"사실 저희는 세일즈 전문가였지, 경영에는 문외한이었던 거죠. 당신은 전문 경영인으로서 많은 경험과 지식이 있으니 회사의 경영을 부탁드리고 싶습니다. 함께 일한다면 분명히 성공할 수 있을 것입니다."

세 사람은 함께 일하기 시작했고, 몇 년 후 찰리 사이먼스는 이 회사의 주식을 전부 매입해서 완전히 사들였다. 이때 필요한 돈은 가장 친한 친구, 바로 은행에서 빌린 것이었다.

댈러스 은행은 찰리가 성실하고 일정대로 정확히 상환하는 사람이라는 것을 잘 알고 있었기 때문에 조금도 주저하지 않고 돈을 빌려 주었다. 그들이 찰리에게 해주는 대출은 사실상 한도가 없었다. 이후 자본금이 40만 달러에 불과했던 찰리의 회사는 10년 안에 자본금 4,000만 달러의 대기업으로 성장했다. 이후 그는 계속해서 다른 이의 돈으로 호텔 운영, 건설, 제조공장 등 다양한 사업에 투자해서 커다란 성공을 거두었다.

찰리 사이먼스가 이렇게 많은 돈을 빌리고, 큰 사업을 연이어 성공시킨 것은 모두 그의 '성실함' 덕분이었다. 채권자들은 당연히 신뢰할 수 있고 감사할 줄 아는 사람에게 돈을 빌려주고자 한다.

　성실하지 못한 사람은 자신을 위해 좋은 옷과 물건을 사면서도 정작 빌린 돈을 갚으려고 하지 않는다. 반면에 성실한 사람은 언제나 적극적인 태도로 상황을 잘 파악한다. 그래서 돈을 갚을 능력이 부족한 것 같으면 채권자를 찾아가서 양측이 모두 만족할 만한 해결 방법을 제안한다. 또 자신이 어느 정도 희생하더라도 채무를 제때에 완전히 갚는 것을 원칙으로 한다. 돈을 갚을 방법이 없을 때 소극적인 태도를 취하면 돈을 빌려준 상대방의 신뢰를 무시하는 것과 다름없다고 생각하기 때문이다.

　조지 워싱턴은 "반드시 약속을 지켜야 하며, 할 수 없는 약속은 하면 안 된다"라고 말했다. 상대방에게 어떤 일을 약속하면 자연스럽게 그는 당신에게 일종의 기대를 가질 것이다. 그러다가 당신의 약속이 '공수표'였음을 알게 된다면 커다란 배신감을 느낄 것이 분명하다. 그러므로 다른 사람에게 약속한 일은 최선을 다해서 수행해야 하며 자신이 감당하기 어려운 일이라면 처음부터 약속하지 않는 것이 좋다. 체면 때문에, 혹은 정 때문에 '공수표'를 남발했다가는 신뢰를 잃고 '믿을 수 없는 사람'이라는 낙인이 찍히기 때문이다.

다른 이의 신뢰를 얻지 못하는 사람은 절대 성공할 수 없다. 성실함은 신뢰를 얻는 가장 좋은 방법이다.

분노를
다스려라

붐비는 버스 안에서 부딪힌 일로 얼굴을 붉히며 싸우는 사람, 직장에서 별 것 아닌 사소한 일로 버럭 화를 내는 사람, 이웃과 사사건건 논쟁을 벌이는 사람……, 이처럼 걸핏하면 성질을 내고 싸움을 벌이는 사람들이 있다. 특히 실패하는 사람들은 대부분 성질을 참지 못하거나, 말과 행동을 제어하지 못한다.

스트레스가 큰 현대인은 마음이 쉽게 급해지고 화가 치밀어 오르며, 말하기 어려운 고뇌에 빠지기도 한다. 아마 누구든 이럴 때마다 마음속의 감정을 전부 밖으로 꺼내 놓고 싶을 것이다. 그러나 이러한 답답한 감정을 하고 싶은 대로 아무렇게나 쏟아냈다가는 상상할 수도 없는 결과가 발생할 수도 있다.

2006년, 프랑스의 축구선수 지네딘 지단(Zinedine Zidane)이 은퇴를 번복하고 독일 월드컵에 출전했다. 그는 후배들과 함께 프랑스 축구팀을 이끌어 결승에까지 올랐으나 이탈리아의 마르코 마테라치(Marco Materazzi)가 던진 말 한마디에 격분해서 머리로 그의 가슴을 들이받았다! 이 일로 그는 퇴장 당했고, 핵심 선수가 빠진 프랑스는 이탈리아에 우승을 내줬다.

우승을 놓친 후, 프랑스의 모든 매체가 입을 모아 지단의 폭력적인 행동을 비판했으며, 전 세계 유력 언론 역시 모두 그를 질책했다. 프랑스의 축구 영웅이던 지단은 순식간에 우승을 방해한 원흉이 되었다. 만약 지단이 화를 참고 동료들과 끝까지 경기해서 이탈리아를 이겼다면 축구선수로서 가장 아름다운 순간을 즐길 수 있었을 것이다. 그러나 안타깝게도 그는 기회를 날려버렸다.

러시아의 대문호 톨스토이(Tolstoy)는 "분노는 다른 사람에게도 재앙이지만 무엇보다 자신에게 가장 큰 화를 입힌다."고 말했다. 또 수학자 피타고라스(Pythagoras)는 "분노는 우매함으로부터 시작되어 후회로 끝난다."고 말했다. 그 외에도 많은 철학자가 살면서 이성을 잃는 것이 얼마나 위험한지에 대해 경고한 바 있다.

살다보면 수많은 일을 맞닥뜨릴 수 있다. 그러므로 감정을 억제하는 것을 배우고 익혀서 쉽게 드러내지 않도록 해야 한다.

1943년 7월, 미국의 조지 스미스 패튼(George Smith Patton Jr.)이 소장(少將)으로 진급하자 한 병사가 패튼의 폭행 사건을 고발했다. 그의 이야기는 다음과 같다.

어느 날 군 병원을 시찰하던 패튼이 환자에게 물었다.

"자네는 어디가 아픈가?"

"저는 신경계에 문제가 있습니다."

"뭐라고?"

"저는 신경계가 좋지 않아서 포성을 들을 수 없습니다."

"신경계라니! 정말 겁쟁이가 따로 없군! 이런 쓸모없는 인간 같으니라고!"

패튼은 크게 화를 내며 환자의 뺨을 세게 때렸고 다시 악담을 퍼부었다.

"질질 우는 꼴이라니! 너 같은 놈이 우리 용감한 병사들 앞에서 우는 것을 그냥 두고 볼 수 없다!"

패튼은 다시 환자를 가격하고, 그의 군모를 문밖으로 집어 던졌다. 그리고 이번에는 군의관들을 불러서 큰 소리로 말했다.

"앞으로는 절대 이런 쓸모없는 것들을 받아들여서는 안 되네. 이런 남자답지 못한 것들에게 내줄 자리가 어디 있나?"

그는 여전히 화가 풀리지 않았는지 환자를 보며 다시 소리쳤다.

"너는 최전선으로 가! 가봤자 곧 죽겠지만 그래도 가란 말이야. 만약 안 가면 내가 사형대에 세워 총살하라고 명령할 거야. 끝까지 버티면 내 손으로 총살하지!"

이 이야기가 폭로되자 미국 사회가 크게 들끓었다. 특히 아들을 군대에 보낸 어머니들이 앞장서서 패튼의 사임을 요구하고 나섰으며 인권단체들은 그를 군사재판에 회부할 것을 촉구했다. 패튼은 전쟁터에서 큰 공을 세운 훌륭한 군인이지만 성질을 참지 못하고 저지른 폭행 탓에 결국 명예를 더럽혔다.

화가 나면 생각이 혼란해지고 냉정을 유지하기 어렵다. 그러면 평소에는 절대 하지 않을 잘못을 쉽게 저지를 수 있으며 상황을 더욱 어렵게 만들 것이 분명하다.

끝이 보이지 않는 사막에서 낙타 한 마리가 힘들게 앞으로 걷고 있었다. 타오르는 불덩이 같은 태양은 땅을 뜨겁게 달구었고 지친 낙타는 배고픔과 갈증, 더위에 지쳐서 디 이상 견딜 수가 없었다.

초조하고 불안한 그때, 낙타는 날카로운 도자기 조각 하나를 밟았다. 낙타는 화를 내며 도자기 조각을 발로 걷어찼는데 그 바람에 발에 크고 깊은 상처가 났다. 상처 사이로 피가 흘러나와서 주변의 모래를 모두 빨갛게 만들 정도로 심한 상처였다.

낙타는 온 힘을 다해 앞으로 걸어 나갔지만 피가 멈추지 않았기 때문에 금세 힘이 빠지고 말았다. 피비린내를 맡고 날아온 독수리는 하늘 위를 크게 돌면서 낙타가 죽기만을 기다렸다. 낙타는 매우 두려웠으나 고통을 참아가며 묵묵히 앞으로 나아 갔다. 그러나 마침내 사막의 끝에 도착했을 때 출혈과다와 피로에 지쳐 그만 땅 위에 쓰러지고 말았다.

죽기 직전, 낙타는 후회하며 말했다.

"그 작은 도자기 조각을 그냥 무시했으면 좋았을 걸!"

낙타는 도자기에 발을 찔렸기 때문이 아니라 스스로 자신의 분노를 제어 하지 못해서 죽은 것이다. 이런 일은 현대의 인간사회에서도 비일비재하다. 예를 들어 아주 작은 잘못 때문에 오랜 친구와 절교한다든지, 다른 사람이 무심코 던진 말 한마디에 기분이 나빠져서 말꼬리를 잡고 싸우다가 폭행을 일삼는 식이다.

갓 결혼한 남편이 돈을 벌기 위해 외지로 나갔다.

이후 그는 18년 동안 단 한 번도 쉬거나 고향으로 돌아가지 않으며 열심히 일했다. 어느 날 그는 사장에게 말했다. "18년이나 일했으니 이제 그만 집으로 돌아갈까 합 니다." 그러자 사장은 이렇게 말했다. "집으로 가겠다는 것을 막을 수는 없지. 그런 데 내가 한 가지 제안을 하지. 내가 행복의 비결을 한 가지 알고 있는데 그것을 선택 하면 그동안의 임금을 포기해야 하네. 비결을 듣고 싶지 않다면 돈을 주지. 생각해보고 알려주게."

3일 후, 남편은 사장에게 "행복의 비결을 듣겠습니다."라고 말했다.

"그렇다면 돈을 받을 수 없어. 그래도 괜찮겠나?"

"괜찮습니다."

"잘 듣게. 절대 화를 내서는 안 되네. 자신을 제어하지 못하고 화가 난 상태에서 무언가를 결정해서는 안 돼. 그렇지 않으면 크게 후회하게 될 걸세!"

그리고 사장은 만두 세 개를 주며 덧붙였다. "두 개는 가면서 먹고, 나머지 하나는 집에 가서 식구들과 함께 먹게."

집을 떠난 후 18년 만에 다시 집으로 돌아가는 길은 정말 멀고 험했다.

며칠을 걸은 그는 마침내 고향이 한눈에 내려다보이는 언덕 위에 올라서 자신의 집을 바라보았다. 희미하게 보이는 아내의 모습에 기뻐하던 그는 이내 한 남자가 아내와 이야기를 나누며 즐거워하는 모습을 보고 얼굴이 어두워졌다.

화가 치밀어 오른 그는 당장 뛰어가서 두 사람을 죽이고 싶었다. 그 순간 사장이 말한 행복의 비결이 떠오른 그는 잠시 걸음을 멈추고 차분하게 생각하기 시작했다. 날이 어두워진 후, 그는 화를 누그러뜨리고 이성을 찾았지만 슬픔까지 사라지지는 않았다.

그는 마음속으로 '사랑하는 아내를 죽일 수는 없지. 다만 18년 동안 나는 그녀를 배신하지 않았다는 말은 하고 떠나야겠어.'라고 생각하고 마을로 내려갔다.

집 앞에 다다랐을 때 아내는 남편을 보고 한달음에 달려 나와 그를 껴안았다. 그러나 그는 슬픈 목소리로 "왜 배신했어……."라고 말했다.

그러자 아내는 깜짝 놀란 표정으로 소리쳤다. "뭐라고요? 저는 지금까지 당신을 기다렸어요. 18년 동안이나 조금도 마음이 변하지 않았다고요."

"그렇다면 오늘 당신과 함께 있던 남자는 누구지?"

"그 아이는 당신의 아들이에요. 당신이 떠난 후 아이가 생겼다는 것을 알게 되었지요. 올해 열여덟 살이 되었어요."

이 말을 들은 남편은 행복한 웃음을 지으며 집안으로 들어가 아들을 힘껏 껴안았다. 가족과 함께 사장이 준 만두 한 개를 먹기 위해 상자를 연 그는 밑바닥에서 봉투 하나를 발견했다. 그 안에는 그동안의 임금이 들어있었다.

이 이야기 속의 남편은 하마터면 자신의 인생을 망칠 뻔 했지만 다행히 사장의 이야기를 기억해서 냉정을 찾고 자신을 제어하는 데 성공했다.

자신을 제어하지 못하면 진실을 보지 못하고 행동이 과격해져서 결국 되돌릴 수 없는 잘못을 저지를 수 있다. 그러므로 어떤 상황에서라도 분노를 억누르고 자신을 제어해서 이성적으로 생각해야만 한다.

이성을 잃고 성질을 부리는 당신을 받아주는 사람, 분노를 제어하지 못하는 당신을 이해하는 사람, 당신의 급한 성격을 참아주는 사람……, 세상에 이런 사람은 없다. 그러므로 만약 당신의 안 좋은 감정을 있는 그대로 드러낸다면 최악의 결과가 당신을 기다릴 것이다.

포기하지 않는
사람이 성공한다

성공하는 사람은 다른 사람보다 꾸준하고 의지가 강하다. 이런 사람들은 무슨 일이든 절대 포기하지 않으며 끝까지 성공을 향해 나아간다.

프랑스의 작가 쥘 베른(Jules Verne)은 젊은 시절, 첫 작품인 ≪기구를 타고 5주간(Cinq semaines en ballon)≫을 완성했다.

그는 처녀작에 커다란 자부심을 느끼며 부푼 마음으로 출판사를 찾아갔다. 그러나 편집장들은 공상과학소설인 이 작품에 전혀 흥미를 느끼지 못했고, 심지어 글 자체도 형편없다며 퇴짜를 놓았다.

연이어 열다섯 군데에서 거절당한 베른은 상심해서 몸도 제대로 가누지 못할 정도였다. 급기야 그는 속이 상한 나머지 원고를 한 장씩 뜯어 벽난로 속에 던져 넣기 시작했다. 마침 아내가 이 모습을 보고 급히 달려와서 그를 말렸다. 그녀는 남편을 위로하며 포기하지 말라고 조언했다. 다음 날, 베른은 원고를 다시 정리한 후 열여섯 번째 출판사를 찾아갔다. 이 출판사의 편집장은 뛰어난 안목을 갖춘 사람이었다. 그는 원고를 보자마자 극찬하고 그 자리에서 출판을 결정했다. 그리고 앞으로 20년 동안 쥘 베른의 작품을 독점 출판하겠다는 계약을 체결했다.

≪기구를 타고 5주간≫은 출판 후 즉각 문학계의 주목을 받았으며 독자들의 큰 환영을 받았다. 쥘 베른은 이후 세계적인 작가의 반열에 들었다.

성공은 대부분 '다시 한 번 해보자!' 라는 마음가짐에서 비롯된다. 만약 쥘 베른이 열여섯 번째 출판사에 가지 않았다면 그의 명작들이 세상에 나올 수나 있었겠는가?

미국 북동부의 워싱턴 산(Washington Mt.)에 있는 한 암석에는 이곳에서 사망한 한 여성 등산가를 애도하는 푯말이 있다. 그녀는 조난당한 후, 산 속에서 대피소를 찾아 헤매다 쓰러진 것으로 알려졌다. 그런데 사실 이 암석에서 대피소는 겨우 100걸음 거리밖에 되지 않았다. 만약 그녀가 조금만 더 힘을 내서 100걸음을 걸었다면 분명히 살았을 것이다.

힘이 들어서 곧 쓰러질 것 같을 때 다시 한 번 젖 먹던 힘까지 짜내 버텨보자. 성공한 사람들은 모두 다른 사람들보다 더 버티고 포기하지 않은 사람이다. 이미 힘이 다했다고 생각하는가? 그렇지 않다. 분명히 자신도 모르는 잠재능력이 있으니 남아있는 모든 에너지를 소진할 때까지 버텨야 한다. 이런 사람들이야말로 진정한 승리자라고 할 수 있다.

노력은 절대 당신을 배신하지 않는다. 문제는 한두 번의 실패를 겪었다고 해서 너무 쉽게 포기하고 다른 기회를 찾지 않는 당신이다!

플로렌스 채드윅(Florence Chadwick)은 영국과 프랑스를 수영으로 왕복한 최초의 여성이지만 결코 여기에 만족하지 않았다. 그녀는 1952년에 캘리포니아 주의 카타리나 섬(Catalina Island)에서 캘리포니아 해안까지 35킬로미터를 헤엄쳐 오겠다고 선언했다.

이것은 정말 쉽지 않은 일이었다. 채드윅은 거센 파도와 몸이 얼어붙을 것 같은 추위 속에 물 한 모금 마시지 못하고 계속 수영해야 했다. 15시간 후, 힘이 완전히 빠진 채드윅은 포기하겠다는 사인을 보내면서 외쳤다.

"더 이상 못 하겠어! 어서 끌어 올려줘!"

"해안이 얼마 남지 않았어! 조금만 더 버텨!"

"못 믿겠어! 보이지도 않는 걸! 어서 나를 끌어 올리라고!"

배를 타고 따라가던 코치는 하는 수 없이 그녀를 배 위로 올렸다.

하지만 코치의 말은 사실이었으며 짙은 안개 탓에 해안이 보이지 않은 것뿐이었다.

약 1분 후, 배가 해안에 도착했다.

채드윅은 조금만 더 버텼다면 목적지에 도달할 수 있었음을 깨닫고 망연자실했다.

'왜 조금만 더 버티지 못했을까!'

성공까지 남은 거리는 단 1해리뿐이었다!

채드윅은 크게 후회했지만 도전은 이미 실패로 끝났다.

나폴레옹은 이렇게 말했다. "목표에 다다르는 데는 두 가지 방법이 있다. 바로 능력과 인내다. 능력을 갖춘 사람은 소수지만, 인내는 의지가 강한 사람이라면 누구에게나 있다. 이런 사람은 나날이 능력이 커져서 반드시 성공할 것이다."

인내를 십분 발휘해서 성공으로 나아가자! 무엇이든 꾸준히 하는 정신이야말로 당신이 갖추어야 할 가장 고귀한 품성이다. 이런 사람이야말로 두각을 드러낼 수 있는 법이다.

제7장

일

― 라마 알렉산더 ―

1948년에 뉴욕에서 태어난 라마 알렉산더는 하버드 대학 정치학과의 교수이자 하버드 옌칭 연구소(Harvard−Yenching Institute)의 소장이다. 1969년에 뉴욕 윌리엄스미스 칼리지(Willam Smith College)를 졸업하고 정치학 학사 학위를 받았다. 1971년에 워싱턴 대학(University of Washington)에서 정치학 석사학위를, 1978년에 미시간 대학에서 정치학 박사 학위를 받았다. 이후 1972년부터 미시간 대학, 아리조나 대학(University of Arizona), 워싱턴 대학, UC 버클리(University of California, Berkeley)에서 강의했다. 1997년부터 하버드 대학 정치학과에서 강의를 시작했으며 페어뱅크 센터(Fairbank Center) 주임과 아시아 연구소의 주임을 맡았다.

낮은 곳에서
시작하라

아무리 고학력이라도 일단 사회에 발을 들였을 때는 이제 막 입학한 초등학생처럼 모든 것을 기초부터 배우기 시작해야 한다. 설령 완벽한 이론으로 무장했더라도 실제 일하면서 그것을 증명하는 것은 또 다른 일이기 때문이다. 자신이 다른 사람보다 아는 것이 많다고 생각해서 그들을 무시했다가는 분명히 그들에게 큰코다칠 날이 올 것이다. 특히 요즘처럼 직장을 구하는 것이 어려운 때에는 연봉이 얼마나 되는지만 따질 것이 아니라 기회가 있다면 일단 부딪혀보는 것이 좋다. 설령 자신의 기준에 맞지 않는 일이라고 할지라도 그것을 발판으로 또 다른 일을 시작할 수도 있기 때문이다.

미국의 유명한 실업가인 록펠러(Rockefeller)의 젊은 시절 이야기다.

청년 록펠러가 한 회사에서 면접을 보았다.

"어떤 일을 하고 싶습니까?"

"이 회사에서 보수가 가장 낮은 일을 하겠습니다. 저는 지금 당장 일이 필요하거든요."

"좋아요, 당신을 고용하죠!"

록펠러는 이 일이 새로운 생활을 위한 발판이 될 것이라고 생각했기 때문에 무척 기뻤다. 그동안 직장도 집도 없이 생활해 온 그는 새로운 시작점이 간절히 필요했다. 그것이 설령 사회에서 가장 낮은 곳이라도 말이다.

다음 날 아침 일찍 출근한 그는 상품 조립팀에 배치되었다. 이 회사는 군용 손전등을 만들어 육군에 납품했는데 그의 일은 동(銅) 리벳을 꽂는 것이었다.

시급이 20센트밖에 되지 않는 일이었지만 록펠러는 이 일에 매우 만족했다. 어렵지 않은데다 손을 움직여 무언가를 완성하는 것이 자신에게 적합한 일이라 느꼈다. 그러던 어느 날 그는 일하던 중에 옆에 놓아둔 망치에 부딪혀서 손이 심하게 붓고 멍이 들었다. 그는 아픈 손이 일에 지장을 줄까봐 사장의 허락을 받고 퇴근 후에 남아 다친 손으로 일을 잘할 수 있는 방법을 연구했다.

한참을 고심하던 그는 마침내 일의 효율을 높여줄 도구를 만들어냈다. 그것은 나무로 된 틀이었는데 리벳을 이 위에 놓고 고정한 후 작업하면 조금도 힘을 들이지 않고 완성할 수 있었다.

다음 날 록펠러가 '발명'한 도구를 사용해 일하자 이번에는 동료들이 큰 관심을 보이기 시작했다. 동료들은 이 도구를 사용하면 이전에 한 손으로 잡고 다른 한 손으로 리벳을 꽂는 것보다 힘이 훨씬 적게 들며 작업량도 크게 늘릴 수 있다는 것을 알고 깜짝 놀랐다. 그들은 모두 록펠러의 멋진 발명에 칭찬을 아끼지 않았다.

록펠러는 이 나무틀을 사용해서 이전보다 두 배나 빠른 속도로 일했다. 이렇게 해서 작업 시간이 남자 그는 회사의 이런저런 잡무를 보기 시작했고, 여성 근로자들의 작업대 높이를 조정해서 좀 더 편한 작업 환경을 제공했다. 그는 회사 안에서 도움이 필요한 곳이 있으면 항상 먼저 달려가서 도왔으며 다른 동료보다 먼저 출근하고 늦게까지 남아 마지막 정리까지 하고 퇴근했다.

한 번은 자재팀의 상사가 그에게 물었다.

"회사 생활이 어떤가?"

"나쁘지 않습니다. 사실 리벳을 조립하는 일이 조금 지겹기는 합니다. 무언가 다른 도전적인 일을 하고 싶은 생각이 있습니다. 새로운 것을 더 많이 배울 수 있는 일을 하고 싶습니다."

그로부터 얼마 후, 상사가 록펠러의 작업대로 찾아왔다.

"혹시 자재팀에서 일할 생각 있는가?"

상사는 구매원의 일에 대해서 설명하고, 생산품에 필요한 자재를 선정하고 구매하는 일을 하다보면 회사 전체의 흐름에 대해 이해할 수 있을 거라고 덧붙였다. 록펠러는 당연히 하겠다고 말했다.

록펠러의 일에 대한 헌신과 열정, 문제 해결 능력은 마침내 보상을 얻었다. 1년 동안 시급 20센트를 받는 직원이던 그는 자재팀에서 새로운 일을 시작했으며 이후로도 계속 승진해서 자재팀장이 되었고, 얼마 후에는 생산 총책임자의 자리에까지 올랐다. 뛰어난 학력이나 특별한 연줄도 없었던 록펠러는 회사의 가장 낮은 자리에서 시작해서 조금씩 성공을 거두었다. 그는 작은 성공을 거둘 때마다 자신감을 얻었고 이를 발판으로 끊임없이 앞으로 나아갔다.

이후 성공한 록펠러는 사회초년생들에게 이렇게 충고했다.

"지금 우리 회사에 들어온 여러분은 반드시 5년에서 10년가량 더 배워야 합니다. 숙련된 사원이 되려면 반드시 쉬지 않고 열심히 공부해야지요. 내가 말하는 공부는 책상 앞에 머리를 박고 앉아 하는 것이 아니에요. 매달 실적표에 나타나는 것이 공부의 결과겠죠. 처음엔 물론 성적이 좋지 않을 거에요. 적어도 5년 동안 고객, 사업장, 동료, 경영 방식, 부서 간 협력, 거래처 등에 익숙해진 후에야 성적을 거둘 수 있습니다. 그런 후에야 일을 진정으로 즐길 수 있을 것입니다."

이제 막 학교를 졸업한 청년들은 모두 큰 이상을 품고 있다. 그래서 사회생활을 시작한 청년 중 일부는 자신이 생각한 것보다 중요한 존재가 아니며 가장 밑바닥부터 시작해야 한다는 현실을 확인하고 상당히 굴욕적이라고 여긴다. 지금은 어렵지만 분명히 더 나은 일이 있을 거라고 여기고 몇 년을 기다려도 상황은 마찬가지다. 한편 졸업한 후 밑바닥부터 차곡차곡 경험을 쌓아 올라간 청년들은 그동안 이미 자리를 잡아 중요한 일을 하고 있을 것이다. 밑바닥부터 일하는 것을 거부한 사람들은 이를 보고 후회와 부끄러움을 느낄 것이 분명하다. 지금의 젊은이들은 반드시 이 점을 기억해야 한다.

치열한 경쟁사회에서 주목을 받고 성공하고 싶다면 다른 사람들 앞에서 낮은 자세로 일해야 한다. 지금 수많은 대학 졸업생이 취업에 어려움을 겪고 있다. 이런 때에는 물론 이상도 중요하지만 눈을 낮춘 채 자신이 보기에 '평범한' 일을 하며 기회를 보는 것이 최선의 선택이다.

직장을 구하지 못한 사람들 중 대부분은 능력에 큰 문제가 없다. 그저 평범한 일을 하기 싫고, 하고 싶은 일은 할 수 없기 때문에 이러지도 저러지도 못하는 상태가 된 것뿐이다. 하지만 사실 그들이 생각하기에 '체면이 깎이고', '수준이 낮은' 일이야말로 자신을 훈련하는 데 가장 효과적인 방법이다. 그러므로 눈을 낮추고 더 나은 일로 가는 길을 찾는 것이 현명한 방법이다.

당신의 일을
사랑하는 법

대부분의 사람은 사회에 첫발을 내딛었을 때 열정과 이상이 최고조에 달하며 자신의 앞날이 탄탄대로일 것이라고 생각한다. 그러나 반 년 정도 흐르면 자신이 흡사 로봇과 다를 바가 없다고 생각하며 의기소침해 한다. 매일 출근과 동시에 일찍 퇴근하기만을 바라며 이전의 열정과 이상은 사라진 지 오래다. 일이 잘 풀리지 않을 때마다, 혹은 야근이 계속될 때마다 기분은 가라앉고 무언가에 짓눌린 것 같은 느낌이 든다. 그러나 이러한 '일에 대한 염증'은 일뿐 아니라 일상생활에까지 모두 커다란 악영향을 주기 때문에 반드시 없애서 처음 일을 시작했을 때의 열정과 이상을 되찾아야 한다.

1. 전진할 수 있는 동력을 찾아라.

하버드 대학을 졸업한 한 직장인은 이렇게 말했다.

"일을 하다보면 '내가 할 줄 아는 것이 뭐지?'라고 생각할 때가 있습니다. 매일 상사가 시키는 일을 하고 그가 원하는 대로 하니까요. 이 일이 나에게 적합한지, 이 직장이 전도유망한지에 대해서도 생각해본 적 없죠. 그저 살기 위해서, 그냥 계속 직장을 다니는 것입니다. 그러다보니 이런 기계적인 생활에 염증이 생기더군요. 일은 내게 아무런 의미도 없어요."

이 사람은 자신의 일에서 아무런 동력도 찾지 못하고 그저 피동적으로 생활하고 있다. 이런 상황에서 일에 대한 극도의 스트레스를 느끼는 것은 당연하다. 오랜 시간, 같은 환경에서 일하면 일에 대한 숙련도가 크게 향상되지만 항상 같은 일이 반복되고 자질구레한 일들이 계속되기 때문에 무료하고 긴장감이 떨어진다. 특히 칭찬이나 승진 등의 보상이 없다면 더욱 무력감을 느낄 것이다. 이런 사람들은 자신의 일이 너무 단순해서 아무 가치도 없다고 여긴다. 이런 경우 일에 대한 사명감을 키운다면 새롭게 시작할 수 있는 계기가 될 수 있다. 그저 주어진 일을 하는 것만 하지 말고 스스로 조금 어려운 일을 찾고 그것을 해결하려고 해보자. 약간의 긴장감은 당신의 생활에 활력을 더할 수 있으며 시간이 걸리더라도 일을 해결하는 과정에서 조금씩 발전할 것이다.

2. 꿈만 꾸지 말고 계획하라.

하고 싶은 일이 있다면 그에 관한 세부 사항, 예를 들어 일의 형식부터 작업 환경 등을 생각해보자. 그런 후 자신이 정말 바라는 일의 기준과 목적을 확정하고, 그것에 도달하는 과정을 최대한 짧은 단계로 나누어라. 예를 들어 현재 낮은 직급에서 원하는 직급에까지 승진하기 위한 경로를 단계별로 설정하는 것이다. 이때 혹시 다른 부서로 이동할 수 있는지, 연수의 기회가 있는지 등을 살펴서 모든 경우를 전부 고려하는 것이 좋다. 또 당신의 승진을 방해하는 불리한 요소들을 찾아내서 그것을 제거하는 구체적인 방안을 설정해야 한다. 이러한 내용을 모두 꼼꼼하게 적고 순서를 정해서 그대로 하려고 노력한다면 일에 대한 열정을 되살릴 수 있을 것이다.

3. 스트레스를 없애는 방법을 찾아라.

일의 리듬이 빨라지고, 득실이 명확히 드러나는 상황에서 감정까지 적절히 조절하지 못한다면 당신은 곧 우울증에 빠지고 말 것이다. 일이 잘 풀리지 않을 때는 잠시 옆으로 치워두고 밖으로 나가 바람을 쐬거나 가볍게 몸을 움직이는 것이 좋다. 그러면 한결 마음이 가벼워지고 다시 해보자는 기분이 들 것이다. 아니면 크게 심호흡한 후 친한 친구나 동료에게 어려운 문제나 스트레스 등을 토로하는 것도 좋다. 이렇게 나쁜 일을 밖으로 쏟아내면 기분이 훨씬 나아질 수 있기 때문이다. 또 성공했던 경험, 즐거웠던 일, 칭찬받았던 때를 떠올리는 것도 마음속의 우울함을 떨쳐버리는 데 효과적이다. 이외에 좋은 음악을 듣거나 가벼운 스트레칭도 좋은 방법이다. 어떤 방법이든 일에서 오는 스트레스를 없애고 자신을 편하게 만들 수 있는 방법을 찾아야 한다.

4. 자신을 독립된 개체로 생각하라.

자신이 독립된 사업자이고, 회사는 당신의 큰 고객이라고 생각해보자. 그렇다면 당신은 고객의 요구를 만족시키고 사업을 발전시키기 위해서 여러 방면으로 최선을 다해야 할 것이다. 예를 들어 당신이 해야 할 일이 각종 보고서의 기안을 작성하는 것이라면 사용하는 단어 하나하나에 정성을 기울이게 될 것이다. 좀 더 근사하게 멋진 단어나 형식으로 기안을 작성한다면 분명히 고객은 다음번에도 당신에게 일을 의뢰할 것이다. 그러니 이것은 고객을 기쁘게 하는 일일뿐 아니라 업계에서 독립된 사업자인 당신의 지위를 올리는 방법이기도 하다.

5. 노는 것도 열심히 하라.

어떤 사람들은 회사에서 죽을 둥 살 둥 일만 한다. 출근하자마자 일을 시작해서 한두 시간씩 더 초과근무를 하고 심지어 주말에도 나와서 일한다. 이들은 일 외에 다른 사교나 오락 활동을 거의 하지 않는다. 이런 생활을 오래 하지 않도록 조심해야 한다. 일을 더 잘하게 되기는커녕 일에 대한 반감이 생길 수 있기 때문이다.

6. 일 외의 성공을 찾아라.

현대 사회에는 사무실에서 거둔 성과만이 진정한 성공이라고 생각하며 오로지 일이 잘 되어야만 기쁨을 느끼는 사람이 많다. 이런 사람들은 일에 문제가 생기면 크게 속상해하고 수치심을 느끼기까지 한다. 좋아하는 여가 활동을 마치 직업인 것처럼 열심히 하고 자부심을 가져보자. 그러면 일하면서 좌절을 겪을 때도 무너지지 않고 긍정적인 태도를 유지할 수 있을 것이다.

7. 동료들과 관계를 개선하라.

매일 아침, 눈을 뜰 때마다 출근하는 것이 두렵다면 그 원인 중 일부는 아마 동료들과 관계가 좋지 않기 때문일 것이다. 그들과 함께 일하는 것을 좋아하지 않더라도 최소한 그들과 잘 지내려고 노력은 해야 한다. 엘리베이터에서 만난 동료에게 미소를 지으면 그도 분명히 미소로 화답할 것이다. 사무실에서도 마찬가지다. 예의를 갖춰 적극적인 태도로 그들에 대해 알고자 해야 한다. 전혀 알지 못하는 사람들이 어느 날 갑자기 친밀해지는 것은 불가능하다. 그러므로 시간을 할애해서 동료들과 관계를 개선하려고 한다면 그들도 당신의 호의를 느끼게 될 것이다. 사무실에 있는 모든 것이 다 꼴 보기 싫을 정도로 일에 염증을 느끼고 있다면 더욱 사람들과 교류해서 그들과의 공통점을 찾으려고 해야 한다.

8. 환경을 새롭게 만들어라

작업 환경이 낯설면 호기심, 흥분, 신선함 때문에 적극적인 자세를 취하게 된다. 그러나 시간이 흘러 환경에 익숙해지면 이런 마음가짐은 이미 사라져서 재미있는 것도 없고 그저 기계적으로 일할 뿐이다. 그러므로 일이 지겹고 하기 싫어진다면 당신의 작업 환경을 새롭게 만들어서 기분을 바꿀 필요가 있다. 사무실에서뿐 아니라 외부에서도 자신의 마음가짐을 새롭게 만들고 의욕을 충전할 수 있는 것을 찾아보자. 예를 들어 회사나 사회단체에서 운영하는 문화교육에 참가하거나 전문가의 강연을 듣는 것도 좋은 방법이 될 수 있다.

9. 에너지를 배분하라.

에너지를 잘 배분하는 사람은 일이나 일상생활에서 스트레스를 받지 않고 항상 즐겁다. 물론 이것은 쉬운 일이 아니며 이런 '경지'에 오르려면 반드시 모든 일을 잘 계획하고 정해진 시간 안에 완성하도록 해야 한다. 퇴근 후에는 여가 시간을 충분히 누려야 하므로 일거리를 집으로 가지고 오는 것은 절대 금물이다. 또한 정해진 일에 대해서는 무엇을 했고, 무엇을 아직 안 했는지 항상 '체크'해야 한다. 만약 아직 완성하지 못한 일이 있다면 반드시 기한을 정하고, 에너지를 잘 배분해서 일, 학습, 생활, 오락이 모두 더욱 효과적으로 '선순환'하게 해야 한다.

일에 대한 염증은 일뿐 아니라 일상생활에까지 나쁜 영향을 끼친다. 이를 반드시 없애서 처음 일을 시작했을 때의 열정과 이상을 되찾아야 한다.

열정과 애정으로
무장하라

열정적으로 일에 모든 것을 쏟아 붓는 것과 하기 싫지만 마지못해 일하는 것은 천양지차(天壤之差)다. 열정으로 충만한 사람은 시간과 에너지를 잘 활용해서 커다란 효과와 이익을 창조해낸다. 반면에 하기 싫은데 어쩔 수 없이 하는 사람은 효율이 떨어질 뿐 아니라 점점 피로와 염증을 느껴서 결국 도태되고 만다.

자신의 일을 싫어하고 열정과 애정이 없는 사람은 하루하루가 고역이며 결코 성공을 거둘 수 없다.

벽돌을 쌓는 세 사람에게 물었다.

"무엇을 하고 있나요?"

첫 번째 사람이 대답했다. "벽돌을 쌓고 있습니다."

두 번째 사람이 대답했다. "매일 10달러를 버는 일을 하고 있죠."

마지막으로 세 번째 사람이 대답했다. "뭘 하고 있느냐고요? 저는 세상에서 가장 멋진 교회를 짓고 있습니다!"

이 짧은 이야기에는 그들이 나중에 어떻게 되었는지 나오지 않지만 미루어 짐작컨대 아마 세 사람은 완전히 다른 삶을 살 것이다. 처음 두 사람은 여전히 벽돌을 쌓고 있을 것이다. 왜냐하면 그들은 멀리 보는 눈과 상상력이 부족하고 자신의 일을 존중하지 않아서 더 큰 성공을 거둘 만한 추진력이 없기 때문이다. 그렇다면 세상에서 가장 멋진 교회를 짓고 있다고 대답한 사람은 어떻게 살고 있을까? 아마 건축 현장의 감독이나 건축가가 되지 않았을까? 진취적인 그는 분명 쉬지 않고 전진해서 더 나은 일을 찾았을 것이다.

제너럴모터스의 최고경영자였던 잭 웰치(Jack Welch)는 회사를 세계에서 '가장 경쟁력 있는 기업'으로 키웠다.

어느 날 한 부서의 팀장과 회의를 하던 그는 지금 이 부서의 실적이 나쁘지 않지만 더 잘하기를 기대한다는 의중을 내비쳤다. 그러나 팀장은 웰치의 뜻을 정확히 이해하지 못했는지 이렇게 말했다.

"저희 팀의 성과와 투자 수익률을 다시 한 번 봐주십시오. 제 부하직원들은……, 제가 한 일은……" 웰치는 그저 일에 더 많은 열정과 애정을 쏟는다면 시간을 잘 활용해서 더 효율을 높일 수 있다고 이야기한 것뿐인데 팀장은 계속 흥분해서 성과만 내세운 것이다.

결국 웰치는 이렇게 말했다.

"자네 그냥 한 달 정도 쉬는 것이 어떻겠나. 모든 것을 내려놓고 말이야. 돌아온 다음에는 이제 막 이 일을 시작한 것처럼 새롭게 시작하는 거야. 4년이나 이 일을 했다는 것을 잊고 말일세. 어떤가?"

이 팀장은 어리둥절했지만 일단 웰치가 시키는 대로 했다. 한 달 후, 휴식을 만끽한 팀장은 회사로 돌아온 후, 시간과 에너지를 잘 분배해서 일의 효율을 높였고 이전보다 더 큰 성과를 냈다. 웰치는 이처럼 일에 지친 직원들에게 휴가를 주고 그들이 일에 대한 열정과 애정을 되찾을 수 있도록 이끌었다. 그래서 직원들의 적극성을 높이고 에너지가 충만한 채로 일하도록 만든 것이다. 모두들 반신반의했지만 새로운 열정과 애정으로 무장한 직원들은 회사를 위해 더 큰 성과를 내놓았다.

일을 하다보면 일하기 싫어질 때가 있다. 그렇다고 그만둘 수는 없는 법. 일하는 과정에서 즐거움과 의미를 찾으려고 노력해야 한다. 아무리 당신이 싫어하는 일이라도 무의미한 일이란 없다. 긍정적인 태도로 바라본다면 분명히 그 안의 의미를 찾을 수 있을 것이다. 일에 대한 열정과 애정이 많을수록 효율은 높아지고 성과도 커질 것이며 일을 통해서 경험, 지식, 자신감 등을 얻을 수 있다. 그러면 출근은 더 이상 힘든 일이 아니며 일은 일종의 즐거운 오락거리가 될 것이다.

사람은 태어나면서부터 각종 경쟁에 참가하며 살아간다. 사방에 경쟁상대가 있으며 하루하루의 생활과 일은 모두 일종의 '전투'라고 해도 과언이 아니다. 매일 아침, 눈을 뜨면 당신에게는 수많은 승리의 기회가 주어진다. 중요한 것은 그 기회들을 저버리지 말고 붙잡아서 승리를 획득하는 것이다! 이와 같은 경쟁이 즐거울지 괴로울지는 모두 당신의 태도에 따라 결정되며 태도는 스스로 결정하는 것이다. 열정과 애정을 품은 채 일에 매달리고 그 안에서 즐거움과 의의를 찾는다면 놀랄 만한 성과를 거둘 수 있다.

일이 재미없고, 지겹고, 신물이 난다면 당신은 곧 실패의 쓴맛을 보게 될 것이다. 긍정적이고 적극적이며 열정과 애정이 가득한 마음만이 당신을 행복으로 이끌 수 있다.

똑똑하게
일하라

　지금 가장 중요한 것은 바로 '효율'이다. 하루 종일 바삐 일하는 것은 당신이 그저 성실한 사람이라는 뜻일 뿐, 똑똑한 사람이라는 의미는 아니다. 현대사회에서는 똑똑하고 성실한 사람만이 꿈을 이룰 수 있다.

　자신을 무척 바쁜 사람으로 포장하는 사람이 많다. 심지어 어떤 사람들은 일을 더 잘하고 싶다며 퇴근 후에 일거리를 집으로 가져가거나, 사무실에 남아 야근을 한다. 물론 이렇게 하면 상사는 좋아하겠지만 동료들은 무척 스트레스를 받을 것이다. 무엇보다 큰 문제는 이들의 생활에 규칙이 없다는 것이다. 이런 사람들은 자신이 얼마나 노력하는지, 얼마나 성실한지, 얼마나 일을 좋아하는지 드러내고 싶어 하지만 사실 최종 결과는 다른 동료와 크게 다를 바가 없다. 오히려 불규칙한 생활 때문에 괜히 몸만 상할 뿐이니 퇴근 후에 늦게까지 일하는 것은 결국 아무런 득이 없는 셈이다.

　한 벌목공이 공장에서 일하게 되었다. 그는 공장의 대우가 좋고, 작업 환경도 나쁘지 않으니 주어진 기회를 놓치지 않으려면 열심히 일해야겠다고 마음먹었다.

　출근 첫날, 사장은 그에게 벌목할 지역을 정해주며 그곳에 가서 나무를 베어 오라고 지시했다. 이날 오후, 벌목공이 쉬지 않고 일해서 무려 열여덟 그루나 베어오자 사장은 무척 좋아하며 말했다.

"정말 잘했네! 계속 이런 식으로 해주게!"

사장의 칭찬을 받고 기분이 무척 좋아진 벌목공은 다음 날에도 전날과 마찬가지로 열심히 일했다. 그런데 어찌 된 일인지 이 날은 열다섯 그루밖에 베지 못했다. 셋째 날, 벌목공은 어제 부족했던 것을 채우기 위해서 더욱 열심히 나무를 베었는데 이상하게도 해가 저물 때까지 열한 그루만 베었을 뿐이었다.

벌목공은 도대체 무엇이 문제인지 알 수가 없었으나 일단 사장에게 달려가 사과하며 이렇게 말했다.

"사장님, 정말 죄송합니다. 이유를 알 수가 없지만 제가 힘이 빠져서인지 작업량이 점점 줄어들고 말았습니다."

사장은 온화한 표정으로 그를 바라보며 물었다. "자네 도끼를 언제 갈았지?" 벌목공은 멍하니 사장을 바라보다가 말했다.

"네? 도끼요? 매일 나무 베는 데 정신이 팔려 도끼 갈 시간은 없었습니다!"

벌목공의 작업량이 나날이 줄어든 이유를 알아차렸는가? 그는 너무 바쁜 나머지 도구를 손 볼 시간도 없었고, 나무를 베는 기술을 연구할 시간도 없었다.

부족한 부분을 채우고 능력을 더 끌어올리기 위해서 시간과 에너지를 할애하지 않는다면 힘은 힘대로 들이고 성과는 제대로 거두지 못하는 상황이 발생한다. 일을 열심히 하라는 것은 머리를 처박고 그것만 바라보라는 의미가 아니다. 황소처럼 묵묵히 주어진 일을 하는 것도 가치 있지만 적당한 때에 필요한 기교를 익히는 것도 중요하다. 이렇게 해서 일의 효율을 높이고 더 큰 성과를 낸다면 더 좋지 않겠는가?

건강을 돌보지 않고 최선을 다해 일하는 시대는 이미 끝났다. 지금은 시간을 합리적으로 배분하고 일과 개인 생활을 모두 잘 관리하는 사람이 '일 잘한다'는 소리를 듣고 환영받는 시대다. 그러므로 '일을 열심히 하라'는 것은 일에 자부심과 책임감을 가지라는 것이지 다른 것은 아무것도 보지 않고 오로지 일만 하는 '워커홀릭'이 되라는 것은 아니다.

하루 종일 책상에 앉아 일하지 마라. 반드시 시간을 내서 자신을 위해 투자하고, 나아갈 방향을 재정비하며, 주변을 살펴, 방식을 적절히 수정해야 한다. 그래야만 '헛수고'를 피할 수 있다.

계획표를
만들어라

대기업 직원들과 이야기를 나누어보면 그들의 대부분이 불필요한 야근을 하고 있으며 이 때문에 인력을 낭비하고 있다는 사실을 발견하게 된다.

일할 때 머리가 아프거나 종종 방향을 잃는 경우는 일이 많아서가 아니다. 진짜 이유는 주어진 일이 얼마만큼인지, 무엇을 먼저 하고, 나중에 할지 확실하게 하지 않았기 때문이다. 바로 이런 이유로 하루 종일 늦게까지 일하고도 야근까지 하는 일이 발생하는 것이다.

어떤 사람들의 책상 위에는 거의 몇 주 동안 봐도 다 보지 못할 서류가 높이 쌓여 있다. 한 생활정보지 편집장은 비서와 함께 자신의 책상을 정리하는데 서류 더미 아래 2년 동안 찾지 못했던 타자기가 있었다고 웃으면서 말했다.

책상 위에 쌓인 수많은 편지, 보고서, 메모 등은 당신을 혼란, 긴장, 걱정 등의 안 좋은 감정에 빠뜨릴 것이 분명하다. 더 나쁜 상황은 당신이 '아직 해야 할 일이 100만 개나 있어!'라고 생각하게 만드는 것이다. 이런 상황은 그저 정신적인 스트레스를 줄 뿐 아니라 위궤양, 고혈압, 심장병 같은 심각한 질병을 일으킬 수도 있다.

"질서는 조물주의 첫 번째 법칙이다."라는 말처럼 질서정연한 것은 일할 때 반드시 지켜야 할 첫 번째 규칙이다.

항상 긴장, 초조, 우울 등의 감정에 시달리며 불안해하는 기업인이 있었다. 그는 바쁜 업무 탓에 자신의 심리상태가 좋지 않다는 것을 잘 알고 있었지만 어떻게 해결해야 할지 몰라서 의사를 찾아가 도움을 구했다.

그가 의사에게 자신의 상태를 설명하는 도중에 진료실의 전화벨이 울렸다. 병원의 다른 부서에서 걸려온 것이었다. 의사는 "네, 제가 곧 해결하겠습니다."라고 짧게 대답하고 끊었다. 잠시 후 전화벨이 다시 울렸다. 무언가 급한 일이 있는 것 같았지만 의사는 다시 간단히 대답하고 끊었다. 그리고 몇 분 후, 이번에는 간호사가 들어오더니 어느 중환자에 대해 몇 가지 질문을 하고 나갔다. 간호사가 나간 후 의사는 기업인에게 정중하게 사과했다. 그러나 기업인은 오히려 매우 재미있다는 표정으로 사과할 필요 없으며 방금 전 10분 동안 자신의 문제가 무엇인지 알게 되었다고 말했다. 그리고 지금 당장 자신의 업무 습관을 바꾸겠다고 말하더니 돌아가기 전에 마지막으로 의사의 책상을 좀 살펴보고 싶다고 말했다. 의사는 그가 원하는 대로 서랍을 빼서 보여주었는데 그 안에는 몇 가지 문구 외에는 다른 것이 없었다.

의사에게 처리해야 할 서류는 어디에 있는지 묻자 의사는 이렇게 대답했다.

"저는 처리해야 하는 것들을 모두 바로 처리하고 치운답니다."

6주 후, 이 기업인은 의사에게 연락해 자신의 사무실로 와달라고 부탁했다. 그는 다시 만난 의사에게 이렇게 말했다.

"6주 전에 저는 사무실 두 개에 책상을 세 개나 두고 사용했죠. 제 자신을 서류 더미 속에 스스로 파묻어 버린 셈이라고나 할까요. 그러나 지금은 책상 하나면 충분합니다. 일이 있으면 바로 처리하니까요. 이렇게 하니 더 이상 산처럼 쌓인 서류 더미가 저를 압도하지 않았고 긴장과 초조함도 점차 사라졌어요. 무엇보다 좋은 것은 건강이 좋아졌다는 거에요. 저는 이제 아픈 데가 없습니다."

　미국의 성공한 보험 세일즈맨인 베일은 아침 5시 전에 하루의 업무 계획을 세웠으며 초저녁에 모든 계획을 완성했다고 한다. 하루의 계획뿐 아니라 어느 날에 얼마만큼의 보험을 팔 것인지 모두 정한 후, 해내지 못하면 다음 날 그 차액을 반드시 채워 넣었다.

　업무 계획을 짜고 그 진행 상황을 기록하는 것은 당신의 시간과 에너지, 해야 할 일을 골고루 분배하기 때문에 매우 중요한 일이다. 이것이 습관화되기만 해도 일을 순조롭게 완성할 수 있으며 휴일에도 일을 해야 한다는 스트레스에 시달리지 않고 오롯이 쉴 수 있다.

　계획은 업무뿐 아니라 생활 곳곳에서 언제나 필요하다. 주말을 예로 들어보자. 주말은 긴 것 같지만 우리의 행동 역시 느려지기 때문에 지나고 보면 한 것도 없이 허무하게 보내는 경우가 많다. 늦은 점심과 디저트까지 먹고 잠시 낮잠을 자고 일어나면 어느새 땅거미가 내리는 일이 허다하다. 이럴 때 만약 주말 계획을 세세하게 짜둔다면 큰 도움이 될 것이다. 책 읽는 시간, 휴식 시간, 식구들과의 대화 시간 등등을 정해두면 주말을 더 알차게 보낼 수 있다.

　계획표를 만들어보자. 이리저리 마구 흩어져 있던 일이 한 데 정리되는 느낌이 들 것이다. 세세한 업무계획은 일의 효율을 상승시킬 것이며, 주말 계획은 당신에게 더욱 알찬 주말을 제공할 것이다.

협동하면
성공한다

캘리포니아의 삼나무는 높이가 약 90미터로 30층짜리 건물의 높이와 맞먹는다. 뿌리가 깊게 내리지 못한 식물들은 보통 매우 약해서 큰 바람이 한 번 불기만 해도 뿌리째 뽑힌다. 그래서 높이 자란 식물은 본능적으로 깊게 뿌리 내리려고 하는데 뜻밖에도 캘리포니아 삼나무는 이와 반대로 뿌리가 깊지 않다. 연구에 따르면 캘리포니아 삼나무는 군생(群生)하는 식물로 수천 그루가 서로 매우 빽빽하게 모여 자란다. 그래서 아무리 큰 바람이라도 수천 그루나 되는 삼나무를 한꺼번에 뽑을 수가 없는 것이다.

한 그루, 한 그루 이어진 캘리포니아 삼나무에서 "효율을 높이려면 개인의 역량이 아니라 단체의 역량을 키워야 한다."는 힌트를 얻을 수 있다. 다시 말해 개인의 능력이 조금 부족하더라도 중요한 것은 그것을 모두 한 데 모아 단체의 능력으로 바꾸는 일이다.

1960년대 중엽, 일본은 경제가 빠르게 발전해서 세계의 경제 대국이 되었으며 일본의 대기업들은 국제 경쟁력을 키워 업계의 선두 자리로 치고 올라왔다. 미국을 비롯한 서방 국가들은 이와 같은 일본의 경제 기적을 연구하기 위해 일본 기업들을 세세히 분석하기 시작했다.

연구 결과, 만약 일본 최고의 사원과 유럽 최고의 사원이 일대일로 경쟁한다면 일본 사원이 승리를 거둘 확률은 무척 낮았다. 그러나 만약 부서와 부서가 맞붙어 대결한다면 일본이 언제나 우세했다.

다시 말해, 유럽과 미국의 기업은 소수의 사람이 주도해서 위에서 명령을 내리면 아래에서 따르는 식이었다. 개인주의가 성행하고 개인의 노력을 우선시하는 유럽과 미국에서는 협력했을 때 오히려 효율이 높지 않았다. 반면에 일본 기업은 '집단 전략'을 무척 중요하게 생각해서 직원들의 능동성을 자극하고 협동심을 기르는 데 주력했다. 그래서 기업의 성과 역시 크게 올라간 것이다.

독일 철학자 괴테는 "내 작품들이 모두 나의 머리에서 나온 것은 아닙니다. 나에게 소재를 제공한 수천 가지의 일과 수만 명의 사람들로부터 나온 것이지요."라고 말했다. 물리학자인 어니스트 러더퍼드(Ernest Rutherford) 역시 "과학자는 개인의 생각이 아니라 수천 명의 지혜를 종합해서 결론을 내립니다. 모든 사람이 생각하고 각각 일해서 마침내 위대한 지식의 탑을 쌓는 데 성공하는 것입니다."라고 말했다.

여럿이 함께 일해서 효율을 높이는 것이야말로 거대한 성공의 기초가 될 수 있다. 빌 게이츠가 이끌던 마이크로소프트 역시 각 직원들에게 '협동'의 중요성을 강조하면서 크게 발전하기 시작했다.

마이크로소프트는 윈도우95를 정식 판매하기 시작하면서 전 세계 시장을 대상으로 엄청난 규모의 광고, 판촉 활동을 진행했다. 사회의 거의 모든 영역, 예를 들어 공공기관, 학술기관, 일상생활 등 분야를 가리지 않고 소비자들의 구매 욕구를 자극한 것이다. 이 모든 광고, 판촉 활동은 바로 마이크로소프트의 영업 부서의 통일된 단체정신에서부터 비롯되었다.

그들은 이처럼 거대한 광고, 판촉 활동을 위해서 대량의 자금과 인력을 투입했으며 최고의 효과를 얻기 위해 모두 합심해서 일했다. 마이크로소프트는 120개 달하는 작은 광고회사와 계약을 맺고 각 지역과 대상에 알맞은 광고 전략을 수립해서 집행했으며 실제로 원하는 성과를 거두었다. 이 일에 투입된 수천 명의 인원 중, 60명으로 구성된 한 그룹은 모든 구성원이 직급에 관계없이 한마음으로 광고, 판촉 활동에 뛰어들어서 처음 예상보다 훨씬 큰 성과를 냈다. 그들은 현지 대리점의 판매 개시 시간을 미리 공지하고 첫 95분 동안 특가 판매를 한다고 광고해서 많은 매체와 고객들의 주목을 끌었다.

윈도우95는 빠른 시간 안에 전 세계 사람들에게 없어서는 안 될 제품이 되었다. 이것은 제품이 훌륭한 것 외에도 마이크로소프트의 각 부서, 모든 직원들이 합심해서 일한 결과였다.

혼자서 묵묵히 일하는 시대는 이미 끝났으며 현대사회에서 협력, 협업은 피할 수 없는 일이 되었다. 큰 성공을 거두는 사람들은 대부분 '협동'의 거대한 힘에 대해서 잘 알고 있기 때문에 다른 사람과 함께 일하는 것을 즐긴다. 단체의 역량을 잘 활용하기만 한다면 일의 효율을 높이고 실패의 확률을 크게 줄일 수 있다. 그러므로 성공을 거머쥐고 싶다면 반드시 다른 사람들과 협업하고 협동정신을 발휘해야 한다.

조직이나 집단 속에 충분히 융합되어 그 안에서 협동 정신을 발휘해야만 잠재능력을 충분히 발휘해서 최대의 효과를 거둘 수 있다.

사장이 필요한
사람이 되라

회사 안에서 개인의 성공은 모두 단체의 성공 위에 만들어지는 것이며 회사가 발전하지 않으면 직원들 역시 수익을 얻을 수 없다. 다시 말해 회사의 성공은 곧 직원들의 성공이니 '죽으면 같이 죽고, 살면 같이 사는' 관계인 것이다. 이 점을 상기한다면 어느새 나태해진 당신의 업무태도 역시 달라질 것이다.

가전제품 대리점의 부사장은 사장과 함께 대리점의 규모를 키우고 현재의 실적을 2배 이상 키운다는 목표를 세웠다. 하지만 사장은 불확실한 경제 상황과 위험성 때문에 사업 확장을 주저했다. 이에 부사장은 이렇게 말했다.

"지금 사업이 아주 잘되고 있습니다. 대리점의 실적도 나날이 좋아지고 있고요. 다른 대리점들은 종종 모든 상품을 진열하거나 적재할 공간이 부족하다고 난리지만 저희는 텔레비전 재고를 지난주에 모두 판매했습니다. 매장 규모를 확대한다면 판매량이 늘어날 것이 분명합니다."

몇 주 후, 사장은 부사장에게 창고 하나를 더 확보하라고 지시했고, 예상대로 판매량이 크게 증가했다. 사장은 부사장의 탁월한 안목과 경영 전략을 크게 칭찬하며 높은 평가를 내렸다.

해외영업팀에서 일하는 제이크는 어느 날, 사장의 메모 내용에 따라 최대한 빨리 실적 그래프를 준비하라는 명령을 받았다. 급히 초안을 그리던 그는 메모를 보고 생각에 빠졌다.

"달러에 큰 변동이 없으니 수출도 증가할 것임"

제이크는 이 예측이 잘못되었다고 생각했기 때문에 사장에게 보고했고 사장은 자신의 실수를 지적해준 제이크에게 크게 감사했다. 다음 날, 사장은 모든 직원 앞에서 다시 한 번 제이크를 칭찬하며 감사했고, 얼마 후 제이크의 연봉이 크게 올랐다.

사장도 완벽한 사람이 아니며 그들 역시 일하면서 여러 가지 문제에 부딪힌다. 이러한 문제들이 설령 당신의 업무와 크게 관계없다고 하더라도 회사 전체의 발전을 저해한다면 어떻게 하겠는가? 이럴 때 당신이 그를 도와 문제를 해결한다면 당신은 회사 안에서 탄탄대로를 걷게 될 것이다.

칼은 하버드 경영대학원 사무실의 비서로 일하고 있으며 팀장 루카스는 학생과 교직원을 관리하고 있다. 한번은 수강신청 시스템에 생긴 문제로 이미 정원이 초과한 수업에 학생들이 몰려 큰 혼란이 벌어진 적이 있었다. 루카스가 시스템을 정상화시켜야 한다는 스트레스에 시달린다는 것을 눈치 챈 칼은 누가 시키기 전에 먼저 자신이 새로운 시스템을 만들어보겠다고 제안했다. 얼마 후 칼은 완전히 새로운 시스템을 완벽하게 구축했고 루카스는 진심에서 우러나온 칭찬과 감사를 전했다. 얼마 후 루카스는 주임으로, 칼은 부주임으로 각각 승진했다.

만약 공공기관에서 일한다면 "나는 국가를 위해서 일하는 사람이야! 옳은 일이라면 끝까지 해야지!"라고 말할 수도 있다. 하지만 일반 회사에서 일한다면 이런 태도는 결코 맞지 않다. 왜냐면 민간기업의 직원들은 사장을 위해서 일하는 것이고 사장의 목표를 곧 자신의 목표로 삼아야 하며 사장이 필요한 능력을 드러내야 하기 때문이다. 그렇지 않으면 당신의 능력이 아무리 대단하다고 하더라도 환영받지 못할 것이다.

사장과 자주 의견을 나누고 그를 돕는 사람만이 회사의 중요한 인재로 부상할 수 있다. 또 공공기관과 달리 회사는 업무 외에도 사장과의 관계가 승진에 커다란 영향을 미친다. 만약 그와의 관계가 좋지 않다면 당신의 앞길은 가시밭길이 될 것이 분명하다.

그러므로 회사 안에서 남들보다 더 빨리 성공을 거두고 싶다면 한시라도 빠르게 사장의 호감을 얻는 것이 좋다. 그렇다면 어떻게 해야 호감을 얻을 수 있을까? 우선 그가 원하는 것, 중요하게 생각하는 것, 그의 개성, 분위기, 업무 스타일 등을 유심히 살핀 후에 당신과 어떤 점이 같거나 다른지 확인해야 한다. 그런 후 일하면서 수시로 자신을 살피고 사장의 요구에 적합한지 확인하며 업무 태도를 다듬어야 한다.

아마 어떤 사람은 이렇게 반문할지도 모르겠다.

"각자 능력에 맞추어 일하면 되는 것이지, 다른 사람의 눈치를 볼 필요가 있을까?"

맞는 말이다. 그러나 이런 태도는 학문 연구, 기술 연마 등에만 적용될 뿐 직장에서는 맞지 않다! 사장의 개성이나 업무 스타일이야말로 그 회사의 형태, 관리방식 등을 결정하는 유일한 요소이기 때문이다. 예를 들어 사장이 보수적인데 한 직원이 개성을 과도하게 드러내거나 좌충우돌하는 모습을 보인다면 사장은 분명히 경계심이 생길 것이다. 그리고 회사의 성공과 실패를 결정하는 일이나 자금의 운용 등과 같은 중요한 일을 절대 맡기지 않을 것이다. 모험이나 개혁을 좋아하지 않는 사장에게 이런 직원은 어울리지 않는다. 만약 지금 당신이 이 직원과 같은 상황이라면 당장 새로운 직장을 알아보는 것이 좋다!

회사에 들어갔다면 사장이 원하는 것, 중요하게 생각하는 것, 그의 개성, 분위기, 업무 스타일 등을 유심히 살핀 후에 당신과 어떤 점이 같거나 다른지 확인해야 한다. 그런 후 일하면서 수시로 자신을 살피고 사장의 요구에 적합한지 확인하며 업무 태도를 다듬어나가야 한다.

회사에
충성하라

꿀벌은 엄격한 계급 질서에 따라 일하고 생활한다. 여왕벌은 가장 높은 자리에서 무엇보다 중요한 책임, 바로 후대를 잇는 일을 한다. 반면에 일벌은 모두 여왕벌에게 영양을 제공하기 위해서 쉬지 않고 열심히 일하며 충성한다. 벌집 안의 작은 세계는 이런 식으로 통일된 사회 질서를 유지하는 것이다.

한 사회 안에서 다른 사람과 어울려 산다는 것은 일종의 게임과 같아서 반드시 게임의 규칙을 지켜야만 질서가 유지될 수 있다. 규칙을 지키지 않을 수도 있지만 결국 사회에서 도태되어 더 이상 게임에 참여할 자격을 잃게 될 것이다. 이것은 조화롭고 따뜻한 사회의 잔혹한 일면이라고 할 수 있다.

특히 호전적인 집단일수록 엄격한 질서를 세워 행동의 일치와 협동을 이루어야 한다. 제2차 세계대전 당시 미국의 유명한 장군 맥아더는 "군인이 통솔자에 충성을 다하는 것은 의무다."라고 말했다. 그의 말처럼 군대에서 최고 책임자에게 충성을 다하는 것은 목표를 실현하는 중요한 요소다. 그의 군인들은 충성을 통해 협력했으며 이를 발판으로 전쟁에서 승리했다.

회사에서도 마찬가지다. 직원들은 반드시 회사의 최고 경영자에 충성해야 한다. 그래야만 회사가 제대로 굴러가고 건강하게 발전할 수 있기 때문이다. 물론 이 충성의 전제는 최고 경영자가 반드시 충성할 만한 가치가 있는 사람이어야 한다는 것이다. 만약 그가 자신의 이익만 중요하게 생각하고 직원들의 충성을 사사로이 생각한다면 충성할 가치가 없다.

군인과 직원들이 모두 충성해야 한다고 말했지만 사실 둘의 충성은 조금 다른 개념이다. 군인의 충성은 절대적이고 국가를 대표하는 통솔자에 대한 것이다. 반면에 직원의 충성은 무조건적, 절대적, 맹목적인 것과 거리가 멀다. 직원은 자신의 생존, 발전, 자아실현을 도와줄 수 있는 경영자, 회사의 존망과 발전을 책임지는 경영자, 회사가 원활하게 돌아가도록 하는 경영자, 직원들을 세심하게 살피는 경영자, 기업가의 이념을 지닌 경영자에 대해서만 충성을 다해야 한다. 이런 경영자들에 대한 충성이야말로 가치 있다고 할 수 있으며, 직원들은 시키지 않아도 자연스럽게 충성을 다할 것이다.

어떤 일이든 집단 구성원들은 반드시 정확하게 임무를 완성할 책임과 의무가 있다. 이 과정에서 구성원들은 자신의 집단에 충성을 다해야 하며 이것이야말로 효과적인 임무 완성을 위한 전제다. 그러나 각종 요소의 개입 탓에 자신을 낮추고 충성하는 일이 어려울 때가 있다.

치열한 경쟁사회에서 존망의 위기에 놓인 기업들이 점점 많아지고 있는데 주요 원인 중 하나가 바로 인재의 잦은 이동이라고 할 수 있다. 경영관리 전문가들은 이런 현상이 모두 회사에 대한 충성도가 떨어졌기 때문이라고 입을 모은다. 물론 누구나 자신에게 가장 적합하거나 좋은 작업 환경과 상황을 찾아 이동할 권리가 있다. 그러나 이것이 회사의 발전에 부정적인 영향을 미친다는 것 역시 부인할 수 없는 사실이다. 심지어 어떤 사람들은 더 많은 이익을 얻기 위해서 경쟁 회사로 이동할 뿐만 아니라 대량의 자료까지 빼

돌리기도 한다. 이것은 회사의 이익에 손실을 입힐 뿐 아니라 다른 직원들의 감정을 상하게 하고 업무태도에까지 영향을 주는 일이다.

직원들이 회사에 충성하지 않고 자주 이직하는 것은 회사에 부정적인 영향을 미칠 뿐 아니라 그 자신이 새로운 직장을 찾는 데도 좋지 않다.

한 회사의 인사팀장은 이렇게 말했다.

"제가 가장 걱정하는 것은 바로 우리가 온갖 고생을 하며 길러낸 능력 있는 직원들이 다른 회사로 가버리는 것입니다."

그는 자주 이직하는 사람은 절대 채용하지 않는다고 말했다. 그러면서 이런 사람들은 성숙하지 못해서 무슨 일을 할지, 무슨 일이 자신에게 맞는지 모르기 때문에 채용해봤자 제대로 일하지도 못한다고 덧붙였다. 그렇기에 아예 채용하지 않는 편이 서로의 시간과 에너지를 낭비하지 않을 수 있다고 했다. 또 다른 회사의 인사팀장은 이렇게 말했다.

"지원자들의 이력서를 보면 수많은 회사의 이름이 적혀 있는 경우가 있습니다. 근무 기간을 보면 아주 짧고요. 우리 같은 사람들에게 이런 이력서는 많은 경험을 의미하는 것이 아니에요. 오히려 해당 지원자가 적응력이나 업무 수행능력이 떨어진다는 생각이 먼저 들죠. 만약 그가 일에 적응하고 훌륭하게 해냈다면 그렇게 쉽게 회사를 떠났을 리가 없죠. 이직을 자주 한 사람들은 안정감이나 신뢰를 줄 수 없어요. 한 가지 일을 오래 하지 못한 사람을 보면 회사의 문제라기보다는 그 사람 자체에 문제가 있다는 생각이 들죠. 업무 능력과 회사에 대한 충성도에 의심이 들다보니 우리 회사에 채용하는 것은 일종의 모험처럼 느껴집니다."

일을 하다보면 상대 회사에서 더 나은 조건을 제시하며 스카우트 제의를 할 수도 있다. 이에 응할 수도 있으나 이후 당신의 가치가 모두 소모된 후에는 또 배신하고 다른 곳으로 가지 않을까 하는 의심의 눈초리를 받을 수 있다. 일시적으로는 이익을 얻었으나 결국 잃은 것이 더 많은 상황에 처하는 것이다. 이렇게 잃은 것은 되찾을 수도 없다.

기업인들은 모두 입을 모아 "우리는 회사에 충성하는 직원이 필요합니다."라고 말한다. 각종 유혹이 난무하는 오늘날, 충성은 매우 고귀한 가치가 되었으며 충성스런 직원을 확보하는 것은 회사의 존망과 발전에 큰 영향을 주는 요소다. 이를 해낸 회사는 더 크게 성장할 수 있으며, 해내지 못한 회사는 발전하지 못하다가 결국 무너지고 말 것이다.

그러나 여기서 말하는 충성이 평생 회사를 떠나지 말고 한 곳에서만 일하라는 의미는 아니다. 엄밀히 말해서 회사에 대한 충성은 곧 일과 전문 분야에 대한 충성을 의미한다. 현대의 시장경제 사회에서는 스스로 자신의 가치를 실현할 기회를 찾아야 한다. 그러니 만약 회사가 당신의 가치를 실현할 무대가 될 수 없다고 생각한다면 당연히 더 나은 곳을 찾아야 한다. 이때 기억해야 할 게임의 규칙은 바로 이전 회사의 이익이나 정보를 새로운 회사에 가져가서는 안 된다는 점이다. 이것은 이직할 때 절대 해서는 안 될 '금기'다.

기업인들은 모두 입을 모아 "우리는 회사에 충성하는 직원이 필요합니다."라고 말한다. 각종 유혹이 난무하는 오늘날, 충성은 매우 고귀한 가치가 되었으며 충성스런 직원을 확보하는 것은 회사의 존망과 발전에 큰 영향을 주는 요소다. 이를 해낸 회사는 더 크게 성장할 수 있으며, 해내지 못한 회사는 발전하지 못하다가 결국 무너지고 말 것이다.

권력을
분산하라

기업 경영에서 '권력'은 집단이 존재하는 기초가 된다. 권력이 있는 사람은 타인의 신뢰, 인정, 존중을 받을 수 있기 때문에 사람들은 직장에서 더 많은 권력을 확보하고자 한다.

"좋은 리더는 권리를 행사할 뿐만 아니라 자신의 권력을 분배하는 데 능하다." 현명한 리더는 직원들이 더 많은 권력, 권한을 갈망한다는 것을 잘 알고 있다. 그래서 신뢰하고 존중할 만한 직원들에게 일정한 권력을 나누어 준다. 이는 권력을 받은 직원을 고무시킬 뿐만 아니라 다른 직원들을 자극할 수 있다. 직원들은 나중에라도 권력이라는 보상을 얻기 위해 회사의 문제를 해결하고 이익을 창출하는 데 적극적으로 참여하고 행동한다. 이것은 특별한 명령이나 지시 없이도 직원들을 스스로 움직이도록 자극하는 가장 좋은 방법이다.

영국의 한 기업에 새로운 경영자가 부임했다. 매우 꼼꼼한 성격의 그는 모든 일을 본인이 직접 하는 경영 방식을 선택해서 회사의 행정, 재무 등 각 분야의 일을 모두 완벽하게 통제했다. 회사의 모든 세부사항을 직접 결정했으며 수표 발행, 계약서 서

명, 서한 발송과 답장, 이익 분배 역시 자기 손으로 전부 했다. 심지어 전국을 돌아다니며 대리점과 공장을 시찰, 관리하기까지 했다.

그는 회사를 위해 최선을 다해서 열심히 일했지만 어찌 된 일인지 회사는 점점 활기를 잃더니 약간의 변화만 발생해도 대처하지 못한 채 허둥대기 시작했다. 경쟁이 치열한 시장에서 이 회사는 점차 도태되더니 결국 수익이 바닥까지 떨어져 아예 무너질 기미마저 보였다.

이 경영자는 엄청난 체력 소모와 스트레스 탓에 겨우 쉰다섯 살에 심장병으로 돌연사하고 말았다.

한 사람에게 주어진 시간은 한계가 있으며 이것은 리더도 예외가 아니다. 그러므로 리더는 자신의 권력을 명확히 구분하고 정리해서 적절하게 나누어줄 수 있어야 한다. 그래서 아랫사람에게 맡길 일은 맡기고 자신은 중요한 일과 전반적인 흐름만 확인해야만 몸과 마음의 건강을 해치지 않고 사업도 더 원활하게 이끌 수 있기 때문이다.

유럽의 한 대기업은 1995년에 110억 달러어치의 상품을 판매하고, 3억 1,500만 달러의 수익을 거두었다. 이 기업은 이후 몇 년 동안 새로운 경영방식을 도입함으로써 판매액과 수익을 모두 크게 올려서 현재 무려 30억 달러에 이르는 연수익을 올리고 있다.

이렇게 큰 발전은 바로 최고 경영자의 인재 등용 방식에서 비롯된 것이었다. 그는 부하직원을 신임하고 그들에게 충분한 권한을 주어서 능력을 발휘하도록 만들었다. 그는 자신의 권력을 나누어줌으로써 부하직원들에게 날개를 달아주어 그들이 진정으로 회사를 위해 헌신하도록 만들었다.

이 최고 경영자는 주변에서 우려할 정도로 과감하게 권력을 나누어 주었다. 이전에 세계 각지에 있는 해외 지사들은 모두 본사의 지시에 따라 경영 방침을 결정했다. 그러다보니 구체적인 집행 과정에서 부딪히는 각 지역의 환경, 문화적 특성이 고려되지 않아 각종 문제가 발생했다. 더 큰 문제는 아무도 이것에 대해 책임지려고 하지 않았다는 점이다. 이에 최고 경영자는 모든 결정과 그에 따른 책임의 90퍼센트를 각 지사장에게 일임하고 본사는 10퍼센트의 책임만 부담하는 방식을 도입했다.

그는 이처럼 권력을 분산한 동시에 직원들에 대한 신뢰를 충분히 드러냈다. 그는 직원 하나하나가 모두 매우 중요하며 이렇게 능력이 뛰어나고 책임감이 강한 직원들이 있으므로 굳이 자신이 나서서 지휘할 필요가 없다고 강조했다. 그는 "그들이야말로 회사를 위해 현장에서 직접 돈을 벌어들이는 사람들입니다. 다른 사람들이 지시할 필요는 없습니다. 그들은 직접 가장 좋은 방법을 모색할 수 있어요."

그는 언제나 직원들에 대한 무한한 신뢰를 표시하고 그들이 도움을 구하는 서한을 보내오면 뒷면에 자신의 의견을 적은 후, "이 문제는 정말 어려운 일이라고 생각합니다. 성공하길 바랍니다."라고 덧붙였다.

이러한 경영 방식을 채택한 후, 각 지사는 모두 이전보다 훨씬 큰 적극성을 보였고 지사장들은 어떻게 하면 지사의 규모를 더 키워 본사의 발전에 기여할 수 있을까를 고심하며 열심히 일했다. 그들은 자신의 재능과 창조성을 충분히 발휘했으며 말단 직원들까지 역시 이 기회를 십분 활용해서 최선을 다해 일했다.

기업을 경영하거나 부서를 이끄는 리더가 분신술을 구사하는 것이 아니라면 모든 것을 일일이 확인하고 결정할 수는 없는 노릇이다. 이때 부하직원에게 자신의 권력을 나누어준다면 더 효율적으로 관리할 수 있을 뿐 아니라 온갖 자질구레한 일들로부터 해방될 수 있다. 권력을 적절하게 분배하는 것은 현대 기업 경영에서 매우 중요한 요소다.

리더의 권력을 분산하는 것은 단순히 생각나는 대로 나누어주는 것과는 다르며 여기에는 두 가지 전제가 필요하다. 첫째, 신뢰할 만한 사람에게 주어야 한다. 둘째, 해당 부하직원이 책임을 맡을만한 심리적 준비가 되어 있는지 확인해야 한다. 리더로부터 신뢰받고, 심리적 준비가 된 사람만이 권력을 나누어 받았을 때 능동적으로 움직이고 중요한 때에 적절한 행동을 할 수 있다.

고대 로마의 법전에는 "행정장관이 사소한 일을 물어보는 것은 적합하지 않다."고 쓰여 있다. 합리적으로 권력을 나누어 받은 부하직원은 일할 때 적극성, 능동성, 창조성을 발휘할 것이다. "책임만 있고 권한이 없는 것은 지옥에 사는 것과 같다."는 말이 있다. 부하직원에게 권력을 나누어주고 책임을 지도록 하는 것이야말로 뛰어난 리더의 가장 현명한 '사람 쓰는' 방법일 것이다.

리더가 모든 일을 직접 확인하고 결정하며 부하직원들에게 조금의 기회도 주지 않는다면 직원들은 분명히 적극성을 잃고, 리더는 심신의 건강을 잃을 것이다.

제 8장

실패

– 데릭 복–

1930년에 태어난 데릭 복은 미국의 저명한 교육자이자 걸출한 사상가다. 그는 1954년
에 스탠퍼드 대학을 졸업했고 1961년부터 하버드 법학대학에서 강의했다. 또 1968년
부터 1971년까지 하버드 법학대학의 학장, 1971년부터 1991년까지 하버드 대학의
총장으로 일했다. 총장 재직 기간에 적극적인 개혁을 단행해서 하버드 대학을 새로운
시대로 이끌었다는 평가를 받고 있다. 그는 대학 경영의 경험을 바탕으로 고등교육에
관한 다양한 이론을 발표하기도 했다. 저서로는 ≪핵무기와의 공존(Living with Nuclear
Weapons)≫, ≪상아탑을 향해(Beyond the Ivory Tower)≫, ≪미국의 고등교육(Higher
Learning)≫, ≪정부의 문제(The Trouble with Government)≫ 등이 있다. 그의 독특한 관점
과 사상은 미국 학계의 큰 반향을 이끌었다.

모든 가능성이
열려 있다

수많은 과학자나 명사들은 꿈과 이상을 끊임없이 개발, 연구해서 중대한 발견 혹은 발명으로 실현했기에 큰 성공을 거두었다. 반면에 어떤 사람들은 일생 동안 이름을 알리지 못하고 어두컴컴한 동굴 속에 사는 쥐처럼 아무런 이목도 끌지 못한 채 살다가 죽는다. 생각이 있으면 행동으로 옮기고 더 노력해야 꿈을 현실로 만들 수 있으며 그래야만 인생이 더 화려하게 빛날 수 있다! 꿈이 있는 사람만이 쉬지 않고 한 걸음, 한 걸음 전진할 수 있는 법이다. 꿈은 그 사람에게 방향과 목표를 제시하기 때문에 꿈이 없는 사람은 다가올 미래도 없다! 그러므로 만약 꿈을 그저 꿈으로만 생각한다면 그 사람의 인생은 보잘 것 없이 끝나고 말 것이다.

남들보다 뛰어난 사람이 되려면 꿈을 목표로 삼아 포기하지 말고 앞으로 나아가야 한다! 꿈은 일상생활의 모든 것을 가능하게 할 것이다. 인생의 모든 기회는 사방에 숨어 있으니 마주했을 때 그것을 그냥 지나쳐버리지 않도록 해야 한다. 인생이라는 기나긴 여정은 수많은 갈림길로 가득하기 때문에 오른쪽으로 갈 것인지 아니면 왼쪽으로 갈 것인지 끊임없이 선택하고 판단해야 한다. 왼쪽으로 가기로 결정했다면 오른쪽으로 갔을 때 볼 수 있는 풍경을 놓치는 것이다. 용기를 내어 황량한 사막을 선택했다면 대신 화려하고 아름다운 경치를 보지 못한다. 이처럼 무한한 가능성으로 가득하지만 한 가지 확실한 것은 당신에게 꿈이 있다면, 그리고 그 꿈을 실현하기 위해 끊임없이 노력하고 모든 열정을 쏟아 붓는다면 무한한 가능성을 얻을 수 있다는 것이다. 인생에서 불가능한 것은 없다!

인간은 꿈이 있기에 위대한 존재다. 생각해보면 인류 역사는 꿈을 꾸고 또 그 꿈을 실현하는 여정이었다. 여기서 말하는 꿈이란 자면서 꾸었다가 깨고 나면 잊히는 것이 아니며 가슴 속에 품은 원대한 뜻으로 매 순간 적극적인 생각과 행동으로 만들어지는 것이다. 꿈의 중요성은 그것의 성공 여부가 아니라 끝까지 포기하지 않는 태도, 다른 것에 한 눈 팔지 않는 강인한 마음, 반드시 이루고 말겠다는 정신에 있다.

꿈을 꾸는 사람이 반드시 행복하다고는 말할 수 없지만 꿈을 꾸지 않는 사람은 분명히 괴로운 삶을 살 것이다. 인류 역사의 개척자들은 언제나 몽상가들이었으며 그들의 정신과 사상은 모두 그들의 꿈에서 시작된 것이었다. 자신의 천부적인 잠재능력을 발전시키고, 또 그것을 바탕으로 성공하고 싶다면 반드시 그 몽상가들처럼 끊임없이 앞으로 나아가는 진취적인 정신이 필요하다.

하고 싶은 일이 옳고, 그것에 대해 확신이 있다면 지금 당장 시작하라! 다른 사람들이 당신의 꿈에 대해 뭐라고 하더라도 신경 쓸 필요 없으며, 혹시 실패를 경험하더라도 괜찮다. 반드시 그 안에서 또 다른 성공의 씨앗을 찾을 수 있기 때문이다.

다른 사람들 눈에 이 찰스 슐츠(Charles Schulz)는 정말 대책 없어 보였다. 거의 모든 과목이 낙제였고, 중학생이 되어서도 특히 물리 성적은 언제나 0점이었다. 선생님들은 개교 이래 이렇게 엉망진창인 학생은 처음이라고 모두 고개를 저었다.

찰스 슐츠는 라틴어, 대수, 영어 등 과목에서도 참담할 정도의 성적을 받았으며 체육 역시 잘하지 못했다. 학교의 골프 동아리에서 활동하기는 했지만 역시 시즌 중 단 한 번 참가한 대회에서 보기 좋게 예선에서 탈락했을 뿐이다. 친구들과 지도 선생님이 그를 위로하기는 했지만 사실 객관적으로 봤을 때 그의 실력은 형편없었다.

게다가 성장 과정 내내 말주변이 없어서 사교 모임 같은 곳에 참석하는 일도 거의 드물었다. 혹시라도 어떤 친구가 학교 밖에서 그를 알아보고 인사하면 그는 깜짝 놀라 부끄러워하며 어딘가로 피하려고만 했다.

하지만 그렇다고 해서 친구들이 그를 싫어했다는 의미는 아니다. 사람들 눈에 그는 애초에 없는 존재와 마찬가지였기 때문에 싫어하고 말 것도 없었기 때문이다.

다른 사람들이 봤을 때 이 찰스 슐츠는 그야말로 완벽한 '실패자'였다. 그를 아는 모든 사람은 그의 이러한 문제를 잘 알고 있었고 그 자신도 그러했지만 별달리 신경 쓰지는 않았다. 어렸을 때부터 자랄 때까지 그가 오로지 몰두한 것은 단 한 가지, 바로 그림 그리는 일이었다. 그는 오래전부터 자신의 재능이 평범하지 않다고 확신했지만 그렇다고 해서 자만하거나 하지 않았다. 문제는 본인 외에는 그의 작품을 인정하는 사람이 단 한 명도 없었다는 것이다. 고등학교에 다닐 때 학교 잡지에 만화 몇 컷을 응모했지만 단 하나도 선정되지 못했다. 이후로도 몇 차례나 거절당했지만 그는 자신의 재능에 대한 확신을 잃지 않았으며 언젠가 반드시 만화가가 되겠다고 굳게 마음먹었다.

고등학교를 졸업하던 해, 그는 월트 디즈니에 자신을 소개하는 편지를 썼으며 작품을 보내달라는 연락을 받았다. 찰스 슐츠는 왠지 잘 될 것 같은 예감에 시간과 에너지를 모두 쏟아 작품을 완성했다. 그러나 결과는 실패였다.

그는 자신의 앞날이 어둠으로 가득한 것만 같았다. 어떻게 해야 좋을지 몰랐던 그

때, 찰스 슐츠는 다시 한 번 펜을 잡고 특별할 것 없는 자신의 삶을 그림으로 그리기 시작했다. 만화적 기법으로 어두운 어린 시절, 낙제를 계속한 학교생활, 허구한 날 거절당하는 만화가 지망생, 아무도 주목하지 않는 실패자의 삶을 묘사한 것이다. 이 작품은 수년간 화가가 되겠다는 꿈과 그것을 이루기 위해 애쓰는 자신의 모습, 그 자체였다.

절망의 끝에서 그린 이 작품은 후에 피너츠(Peanuts)라는 이름으로 전 세계에서 선풍적인 인기를 끌었다. 그가 그린 주인공 소년 찰리 브라운(Charlie Brown)은 역시 그처럼 실패자였다. 찰리 브라운이 날린 연은 항상 끊어져 멀리 날아갔고, 축구 시합에서 단 한 번도 골을 넣은 적이 없으며, 친구들은 그를 놀려댔다.

찰스 슐츠를 아는 사람은 찰리 브라운이 곧 그라는 것을 단번에 알아봤으며 그의 재능과 성공에 놀라움을 감추지 못했다.

찰스 슐츠는 마침내 성공했다. 이전에 그는 전형적인 실패자였으나 그 실패를 가치 있게 한 것은 다른 것이 아니라 바로 '꾸준함'이었다. 실패자가 실패하는 까닭은 대부분의 경우 다른 이유가 아니라 그냥 포기하기 때문이다. 포기 때문에 모든 것을 앞이 보이지 않는 실패로 만드는 것이다. 꾸준히 꿈을 이루려고 노력하는 사람에게만 기회는 찾아온다.

인간은 꿈이 있기에 위대한 존재라고 할 수 있다. 꿈이 있는 사람의 삶은 언제나 무한한 가능성이 있다.

고난은
성공을 부른다

무슨 일을 하든 항상 순풍에 돛 단 듯이 잘 풀리고 별 문제 없이 편하게 삶을 산다면 투지가 사라질 것이다. 그러나 고난을 마주하고 어떻게 해서든지 그것에서 벗어나려고 모든 잠재능력을 사용하며 저항하는 사람은 성취감을 느낄 수 있다. 그래서 인생은 반드시 고난과 함께 해야 한다.

고대 그리스의 우화 작가인 이솝(Aesop)은 "고난을 겪었다면 신에게 감사하라. 그것은 당신에게 새롭게 살아갈 힘을 줄 것이다. 사람은 고난 속에서 새로운 것을 배운다."라고 말했다. 실제로 성공한 사람들은 대부분 "고난이 지금의 나를 만들었습니다."라고 말한다. 고난이 정말 성공을 만들어낼 수 있을까?

성공한 사람들은 고난과 좌절에 부딪혔을 때 고통을 견디는 법을 배우고 성공의 지혜를 얻는다. 살면서 어려운 일이 하나도 없을 수는 없으니 반드시 그것을 성공의 발판으로 삼아야 한다.

러시아의 시인이자 과학자인 미하일 로모노소프(Mikhail Lomonosov)는 백해(白海) 해안 아르항겔스크(Arkhangelsk)의 작은 어촌에서 태어났다.

그의 아버지는 교육을 받지 못한 어부였으나, 숙부는 교회의 집사로 아는 것이 많아 어린 로모노소프에게 글을 가르쳐주었다.

성공하려면 그만큼 많은 고난을 겪어야 한다고 하지만 로모노소프의 삶은 특히 그러했다. 로모노소프의 생모는 그가 어렸을 때 세상을 떴고, 그를 돌봐주던 계모 역시 병으로 곧 사망했다. 아버지는 얼마 지나지 않아 두 번째 계모를 들였는데 그녀는 어린 로모노소프를 구박하고 못살게 굴었다. 계모는 항상 화를 내고 공부를 방해했으나 힘든 환경에서도 그는 책을 읽고 배우는 것을 멈추지 않았다.

그러나 척박한 어촌에서 로모노소프가 공부를 계속하기는 어려웠다. 그는 더 이상 읽을 책을 구하지도 못했으며 더 많은 것을 가르쳐줄 사람도 없었다. 어느 날 그는 옆 마을 투친 씨의 집에서 좋은 책 두 권을 발견했지만 투친 씨는 원래 다른 사람에게 책을 빌려주지 않는다고 딱 잘라 말했다.

이 때 투친 씨의 두 아이가 로모노소프에게 다가와 장난기 어린 말투로 만약 공동묘지에서 하룻밤을 보낸다면 책을 빌려주겠다고 제안했다.

로모노소프는 주저했지만 결국 그날 밤 담요 한 장을 가지고 식구들 몰래 공동묘지에 가서 하룻밤을 보냈다. 오로지 책을 읽고 싶다는 생각에 세찬 바람과 추위, 공포를 참아가며 버틴 것이다.

다음 날, 로모노소프는 마침내 원하던 책 두 권을 빌렸다.

그는 이후에도 무언가 새로운 것을 배울 수 있다면 무슨 방법을 써서라도 배웠고, 어떻게 해서든지 계속 공부할 기회를 찾았다.

같은 해, 로모노소프는 이웃에게 빌린 약간의 돈을 가지고 무려 한 달이 걸려 모스크바에 도착했다.

그러나 당시 모스크바의 학교는 모두 귀족의 자제를 대상으로 운영되고 있었으며 로모노소프처럼 빈농의 자식을 위한 학교는 없었다. 그는 모스크바로 가기만 하면 학교를 다닐 수 있다고 생각했기에 또 한 번 좌절했지만 다시 힘을 내 해결책을 찾아보았다.

한 학교의 교무주임인 와노소프 신부는 매우 정직하고 학문이 뛰어난 사람이었다. 그는 학교에 들어오고 싶다고 말하는 로모노소프에게 좋아하는 시 한 편을 암송해보라고 시켰다.

시를 모두 암송하자 와노소프 신부는 깜짝 놀라며 감탄했다.

"이렇게 훌륭한 학생이 우리 학교에는 왜 없을까!"

로모노소프의 재능을 알아본 와노소프 신부는 교장에게 그가 귀족의 자제라고 거짓말까지 하며 학생으로 받아들였다. 이리하며 로모노소프는 모스크바의 최고 명문 학교에 입학했다. 그러나 그의 고난이 여기서 끝난 것은 아니었다.

그는 키가 매우 크고 항상 낡은 옷을 입고 있었으며 말투와 행동이 모두 촌스러운 탓에 항상 단정하고 고급스러운 귀족 자제들 사이에서 확연히 티가 났다. 친구들은 항상 그를 놀리며 장난을 쳤다. "꺽다리, 바보, 억센 손과 발……."

하지만 친구들의 놀림보다 더 참기 어려운 것은 사실 배고픔이었다. 고향의 아버지가 용돈을 보내는 것을 거부하자 그는 빵 한 조각, 물 한 컵으로 하루를 버텼고 항상 굶주렸다.

그러나 이렇게 힘든 환경도 성공을 향해 나아가는 그의 발목을 잡지는 못했다. 굶어 죽을 것만 같은 상황에서도 로모노소프는 열심히 공부했고 나날이 발전해나갔다.

로모노소프는 이 학교에서 5년 동안 공부한 후 우수한 성적으로 졸업했다. 그리고 당시 러시아 최고의 대학이던 상트페테르부르크 대학에 입학했으며 이후 뛰어난 화학자가 되었다.

고난을 이겨내지 못하고 좌절한 채 무너지는 사람은 그저 실패자가 될 수밖에 없으며 좌절, 고난, 실패, 고통을 모두 끝까지 참는 사람만이 마침내 성공할 수 있는 법이다. 성공한 사람은 자신에게 주어진 고난을 일종의 훈련이라고 생각한다. 그들은 고난을 앞으로 나아갈 수 있는 원동력으로 삼아 그 안에서 살아갈 용기를 얻고 또 다른 고난을 이겨낼 수 있는 방법을 배운다. 고난 속에서 자신을 연마하고 의지를 더 굳건히 다져서 스스로 더 강해져 성공하는 그 날까지 포기하지 않고 나아가는 것이다.

성공하고 싶다면 고난에 감사할 줄 알아야 한다. 고난은 당신을 더욱 강하게 만들며, 인내와 용기를 가르쳐서 성공으로 나아가게 한다.

무너지지 않아야
승리할 수 있다

'패배에 무너지지 않는 것'은 좌절과 실패를 마주했을 때 반드시 지켜야 할 태도다. 한 번 실패했다고 해서 다시는 성공할 수 없다고 생각하며 노력 조차 하지 않는다면 모든 희망과 가능성 역시 함께 사라지는 것이다.

성공한 사람들은 대부분 현재의 성공을 거두기 전에 수많은 좌절과 실패를 겪었다는 공통점이 있다. 다른 사람이 보기에 다시는 재기할 수 없을 정도로 완전히 무너진 것 같지만 그들은 반드시 다시 일어나서 결국 성공을 거둔다. 단 한 번도 실패하지 않는 인생은 그리 대단할 것이 없다. 인생의 진정한 가치와 의미는 여러 번 실패하고도 다시 일어나서 싸우는 것에 있다. 성공한 사람은 실패를 겪지 않은 사람이 아니라 거듭된 실패 후에 다시 성공을 향해 매진한 사람이다. 패배에 무너지지 않는 정신이 그들을 성공으로 이끈 것이다.

미국의 젊은 사업가 사이러스 필드(Cyrus W. Field)는 영국과 미국을 잇는 대서양 해저케이블을 설치한 사람이다. 그는 이 엄청난 규모의 사업을 구상한 단계에서부터 수많은 어려움과 실패에 부딪혔다.

그는 대규모 전함 아가멤논 호와 5천 톤 급의 선박 나이아가라 호를 각각 영국과 미국 정부로부터 빌려서 야심 차게 해저 케이블 건설 작업을 시작했다. 그러나 케이블이 서로 엉키거나 끊어지는 일이 반복되었고, 한 번은 케이블이 휘어 작업 선박까지 뒤집힐 뻔했다.

크고 작은 실패가 여러 차례 계속되면서 사람들은 모두 대서양 해저 케이블 건설 자체를 의심하기 시작했다. 그러나 필드는 성공을 확신했기에 우려와 반대의 목소리가 들리는 중에도 꿋꿋하게 자신의 뜻을 밀고 나갔다. 그는 700마일이나 되는 케이블을 새로 구매했으며 건설 작업에 투입될 기계를 새로 제작했고 전문가들을 초빙해서 완전히 새로운 건설 계획을 세웠다.

그러나 공사는 여전히 순조롭지 않았으며 급기야 대부분의 투자자가 손을 떼겠다고 선언했다. 남은 몇 안 되는 투자자들도 고군분투하는 필드가 안타까워 차마 투자를 포기하지 못하는 상태였다.

여러 가지 방법을 시도하던 필드는 마침내 모든 케이블을 끊어지지 않고 완벽하게 설치했으며 시험 통신에도 성공했다. 그러나 필드를 비롯한 관계자들이 샴페인을 터트리려고 준비하던 때 해저 케이블에 다시 문제가 발생했다는 소식이 들려왔다.

이때 다른 사람들은 모두 절망에 빠졌지만 필드는 여전히 담담했다. 더 이상 그에게 투자하겠다는 사람이 없자 필드는 포기하지 않고 계속 새로운 투자자를 찾았다. 그러나 모든 시도가 실패로 돌아갔다.

투자자들은 더 이상 기회를 주지 않았으며 대서양 해저 케이블 건설 사업은 문을 닫기 일보직전이었으나 실패는 결코 필드를 무너뜨리지 못했다. 다음 해, 그는 새로운 회사를 세우고 다시 한 번 새롭게 투자자를 물색해서 공사 재개를 위해 열심히 뛰었다.

이후에도 수많은 실패와 난관에 부딪혔지만 필드는 모두 극복해냈다. 1866년 7

월, 필드는 마침내 해저 케이블 건설에 성공했으며 세계 최초의 대서양을 가로지르는 전보를 발송했다. 그 내용은 다음과 같다.

"7월 27일, 저녁 9시에 우리는 목적지에 도착했다. 모든 것은 순조로웠다. 신께 감사한다! 케이블은 모두 완벽하게 건설되었고 정상적으로 작동한다. −사이러스 필드."

사이러스 필드의 사업은 실패와 난관으로 가득했지만 고귀한 정신으로 무장한 그는 마침내 휘황찬란한 성공을 거두었다. 누구나 살면서 크고 작은 수많은 좌절을 겪는다. 이때 성공하는 사람들은 뒤로 물러서지 않으며 눈앞의 좌절과 난관을 성공으로 가는 관문이라고 생각하며 과감하게 맞서고 꿋꿋하게 전진한다. 그들에게 좌절은 귀중한 자산이며 성공의 발판이다. 좌절과 난관 앞에서 무너지지 않고 버틸 수 있느냐 없느냐는 성공과 실패를 구분하는 지표라고 할 수 있다.

평생 단 한 번도 좌절을 겪지 않고 살 수는 없다. 이때 무너지지 않는 사람만이 성공할 수 있는 희망도 있는 법이다. 지금 좌절과 난관이 당신 앞에 있다 하더라도 절대 포기하지 말고 자신을 응원하자. 끝까지 무너지지 않고 버틴다면 반드시 기적이 일어날 것이다.

겁먹지도,
포기하지도 말라

성공을 거머쥐기까지 거의 모든 사람이 실패를 맛본다. 이때 우리는 어떤 마음가짐으로 실패를 대해야 할까?

한 가지 확실한 것은 실패를 두려워해서는 절대 성공할 수 없다는 사실이다. 실패의 경험은 결코 나쁜 것이 아니다. 영국의 한 극작가는 이렇게 말했다. "우리에게 가장 큰 행운은 바로, 실패를 맛보고 넘어진 곳에서 다시 일어설 수 있다는 것이다."

발명가 에디슨 역시 "어려움 앞에서 포기하는 사람이야말로 진정한 실패자다."라고 말했다.

사람들이 실패에 무너지는 주요 원인 중 하나는 바로 그들이 스스로 어려움을 극복해낼 방법이 없다고 생각하기 때문이다.

이것은 링 위에 올라간 권투선수가 상대 선수의 늠름한 모습에 기가 눌려 도망가는 것과 다를 바가 없다. 그는 상대 선수에게 공격을 당해 무너진 것이 아니라 스스로 자신을 무너뜨린 것이다! 이런 어처구니없는 상황을 피하려면 반드시 용감하게 앞으로 나아가야 한다. 시도해보지도 않고서 왜 실패할 것이라고 생각하는가? 또 실패한다고 해서 나쁠 것이 뭐가 있겠는가?

≪세상에서 가장 훌륭한 세일즈맨(The Greatest Salesman in the World)≫의 저자 오그 만디노(Og Mandino)는 이렇게 말했다.

"내가 아무리 여러 번 시도해도, 아무리 열심히 일하고 잘하더라도, 아무리 많은 대가를 치르더라도, 좌절과 실패는 매일, 매년 그림자처럼 나를 따라다녔다. 누구든, 설령 그가 강인한 영웅일지라도 모든 사람은 대부분의 시간을 실패의 공포 속에서 보낸다."

≪바람과 함께 사라지다(Gone with the Wind)≫를 쓴 마거릿 미첼(Margaret Mitchell)은 전 세계에서 가장 유명한 여류 작가다. 그러나 예상과 달리 그녀는 평생 창작에 매진하면서 굴곡과 고난으로 가득한 삶을 살았다. 마거릿 미첼은 글을 쓰는 것 외에 다른 일을 전혀 하지 않았기 때문에 매우 가난했다. 처음에 출판사들은 그녀의 원고를 거들떠보지도 않았다. 그녀는 계속되는 실패에 고통스러웠지만 단 한 번도 물러서지 않았다.

"당시 저는 무척 힘든 상황이었지만 포기한 적은 없습니다. 저는 항상 제게 말했습니다. '그들이 내 작품을 선택하지 않은 것은 분명히 작품이 좋지 않기 때문일 거야. 반드시 더 나은 작품을 쓰고 말겠어.'라고요."

이후 수년에 걸친 노력 끝에 ≪바람과 함께 사라지다≫가 출판되었고 마거릿 미첼은 마침내 성공한 작가가 되었다. 그녀는 한 인터뷰에서 이렇게 말했다. "≪바람과 함께 사라지다≫가 출판되기 전에 저는 여러 출판사에 거의 1,000통이 넘는 편지를 쓰고 원고를 보냈습니다. 그러나 단 한 곳도 제 작품을 출판하려고 하지 않았죠. 저는 이것을 제 작품이 부족하니 더 열심히 글을 쓰라는 신호로 받아들였어요. 그래서 항상 이전보다 더 나은 글을 쓰려고 노력했고 마침내 ≪바람과 함께 사라지다≫를 완성했죠."

한 심리학자는 "실패를 무심히 받아 넘긴다면 그것은 당신을 어쩌지 못할 것이다. 마음의 평정을 유지하는 사람만이 성공할 수 있다."고 말했다. 실패 역시 긍정적인 가치가 있으며 어쩌면 신께서 당신을 훈련시키기 위해 내려 준 것일지도 모른다.

미국의 한 유명 진행자는 "처음 이 세계에 발을 들였을 때는 큰 난관에 부딪힌 적이 있습니다. 그 일로 저는 방송국에서 해고당했지만 저는 이 일을 성공의 발판으로 삼았죠."라고 말했다. 그는 실패가 한 사람을 무너뜨릴 수도 있지만, 다시 성공시킬 수도 있다고 강조했다. 의지가 강한 사람이라면 실패는 그를 자극해 성공으로 나아가게 해 줄 것이다.

좌절을 겪을 때 사람들은 매우 다양한 태도를 취하지만 크게 두 가지로 나눌 수 있다. 하나는 적극적, 진취적인 태도로 매우 이성적으로 자신을 다독여 성공으로 나아가게 하는 것이다. 다른 하나는 소극적, 방어적인 태도로 비이성적으로 목표를 포기하고 무너지는 것이다.

인생은 마라톤과 같다. 끝이 보이지 않을 정도로 길며 수많은 곡절과 실패, 좌절이 있기 때문에 반드시 인내, 투지, 그리고 강인함이 필요하다. 인생의 길에서 성공을 거두려면 흔들리지 않고 앞으로 나아가야 하며 무슨 일을 하든 무너지지 않겠다는 정신이 필요하다. 고대 그리스의 철학자 소크라테스는 "역경은 사람을 단련시키는 최고의 학교다."라고 말했다. 프랑스의 소설가 오노레 드 발자크(Honore de Balzac) 역시 "고난은 천재에게 성공의 발판이며, 상인에게 재물이며, 약자에게 힘이다."라고 말했다. 역경은 사람을 무너뜨릴 수도 있고, 단련시킬 수도 있다. 의지가 약한 사람은 역경을 마주하고 무너지지만 강한 사람은 더욱 강해진다. 좌절과 고난을 마주하고 절대 포기하지 않으며 끝까지 나아가는 사람만이 승리의 기쁨을 느낄 수 있다.

좌절은 피할 수 없으며 참고 견디다 보면 그 뒤에는 분명히 성공이 따라올 것이다. 좌절에 무너지지 않고 앞으로 나아가야만 새로운 길을 개척할 수 있다.

고난과
도전을 마주하라

"성공하기 위해 나는 수천 번을 시도했지만 효과를 보지 못했어." 당신은 이 말을 믿는가? 그들은 아마 백 번도 시도하지 않았을 것이다. 어쩌면 여덟 번, 아홉 번, 열 번 정도를 시도했을 지도 모르겠다. 더 중요한 것은 이 말 뒤에 숨어 있는 의미, 바로 '효과를 보지 못했으니 이제 포기해야겠다.'는 마음이다. 아무리 실패가 거듭되더라도 계속 다시 시도하겠다는 마음가짐만 있다면 반드시 성공할 수 있다. 이런 마음가짐은 실패할 때 반드시 필요한 것이다.

고대 그리스의 기하학자 유클리드(Euclid)는 "전체는 부분의 총합이며, 각 부분보다 크다."고 했다. 어쩌면 실패란 당신에게 더 많은 것이 필요하기 때문에 일어나는 일일지도 모른다. 그러므로 성공하고 싶다면 필요한 모든 것을 더해서 완전한 하나로 만들어야 한다.

1918년 폴 갤빈(Paul V. Galvin)은 퇴역 후 고향으로 돌아와서 회사를 차렸으나 판로를 뚫는 것이 쉽지 않았다. 어느 날 점심을 먹으러 나갔다 돌아온 그는 공장의 자물쇠가 망가져 있는 것을 발견했다. 깜짝 놀라 달려가 보니 돈 될 만한 것은 모두 도둑맞았으며 심지어 의자에 걸어둔 그의 옷까지 사라진 상태였다.

1926년 그는 다시 라디오 생산회사를 열었다. 당시 미국에는 약 3,000대 정도의 라디오가 있었는데 2년 후에는 약 100배 정도로 늘어날 것으로 예상했기 때문이다. 갤빈과 동업자는 건전지로 작동하는 일반적인 라디오와 달리 필라멘트 정류기로 건전지를 대신하는 라디오를 개발했는데 아이디어는 좋았으나 역시 판로를 개척하는 것이 쉽지 않았다. 사업은 나날이 어려워졌고 그들은 거의 폐업 상태에 내몰렸다. 3년이 채 못 되어 결국 파산하고 말았다.

그는 매우 어려운 지경에 처했으나 다시 오래전부터 생각해 온 자동차 라디오 생산에 또 다시 도전하기로 마음먹었다. 그러나 이번에는 기술적인 문제에 부딪혔다.

1930년 말까지 공장의 장부에 기록된 적자만 무려 374만 달러에 달했다. 어느 주말 저녁, 아내가 다급한 목소리로 식료품과 집세를 낼 돈이 있냐고 물었지만 그에게 남은 것은 고작 24달러뿐이었다.

그러나 이후 몇 년 동안 포기하지 않고 수차례 노력한 결과 갤빈은 마침내 자동차 라디오 제작과 판매에 성공했으며 큰돈을 벌었다. 그는 커다란 저택을 지어서 자신이 제작한 최초의 자동차 라디오 이름을 붙여주었다.

성공으로 나아가는 길은 결코 순탄하지 않지만 잃는 것이 있어야 얻는 것도 있는 법이다. 언제나 긍정적인 마음가짐으로 최선을 다해 노력한다면 결코 좌절에 무너지지 않을 것이다. 좌절과 역경에 부딪혔을 때 소극적으로 대처하는 사람은 영원히 실패자로 남을 것이며, 적극적으로 맞서는 사람은 겹겹이 싸인 어려움을 뚫고 나가 성공으로 달려갈 수 있다.

역경을 피할 수는 없으므로 우리는 그 안에서 동력을 찾아 성공으로 나아가는 추진력으로 삼아야 한다. "고난과 좌절은 신이 일부러 우리를 시험하는 것이다. 그것은 성공의 또 다른 모습이며 성공과 실패는 우리의 손에 달려 있다."

이미 예순 살이 넘은 노인인 루더만은 자신이 실패를 가장 많이 경험한 사람이라고 생각한다. 그러나 그는 역경 속에서 걸어 나왔고, 지금은 2억 달러에 달하는 부를 쌓은 대부호가 되었다.

루더만은 당시를 회상하며 이렇게 말했다. "그때 나는 학교에서 쫓겨나서 한 석유회사에 들어갔습니다. 경험이 쌓이면서 내가 이 회사의 직원이 아니라 독립된 석유 시출업자라고 생각했죠. 어느 정도 돈이 모이자 장비를 빌려서 직접 석유 시출 사업을 벌였어요. 그 후 2년 동안 모두 거의 30개의 시출구를 뚫었는데 모두 말라 아무 소용이 없게 되었죠. 나는 정말 실망했어요."

이때 거의 마흔 살이 다 된 루더만은 아무것도 이룬 것이 없었지만 포기하지 않고 오히려 더 열심히 일했다. 그는 다시 석유 시출과 관련된 각종 자료를 검토하고 전문 서적을 읽었으며 풍부한 이론적 지식을 쌓았다. 그리고 다시 재정비해서 설비를 빌려서 수많은 연구를 거쳐 다시 한 번 석유 시출을 시작했다. 이번에는 모든 시출구에서 석유가 쏟아져 나왔으며 그는 큰 성공을 거두었다.

실패를 바라는 사람은 없지만 살면서 한 번도 실패하지 않는 사람은 없다. 세계적인 성공학 연구자 나폴레온 힐은 실패가 성공을 이끄는 방식으로 다음의 세 가지를 지적했다.

첫째, 실패는 새로운 인생의 기회를 열어주는 문이다.

둘째, 실패는 자만한 사람에게 각성제가 될 수 있다.

셋째, 실패는 어떤 방법이 잘못된 것인지 알려준다.

실패가 당신에게 주는 역경은 반드시 나쁜 것이라고 할 수 없다. 당신이 그 안에서 동력을 얻을 수만 있다면 성공으로 나아가는 데 큰 도움이 될 것이다.

좋은 기회가 주어지지 않아 원망스러운가? 운이 좋지 않아 속상한가? 도움을 줄 귀인이 나타나지 않아 안타까운가? …… 기억하자! 당신에게 필요한 것은 반드시 역경을 이겨 내겠다는 강한 의지일 뿐, 다른 것은 필요 없다!

집착하는
사람이 되라

집착, 이것은 묵묵히 고생스럽게 나아가는 것이며 담담한 마음가짐이다. 또한 강인한 정신 상태며 욕심 없는 절개다. 집착은 생존에 필요할 뿐 아니라 정신적으로도 반드시 필요한 것이다. 살다보면 당신을 매료시켜 더 열심히, 전진하게 만드는 무언가를 만난다. 어쩌면 아무리 노력해도 가지지 못할 수도 있지만 그 과정은 힘들지만 행복할 것이다.

주위를 둘러보면 무언가에 집착하며 사는 사람이 많다. 영국의 유명 세일즈맨인 피터도 그중 하나다.

피터는 한 신문사 광고 부서에서 세일즈맨으로 첫발을 디뎠다. 당시 피터는 다른 동료와 확연히 다른 방식으로 일했다. 예를 들어 동료들은 광고를 얻기 쉬운 곳을 찾아가 실적을 올렸지만 피터는 일부러 동료들이 성공하지 못한 고객의 명단을 수집해서 자신의 고객으로 만들기로 마음먹었다. 그는 고객을 만나러 가기 전에 먼저 신문사 근처의 공원에 가서 고객 명단을 100번 정도 반복해서 읽고 말했다. "이번 달 안에 당신은 내게 광고를 의뢰할 것입니다!"

물론 실제 상황은 이것과 거리가 멀었으며 광고 세일즈는 그리 녹록한 일이 아니었다. 한 상인은 피터가 아무리 열심히 권해도 일언지하에 거절했다. 한 달 내내 거절당한 피터는 다음 달부터는 아예 매일 아침 일찍 가게가 문을 열자마자 들어가서 광고를 권했다. 그러나 상인은 언제나 'No'를 외쳤고, 피터는 더 이상 아무 말도 하지 않고 나온 후, 다음 날 아침 다시 방문했다. 이렇게 해서 꼬박 30일 동안 'No'를 외친 상인은 31일째 되던 날 더 이상 궁금증을 참지 못하고 물었다.

"지금 꼬박 한 달을 낭비하고 있는 것 알고 있소? 도대체 왜 이러는 거요?"

"아닙니다. 저는 지금 시간을 낭비하고 있지 않습니다. 한 달 동안 학교에 다닌다고 생각하고 있습니다. 사장님이 제 선생님이시죠. 저의 세일즈 정신을 훈련 시켜주시지 않습니까!" 상인은 피터의 대답을 듣고 고개를 끄덕이며 감동한 듯 말했다.

"오! 정말 그렇군요. 한 달 동안 나도 학교에 다닌 것과 마찬가지였소. 나는 당신으로부터 무엇이든 끝까지 해야 한다는 것을 배웠소. 이것은 돈보다 더 가치 있는 교훈이지. 학비로 광고를 사겠소!"

피터는 마침내 상인을 자신의 고객으로 만들었다. 이 성공은 집착의 중요성을 의미했다. 무엇이든지 포기하지 않고 끝까지 노력하는 것은 성공하는 데 가장 기본적이면서도 중요한 요소다. 이러한 정신이 부족하다면 실패에 쉽게 무너져 결코 성공을 거둘 수 없다.

시시포스(Sisyphus)가 죄를 저지르자 신들은 커다란 바위 덩어리를 산 정상까지 밀고 올라가는 형벌을 내렸다. 이 바위는 너무 크고 무거워서 도중에 굴러 떨어지면 다시 산 아래서부터 밀고 올라가야했다. 신들은 이렇게 기계적으로 쉬지 않고 계속 반복하는 노동이 가장 엄격한 징벌이라고 생각했지만 시시포스는 오히려 즐거워하며 힘들어하지 않았다. 한 걸음, 한 걸음 쉬지 않고 바위를 밀어 올리면서 무엇보다 충실한 삶을 살고 있었기 때문이다.

이 신화는 집착의 정신을 잘 보여준다. 당신이 높은 지위에 있든 평범한 사람이든, 무언가에 집착하고 노력해야만 득과 실, 명예와 수치도 있으며 인생을 바라보는 넓은 마음이 생기는 법이다.

당신이 사랑하는 일에 집착하라, 성공을 추구하라, 그러면 인생의 가치는 더욱 커질 것이다.

더 나은 일과 생활을 위해 더 집착하라. 성과는 조금 일찍 혹은 조금 늦게 거둘 수도 있고, 작거나 클 수도 있다. 그러나 끝까지 집착하는 것, 그 자체에 삶의 의미가 있다.

잃은 것에서
얻어라

어려운 과정을 견뎠을 때, 자아를 초월해서 승리를 거두었을 때, 우리는 성취감을 얻고 그 안에서 다시 행복을 느낀다. 시카고 대학 총장에게 행복의 비결을 묻자 그는 이렇게 대답했다. "시디 신 레몬 하나를 맛 좋은 레몬주스로 만드는 것! 이것이 바로 제가 오랫동안 지켜온 것이지요."

만약 당신에게 먹기 힘들 정도로 신 레몬 하나가 생긴다면 어떻게 하겠는가? 아마 대부분 사람은 바로 버리고 "나는 됐어! 내가 이렇게 운이 없다니까! 이렇게 신 것을 어떻게 먹겠어?"라고 말할 것이다.

그러나 현명한 사람은 주어진 상황을 받아들이며 포기하지 않고 이렇게 말한다. "흠. 어떻게 해야 할까? 어떻게 해야 이 레몬을 맛 좋은 레몬주스로 만들 수 있을까?"

일생 동안 인간의 잠재능력에 대해 연구한 한 심리학자는 "사람의 가장 불가사의한 면은 바로 역경을 순탄하게 만드는 능력이다."라고 말했다.

한 남자아이가 아주 가난한 집에서 태어났다. 아버지가 세상을 떠나자 가족들은 장례비조차 없어서 아버지 친구의 도움을 받아야만 했다. 어머니는 공장에서 매일

10시간씩 일했고, 종종 일거리를 집에까지 가져와서 일하는 등 이루 말할 수 없는 고생을 했지만 상황은 나아지지 않았다.

그러던 어느 날, 남자아이는 우연한 기회에 마을 교회에서 친구들과 연극을 한 후 무대의 매력을 느꼈다. 이후 그는 연설을 연습하기 시작했고, 탁월한 연설 솜씨로 정계에까지 진출했다. 서른 살이 되던 해에 그는 뉴욕주 의회의 의원으로 선출되었으나 사실 이렇게 큰 책임을 맡을만한 준비가 되어 있지 않았다. 그는 자신의 부족함을 메우기 위해 매일 밤을 새워 가며 복잡한 법안을 공부, 연구했다.

그는 이후 주 삼림위원회의 위원으로 선출되었는데 이번에도 역시 삼림에 대해 아는 것이 없어 걱정이 많았다. 경제위원회의 위원으로 선출되었을 때도 마찬가지였다. 여러 직책을 맡으면서 그는 항상 좌불안석이었다. 자신을 자랑스러워하는 어머니만 아니었다면 당장 그만두고 싶을 정도였다. 그는 새 직책을 맡을 때마다 하루에 열여섯 시간씩 관련 공부를 했다. 바로 레몬을 레몬주스로 만든 것이다! 이러한 끊임없는 노력 덕분에 그는 전국에서 가장 유명한 정치가가 되었으며 '뉴욕 타임즈'는 그를 '뉴욕에서 가장 인기 있는 사람'으로 선정했다.

그가 바로 후에 뉴욕주 주지사를 네 번이나 연임한 앨 스미스(Alfred Emanuel Smith, Jr.)다. 초등학교밖에 졸업하지 못한 그는 민주당 대통령 후보 경선에 지명되었으며 하버드 대학의 여섯 개 단과 대학에서 명예학위를 받았다.

1925년, 스물네 살의 청년 벤자민 포트슨(Benjamin W. Fortson, Jr.)은 산에서 호두나무를 베어 마차에 실었다. 집으로 돌아오던 길, 커브길에서 미처 속력을 줄이지 못한 바람에 마차 뒤의 나무들이 앞으로 쏟아져 그를 덮쳤다. 이 사고로 척추를 다친 벤자민은 하반신이 마비되어 다시는 일어서지 못했다.

정직하고 성실한 청년이던 벤자민은 잔혹한 운명을 받아들이고 꿋꿋이 살기로 했다. 물론 처음에는 그 역시 신을 원망하고 자신에게 일어난 일을 한탄했다. 그렇게 시간이 흐르고 나이가 들면서 벤자민은 운명을 탓하는 것은 자신을 무너뜨리고 가족과 친구를 멀어지게 한다는 것을 알게 되었다.

이후 그의 생활은 어떻게 변했을까? 자신에게 닥친 불행을 어떻게 받아들였을까? 벤자민은 새로운 생활을 하기로 결심하고 우선 세계의 고전 명작들을 읽기 시작했다. 그는 거의 1,500권이 넘는 책을 읽었으며, 책 속의 지혜는 그의 생활을 더욱 풍요롭게 만들었다. 이밖에 그는 클래식 음악을 들으며 마음을 가라앉히고 사색을 즐겼다. 정치, 사회, 일상생활 등에서 발생하는 각종 문제를 깊이 사고했으며, 가치 있는 것에 대해 생각했다. 다양한 독서와 음악, 깊은 사고의 결과물은 그를 더욱 성숙하게 만들었다. 이후 그는 휠체어에 앉아 공공문제에 대한 자신의 관점을 이야기하기 시작했고 많은 사람이 그의 말을 경청했다. 그의 생각에 동의하는 사람이 많아지면서 그는 정계로 진출했고 후에 조지아 주정부의 장관이 되었다.

윌리엄 제임스는 "가장 큰 약점은 종종 예상치 못한 커다란 동력이 된다."고 말했다. 그렇다. 영국의 문학가 존 밀턴(John Milton)의 눈이 보였다면 그렇게 아름다운 시를 쓸 수 있었을까? 루드비히 반 베토벤(Ludwig van Beethoven)이 청력에 아무 문제가 없었다면 사람을 감동시키는 훌륭한 음악을 작곡할 수 있었을까? 헬렌 켈러의 창작품 역시 모두 그녀의 개인적인 고통에서 시작되었다. 차이콥스키(Tchaikovsky)의 결혼생활은 그를 자살로 몰고 갈 정도로 불행했지만 그는 불후의 명곡들을 남겼다. 톨스토이(Tolstoy)와 도스토옙스키(Dostoevsky) 역시 비참한 인생을 살았지만 후대를 감동시키는 소설을 남겼다. 찰스 다윈(Charles Darwin)은 이렇게 말했다. "만약 내가 유능했다면 이렇게 고생하며 일하지 않았을 것이다." 그는 자신의 약점을 받아들이고 성공으로 나아가는 원동력으로 삼았다. 다윈이 영국에서 태어나던 날, 미국 켄터키 주의 작은 오두막에서도 아기가 태어났다. 그 역시 자신의 약점을 원동력으로 삼은 사람으로 바로 후에 미국의 제16대 대통령이 된 에이브러햄 링컨이었다. 그가 부유한 가정에서 태어나 하버드 대학에서 법학 학위를 받고 원만한 결혼을 했다면 결코 게티즈버그의 명연설을 하지 못했을 것이다.

올레 불(Ole Bull)은 세계적으로 유명한 바이올리니스트다. 파리의 한 음악회에서 연주하던 그는 도중에 바이올린 줄이 하나 끊어지자 얼굴색 하나 변하지 않고 나머지 세 줄로 무사히 연주를 마쳤다.
한 작가는 이 이야기를 하며 "이것이 바로 인생이다. 줄 하나가 끊어지면 남은 줄로 곡을 완성하는 것이다."라고 말했다.

이것은 단순히 인생일 뿐 아니라 삶을 초월하는 훌륭한 지혜다!
당신이 가진 것을 활용하는 것은 누구든지 할 수 있는 일이므로 중요하지 않다. 정말 중요한 것은 어떻게 하면 당신이 없은 것 중에서 얻을 수 있느냐다. 이것은 매우 고귀한 지혜가 필요한 일이다.

비참한 운명을 마주하더라도 포기하지 말고 한 방향으로 꿋꿋하게 걸어 나가야 한다. 그러면 황무지를 벗어나 싱그러운 초원을 찾을 수 있을 것이다.

1%의 성공으로
99%의 실패를 넘어서라

인생은 마라톤과 같아서 길고 굴곡이 많다. 그러므로 반드시 인내해야 하며 견디고 끝까지 최선을 다해야 한다. 성공할 수 있는 사람은 모두 좌절과 어려움 앞에서 영원히 포기하지 않으며 끝까지 하는 사람이다. 그들이 길고 긴 인생에서 성취를 이루는 까닭은 바로 항상 믿고 의지하고 최선을 다하기 때문이다.

일본의 신화적 경영자 혼다 쇼이치로(本田宗一郎)는 한 가난한 집안에서 태어났다. 아홉 형제 중 다섯 명이 영양실조로 일찍 죽었을 정도로 집안 사정이 좋지 않았다. 그의 아버지는 길에서 자전거를 수리하는 사람이었다. 하지만 혼다 쇼이치로의 환경은 그가 처음으로 오토바이를 제작할 때 매우 유리하게 작용했다. 그의 아버지는 그에게 기계적 문제를 가르쳐 주었고, 오토바이의 기초적 작동 원리에 대해 자세히 알려주었다.

그는 학교 다닐 때 공부를 매우 싫어했지만 실험실만은 좋아했기 때문에 항상 창의적인 실험 방법을 제일 잘하는 학생으로 손꼽혔다. 그는 항상 기계와 기계 장치 등을 좋아했으며 처음으로 자동차를 봤을 때 완전히 매료되었다.

"다 잊고 차 뒤꽁무니를 따라가야지. 정말 신날 거야. 내가 아직 어른이 되지 않았지만 언젠가 최고의 자동차를 만들고 말겠어."

당시 그는 자신이 이런 기계를 가지게 될지도 몰랐을 뿐 아니라 산업계의 거목이 될지도 몰랐다. 혼다 쇼이치로는 다른 사람에 비해서 더욱 오토바이와 자동차 산업에 힘을 기울었다.

1950년대 초기, 혼다 자동차 회사는 마침내 오토바이 사업에 뛰어들었고 5년 안에 250개의 경쟁 상대를 물리쳤다. 그는 어렸을 때의 더 멋진 자동차를 만들겠다는 환상을 마침내 실현한 것이다.

그는 미시간 대학의 명예박사 학위를 받고 이렇게 연설했다.

"그간의 일들을 돌아봤을 때 실수와 실패, 후회할 것을 제외하면 나는 아무것도 한 것이 없습니다. 그러나 한 가지 자랑스러운 것은 비록 연이어서 잘못을 저지르기는 했으나 그래도 이 잘못과 실패들이 모두 지금의 나를 만들었다는 것이지요."

혼다 쇼이치로의 말은 성공하는 사람은 모두 그의 의지 덕택에 풍부한 보상을 받을 수 있다는 의미였다. "많은 사람이 성공한 삶을 살고자 합니다. 내 경우에 성공은 여러 차례의 실패 후, 그리고 실패에 대해 반성을 한 후에 비로소 얻어지는 것이었습니다. 사실 성공은 그저 내가 한 일의 1%밖에 되지 않았고, 99%가 실패였죠." 이것은 혼다 쇼이치로가 1974년에 미시간 대학교의 명예박사 학위를 받을 때 한 연설 중 일부분이다. 그는 이 말로 간결하게 충고하고 있다. 성공을 갈망하는 사람이라면 반드시 실패를 두려워해서는 안 된다는 사실을 말이다.

아주 소수의 사람들만이 경험 속에서 강인한 정신을 뽑아낸다. 이런 사람들은 실패를 받아들이고 실패를 성공으로 바꾼다. 헨리 포터 역시 "실패는 당신에게 더 현명한 방식과 기회를 제공할 것입니다."라고 말했다. 사실 위대한 뉴턴이나 에디슨 같은 사람 역시 실패했을 때 평범한 우리와 같은 사람이었다. 어떤 의미에서 실패하지 않는다면 성공도 없다고 할 수 있으며 심지어 큰 실패를 해보지 않은 사람은 커다란 성공을 거둘 수 없다. 성공한 사람의 실패 경험은 당신이 생각한 것보다 훨씬 많다. 다만 그들이 지금 성공한 까닭은 바로 이전에 너무 많은 실패가 쌓였기 때문이다. 그들이 실패를 두려워하지 않고 참을성 있게 실패의 원인을 연구한 후, 한 발, 또 한 발 해결했기 때문에 마침내 승리를 거둔 것이다.

수많은 사람이 실패에 무너져 다시는 일어나지 못한다. 의지가 부족한 사람은 무슨 일을 하더라도 결코 성공할 수 없다!

제9장

성공

− 루덴스타인 −

1954년에 태어난 닐 루덴스타인은 매사추세츠 공과대학(Massachusetts Institute of Technology)을 졸업한 후, 하버드 대학에서 박사 학위를 받았다. 이후 두 학교에서 번갈아가며 강의를 시작했다.

1988년부터 정계에 발을 들여 당시 대통령 후보였던 마이클 듀카키스(Michael S. Dukakis)의 고문으로 활약했으며, 1991년에는 세계은행의 수석 경제학자로 일했다. 이후 빌 클린턴(Bill Clinton)의 선거캠프에 참여했으며, 이후 클린턴 행정부의 재무부 차관으로 임명되었다. 2001년에 하버드 대학의 총장에 선출되었다.

자신을
이해하라

자신을 아는 것은 다른 사람을 이해하는 것만큼이나 무척 어려운 일이다. 당신의 진짜 장점은 무엇인가? 당신이 가진 최고의 자산은 무엇인가? 많은 사람이 이런 질문에 답하는 것에 어려움을 느낀다. 노자(老子)는 "자기를 알면 현명하다."고 했고, 소크라테스 역시 "너 자신을 알라."고 했다. 동서고금을 막론하고 수많은 철학자가 수천 년 전부터 이와 유사한 이야기를 계속해온 것은 자신을 아는 것이야말로 개인의 성장과 발전에 가장 중요한 요소이기 때문이 아닐까?

"운명은 자신이 결정하는 것이다" 모든 사람은 인생의 방향을 결정할 수 있으나, 이때 선택한 방향이 적합한지는 모두 자신에 대해 얼마나 정확하게 알고 있는지에 달렸다. 가장 먼저 할 일은 자신의 장점을 파악하는 것이다. 이것은 인생의 방향 결정과 자신감 확립과도 큰 연관이 있으므로 무척 중요하다. 다음은 자신의 단점을 파악해야 하는데 이것은 전자보다 훨씬 어려운 일이다. 일반적으로 사람들은 자신의 장점에 매우 민감한 반면, 결점을 보려하지 않기 때문이다.

과학자 아이작 뉴턴(Isaac Newton)은 자신이 멀리 볼 수 있었던 것은 모두 거인의 어깨 위에 서 있기 때문이라고 말했다. 이것은 겸손함을 유머러스하게 표현한 것일 뿐 아니라 그가 자신을 잘 알고 있음을 의미하는 말이다. 뉴턴처럼 마음에 객관적인 잣대가 있는 사람만이 과도하게 자만하거나 필요 이상으로 자기를 비하하지 않는 탓에 도태되지 않고 늘 발전할 수 있다.

숲 속의 동물들이 모여 큰 몸집을 자랑하고 있었다. 가장 먼저 황소가 나서자 동물들은 모두 "와! 크다!"고 외쳤다. 다음으로 코끼리가 걸어 나오자 여기저기서 "정말 크다!"는 소리가 들렸다. 한쪽 구석에 있던 개구리 한 마리가 '나도 저만큼 크지!'라고 생각하고 바위 위로 폴짝 뛰어올랐다. 그는 배를 크게 부풀리고서 모두에게 물었다.

"나 어때? 무지 크지?"

"아니. 전혀!"

동물들은 크게 웃었지만 개구리는 포기하지 않고 계속 배를 부풀리다가 그만 '펑' 하는 소리와 함께 터져 죽고 말았다. 가엾은 개구리는 죽을 때까지 자신의 크기를 가늠하지 못했다.

한 산악가가 에베레스트 산을 오르고 있었다. 해발 7,800미터 지점까지 오른 그는 체력이 바닥나서 더 이상 오르지 못하고 등정을 포기했다. 나중에 그가 이 이야기를 했을 때 친구들은 모두 안타까워서 물었다.

"왜 계속하지 않았어? 조금만 더 이를 악물고 버텼으면 정상에 올랐을 텐데."

"아냐. 해발 7,800미터는 내 산악 인생의 최고점이었고, 나는 조금도 유감스럽지 않아."

개구리는 자신을 잘 알지 못해서 죽음에 이르렀다. 반면에 산악가는 자신을 정확히 알고 있었기에 더 이상 욕심부리지 않았고 에베레스트 산에서 무사히 살아 돌아왔다. 자신을 아는 것은 일종의 지혜며 아름다운 인격이라고 할 수 있다.

현대인은 자신을 이해하는 것을 소홀히 한다. 대부분의 사람은 자신의 능력, 흥미, 경험 등을 정확하게 파악하지도 않고 무턱대고 과도하게 높은 목표를 세운다. 이런 목표는 다른 사람과 비교해서 정한 것일 뿐 자신의 객관적인 상황에 근거한 것이 아니다. 이 때문에 매일 고생스럽게 목표를 달성하려고 하지만 성공을 거두기 어려운 것이다.

사람들은 모두 다르다. 똑똑한 사람도 있지만 그렇지 않은 사람도 있고, 건장한 사람도 있지만 허약한 사람도 있다. 또 사람마다 성격, 능력, 경험이 모두 다르므로 반드시 자신의 잠재능력에 근거해서 발전해야만 최대의 성과를 올릴 수 있다.

자신을 정확히 알려면 반드시 자아를 벗어나 방관자의 입장으로 자신을 분석하고 평가해야 한다. 중국의 문학가인 루쉰(魯迅) 역시 이와 관련해서 "나는 다른 사람을 해부하기도 하지만 나 자신을 더 엄격하게 해부한다. 그래야만 나를 명확하게 인식할 수 있기 때문이다."고 말했다.

정확한 자아인식은 무엇보다 중요하므로 언제나 자신을 살피고 더 많이 알려고 노력하자. 성공하지 못했다고 탄식할 것이 아니라 스스로 자신을 파악하지 못한 것을 탓해야 한다.

당신의
위치를 찾아라

옛 성인들은 평생 한 가지 질문, 바로 "가장 가치 있는 것은 무엇인가?"를 고민했다. 그러나 현대인 중에 자신의 가치가 어디에 있는지 생각하는 사람은 극히 드물며 그나마 점점 줄어들고 있다. 각종 사회 이슈들, 다양한 직업, 유행하는 옷차림……, 이런 것들로만 가득한 이 사회에서 사람들은 모두 자아를 잃고 진정한 가치를 바로 보지 못하며 그저 다른 사람의 방식과 기준에 따라 살려고 한다.

현재 가장 각광받는 분야에서 일하면 사회의 중심에 들어갈 수 있고, 그래야만 권력, 지위, 재물 등을 얻고 자아의 가치를 실현할 수 있다고 믿는 사람이 많다. 그러나 이렇게 고군분투한 후에 뜻밖에도 정작 해야 할 일은 하지 않았으며 그동안 추구해왔던 것은 사실 자신과 맞지 않거나 별 의미가 없다는 사실을 깨닫고 깜짝 놀라기도 한다.

어느 작은 술집에서 피아노를 연주하는 청년이 있었다. 그의 연주 실력은 꽤 뛰어난 편이어서 매일 저녁 많은 사람이 들으러 왔다. 어느 날, 한 손님이 청년에게 이렇게 제안했다. "나는 매일 자네의 피아노 연주를 들으러 온다네. 오늘은 직접 노래를 해보는 것이 어떻겠나?"

다른 손님들 역시 환호성을 지르며 노래를 해보라고 부추겼으나 청년은 담담히 말했다.

"죄송합니다. 저는 어렸을 때부터 악기 연주만 배웠을 뿐, 노래하는 것을 배운 적이 없습니다. 아마 잘 부르지 못할 것입니다. 이제껏 피아노만 쳤지 노래를 해본 적도 없습니다."

"이보게, 한 번도 노래한 적이 없다면 혹시 잘 부를지도 모르는 것 아니겠나!"

청년은 거듭 거절했으나 이번에는 술집 사장까지 나섰다.

"자네, 노래를 하든지 아니면 다른 직장을 알아보게!"

청년은 어쩔 수 없이 창피해서 붉어진 얼굴로 노래를 시작했다. 그가 첫 소절을 시작한 후, 술집 안에 있던 모든 사람이 하던 일을 멈추고 그의 노래에 집중했다. 청년의 목소리는 정말이지 놀라울 정도로 아름다웠다. 이후 그는 모두의 격려에 힘입어 피아노 연주를 그만두고 노래를 시작했다. 이 청년이 바로 미국의 유명한 가수인 냇 킹 콜(Nat King Cole)이다. 만약 그날 밤 손님이 그에게 노래를 하라고 강요하지 않았다면 냇 킹 콜은 영원히 작은 술집에서 피아노를 치는 삼류 연주자로 남았을 것이다.

아무 데나 던져 버리는 쓰레기처럼 자신의 재능을 방치하거나 포기하는 사람이 많다. 시장경제사회에서는 가장 큰 효율을 발휘하는 곳에 자원을 배치해야 하는데 이는 사람도 마찬가지다. 그러므로 반드시 사회에서 자신에게 가장 적합한 위치를 찾아야 한다.

스스로 자신에게 적합한 위치를 찾지 못하면 다른 사람의 존중이나 신뢰 역시 기대해서는 안 된다. 인생의 가치는 당신의 태도에 따라 결정되는 것이니 유일무이한 자신을 중시하고, 짧은 인생을 소중히 생각하며 쉬지 않고 자신을 개발해야만 세상도 당신의 가치를 인정할 것이다.

화가 빈센트 반 고흐(Vincent van Gogh)의 그림에서 볼 수 있는 타오르는 것 같은 색채와 역동적인 선은 많은 사람에게 깊은 인상을 남겼다. 그러나 큰 환영을 받는 그의 작품과 달리 고흐의 일생은 굴곡으로 가득했다. 그는 스물여섯 살이라는 늦은 나이에 정식으로 그림을 배우기 시작했는데 당시 남동생에게 쓴 편지에는 이렇게 쓰여 있었다.

"나는 그림을 너무 늦게 시작했어. 이제 내 삶은 겨우 10년밖에 남지 않았으니 더욱 바짝 창작에 매진해야겠다."

그는 정말 서른여섯 살에 세상을 떠났으나 짧은 10년 동안 많은 명작을 남겨서 예술계의 새로운 시대를 열었다.

자신에게 가장 적합한 위치를 찾는 것은 무엇보다 중요하다! 다른 사람의 평가를 걱정할 필요는 없으며 방향을 찾지 못할까봐 걱정해야 한다. 당신이 대단한 성공을 거둘 수 없을 거라고 말할 수 있는 사람은 이 세상에 오직 한 사람, 당신밖에 없다! 그 누구도 당신의 인생에 어떠한 정의를 내릴 수 없다. 인생의 무대는 스스로 결정하는 것이며 어떤 방식으로 살아갈지도 당신이 결정하는 것이다. 더 크게 발전하고 성공을 거두고 싶다면 끊임없이 더 크고, 더 높은 무대를 찾아야 한다!

좋은 생각은 좋은 길을 만든다. 자신의 인생을 더 소중히 생각하고 높은 곳에서 시작하라. 당신은 누구인가? 어디로 가려 하는가? 당신의 성공은 지금 당신이 생각하는 것이 무엇인가에 달려 있다는 것을 잊지 말자.

인생을
계획하라

신문이나 잡지를 보면 지금 가장 인기 있는, 전도유망한 사업에 대한 이야기가 많다. 여러 전문가 역시 미래를 위해서 무엇을 준비해야 하는지, 어떠한 태도로 미래를 맞이해야 하는지를 자주 이야기한다. 특히 젊은이들은 다양한 매체, 저명한 인사들, 성공한 기업인들의 이야기를 주의 깊게 들으며 많은 영향을 받는다. 그러나 미래는 절대 예측대로 이루어지지 않는다. 앞으로 어떤 직종이 각광받을지, 어떤 분야가 생길지 등은 지금 아무리 떠들어봤자 알 수 없는 일이다.

이른바 '인생 계획'이란 미래에 무엇을 할지, 어떻게 할지, 몇 살에 무슨 일을 할지 등을 결정하고 이 계획들을 실현하기 위해 노력하는 것을 의미한다. 인생 계획은 크게 '사업 계획'과 '생활 계획' 두 가지로 나뉜다. 사업 계획은 일할 분야나 발전 단계 등을, 생활 계획은 결혼, 출산, 취미, 학습 등을 포함한다. 계획을 할 때는 반드시 자신의 우수한 점과 부족한 점을 잘 파악하고, 필요하다면 즉각 조정해야 한다.

미래는 알 수 없으므로 계획하지 말고 그냥 흘러가는 대로 사는 편이 좋다고 생각할지도 모르겠다. 일리 있는 말이다. 그러나 '그냥 흘러가는 대로 사는 것'은 말처럼 그렇게 쉬운 일이 아니다. 이 경지에까지 오르려면 알 수 없는 미래를 담담하게 마주할 수 있는 대담함과 용기를 갖추어야 한다. 그러므로 우리처럼 평범한 사람들에게는 반드시 인생 계획이 필요하다. 인생을 계획하는 것은 당신이 전진할 방향을 정하고, 위치를 찾게 도와주어 목표를 실현하게 한다. 계획이 없다면 평생을 마치 숲 속에서 길을 잃고 헤매는 것처럼 살 수밖에 없다.

사람들은 자신의 인생에 크고 작은 기대를 하는데, 이 기대들은 그 사람의 정신적 기둥이 된다. 기대나 목표가 없는 사람은 행복한 생활을 할 수 없을 것이다. 생각해보자. 매일 어떤 목표를 향해 하루를 살아가는가? 어렸을 때는 글을 한 편 쓴다든지, 용돈을 모아 학용품을 산다든지 등의 목표가 있었다. 더 자란 후에는 진학, 취업, 사업에 관한 목표를 세웠을 것이다. 한 가지가 실현되면 또 새로운 목표를 정해서 평생 쉬지 않고 목표를 좇아 살아야 한다. 인생이란 이렇게 끝없이 목표를 추구하며 살아가는 것이다.

물론 미래를 계획한다고 해서 당신 앞에 놓인 모든 어려움과 문제들이 해결되거나 쉬워지는 것은 아니다. 그러나 계획이 있다면 문제를 일찍 발견하고 빠르게 해결하는 데 무척 유리하다. 예를 들어 어떤 분야의 지식이나 기술을 향상시켜야 하는지, 직업을 바꾸어야 할지 등을 남들보다 빠르게 결정할 수 있다. 또 계획은 문제를 해결하는 심리적 능력을 높이는 데 도움이 된다. 계획은 성공으로 나아가는 각 단계에서 무엇을, 어떻게 할지, 어떤 문제들에 주의를 기울여야 할지 등을 알려줄 것이다. 또 앞으로 사회가 어떻게 발전할지, 각각의 상황이 어떻게 변화할지 알 수 없지만 계획이 있다면 일을 어렵게 하거나, 하지 않아도 될 일을 하는 경우를 피할 수 있다.

이러한 인생 계획은 삶의 지침이나 목표가 되므로 일찍 정할수록 좋다. 그리고 처음에는 최대한 객관적인 상황에 따라 계획해두었다가 나중에 예상하지 못한 일에 부딪히면 조금씩 조정하면 된다. 큰 오류가 있는 것이 아니라면 당초의 계획을 완전히 바꾸는 것은 좋지 않다. 또한 목표를 너무 낮게 정하면 잠재능력을 발휘할 수 없으므로 좋지 않다. 반면에 너무 높게 정하면 실현하기가 어려우므로 역시 좋지 않다. 그러므로 반드시 자신의 능력에 맞추어 적당한 목표를 정해야만 한다. 무엇보다 중요한 것은 계획한 후 이를 철저하게 집행하는 것이며, 문제에 도전하는 용기를 갖추는 것이다.

역사적인 위인들은 항상 원대한 목표와 이상을 품었다. 그들은 쉬지 않고 자신의 목표와 이상을 위해 노력하고 투지를 불태웠으며 바로 이 때문에 후대에까지 이름을 전하고 있다.

지금, 종이와 펜을 꺼내 목표를 써보자. 목표는 구체적일수록 더 좋으며 뜬구름 잡는 식만 아니면 된다. 다 쓴 후에는 언제 어디서나 상기해서 그것을 위해 지금 무엇을 하고 있는지, 얼마나 진행 되었는지 확인하는 것이 좋다.

인생은 작품이다. 이상이 있고 그것을 실현할 계획이 있는 사람만이 아름다운 결말을 얻고 모든 사람의 주목을 받는 훌륭한 작품을 완성할 수 있다.

목표가 당신을
성공으로 이끈다

도전정신도 있고, 능력과 인맥이 훌륭한 편이며, 자금도 충분한 사람이 있다. 누가 봐도 성공의 요소가 갖춰져 있는데도 불구하고 성공하지 못하는 사람들, 이런 사람에게는 대체 무슨 문제가 있는 것일까?

오스트레일리아의 한 컨설팅 회사는 5,000명의 기업인을 대상으로 성공의 기초를 묻는 조사를 진행했다. 조사 결과, 기업인들은 나이나 분야에 관계없이 모두 '명확한 목표'를 성공의 기초로 꼽았다. 목표가 없으면 결과는 실패뿐이다. 목표가 없는 사람에게는 아무런 일도 일어나지 않으며 어떠한 성공도 거둘 수 없다. 이런 사람들은 나아갈 길을 찾지 못하고 평생 떠돌아다닐 뿐 아무 곳에도 도달하지 못한다.

음향기기 전문기업인 TC그룹 회장은 한 가지 습관이 있다. 가까운 시일 안에 실현해야 할 목표를 카드에 적은 후, 그것을 윗옷 주머니에 넣고 수시로 보며 확인하며 일하는 것이다.

주변 사람들은 그가 일을 할 때마다 주머니의 카드를 꺼내어 체크하는 것을 자주 봐왔다. 그들은 회장이 젊었을 때부터 이렇게 한 것을 알고 이것이 바로 성공 비결이라고 생각했다. 그래서 너도나도 따라했지만 크게 달라진 것이 없었다. 단 한 명을 제외하고 말이다.

그는 회장의 오랜 친구로 보험 세일즈맨이었다. 매달 초, 그는 판매 목표액을 적은 카드를 주머니에 넣고 수시로 보면서 달성하려고 노력했다.

사람들은 모두 그가 이 방법으로 성공했는지 궁금했다.

"그래서 어떻게 되었나요?"

"정말 믿지 못하겠습니다. 판매액이 50%나 증가했어요! 이 방법이 아니었다면 나는 여전히 회사에서 그저 그런 세일즈맨이었을 것입니다. 덕분에 나는 더 긍정적이고 적극적인 사원이 되었어요. 갑자기 제 능력이 크게 커진 것 같은 느낌이 들어요."

회장의 성공과 친구의 실적 향상은 모두 '먼저 목표를 설정하고 그것을 완성' 했기 때문에 일어난 일이다. 얼마나 간단한 방법인가! 실제로 전 세계의 성공한 인사들과 이야기를 나누어보면 그들에게 언제나 명확한 목표가 있었다는 것을 알 수 있다. 끊임없이 목표를 떠올리고 그것을 실현하기 위해 최선을 다해서 마침내 성공을 이룬 것이다.

나폴레온 힐은 이렇게 말했다.

"긍정적인 마음가짐은 성공 전략의 첫 걸음이다. 일단 기초를 다졌다면 이제 그 위에 성공의 벽돌을 차곡차곡 쌓아 올려야 한다."

다음은 목표가 당신에게 미치는 영향이다.

(1)더욱 적극적으로 일한다.

(2)사명감이 커진다.

(3)일의 경중을 구분한다.

(4)잠재능력을 자극한다.

(5)매 순간 최선을 다한다.

(6)일의 진행 상황을 쉽게 파악한다.

(7)한 발 앞서 계획하고 의외의 상황에 잘 대처한다.

(8)남들보다 빠르게 일을 완성한다.

___

무슨 일이든 성공하고 싶다면 반드시 명확한 목표가 있어야 한다. 이것은 당신에게 방향을 제시하고 끊임없이 노력하게 한다.

이상의 크기가
성공의 크기다

이상이 없는 사람은 미래도 없다. 이상이 있는 사람은 고생해도 힘들지 않으며 오히려 그것을 성공의 역량으로 삼는다.

존의 아버지는 서커스단에서 일했다. 그래서 존은 어렸을 때부터 아버지를 따라 떠돌아다녔고 그 바람에 학교도 제대로 다니지 못했다.

중학교에 다닐 때, 선생님이 '가장 행복한 일'을 주제로 글을 써오라는 숙제를 냈다. 그날 밤, 존은 종이 일곱 장에 자신이 상상하는 가장 행복한 인생, 바로 자신만의 농장을 가지는 것에 대해 썼다. 또 여기에 커다란 농장의 설계도를 자세하게 그렸다. 농장의 가운데는 그와 가족을 위한 호화로운 별장이 있었다.

이틀 후, 선생님은 학생들이 써온 글을 모두 읽은 후 학생들에게 돌려주었다. 그런데 존은 글을 돌려받고 깜짝 놀랄 수밖에 없었다. 바로 첫 장에 커다란 '×' 표시와 함께 "선생님을 찾아올 것!"이라고 쓰여 있었기 때문이다!

존은 수업이 끝난 후, 글을 들고 선생님께 갔다.

"제 글이 왜 불합격인가요?"

"너처럼 어린 아이가 이런 허황된 꿈을 꾸면 안 되지! 너는 부자도 아니고, 무슨 대단한 배경이 있는 것도 아니잖니. 아직 어려서 잘 모르겠지만 농장을 가지려면 돈이 많이 들어. 너무 큰 꿈을 꿨다가는 실망만 한단다. 집에 가서 다시 글을 써오려무나. 가능한 것으로 말이야. 그러면 합격시켜주마."

존은 크게 낙심해서 집으로 돌아왔다. 그는 도대체 어떻게 해야 좋을지 몰라서 아버지에게 물었다. 그러자 아버지는 이렇게 말했다.

"이건 아주 중요한 일이야. 네 생각대로 하렴."

결국 존은 다시 글을 쓰지 않았으며 선생님에게 이렇게 말했다.

"불합격이라도 '꿈꾸는 행복'을 포기하고 싶지 않아요."

십여 년 후, 존은 어렸을 때의 계획처럼 정말 커다란 농장의 주인이 되었다. 농장 가운데에 있는 별장에는 그가 중학생일 때 쓴 그 글이 붙어 있었다.

어느 날 그 선생님이 학생들과 함께 존의 농장 근처에 캠핑을 하러 왔다. 그는 다시 만난 존에게 이렇게 말했다.

"너의 원대한 꿈을 무시한 것이 정말 부끄럽구나. 네가 꿈을 포기하지 않고 이렇게 크게 성공해서 행복한 생활을 하다니 정말 다행이다!"

마음의 크기가 성공의 크기를 결정한다. 존은 자신의 행복을 찾았으며 꿈의 위대한 힘을 몸소 증명했다.

미국의 28대 대통령 우드로 윌슨(Woodrow Wilson)은 이렇게 말했다.

"우리는 꿈이 있기에 위대합니다. 모든 위인은 몽상가였습니다. 그들은 봄에 따스한 바람을 맞으면서도, 겨울밤에 화롯가에 앉아서도 언제나 꿈을 꾸었습니다. 절대 꿈을 포기하지 말고 자신과 꿈을 믿으십시오."

어느 날, 빌 게이츠는 회사 간부들과 함께 입사지원자들을 면접했다.

그들은 가장 뛰어난 세 사람을 모두 불러 질문했다.

"마이크로소프트에 들어와서 어떻게 일하겠습니까?"

"이렇게 훌륭한 기업에 들어와서 일하는 것은 커다란 영광입니다. 최선을 다해 제게 주어진 업무를 하고 팀 내의 모든 일을 훌륭하게 완성할 것입니다."

"마이크로소프트는 최고의 인재들이 모인 곳입니다. 만약 이곳에서 일할 기회가 주어진다면 모든 일을 실수 없이 완벽하게 해내겠습니다."

"모든 사람은 자신의 재능을 발휘할 무대를 바랍니다. 마이크로소프트는 제가 능력을 발휘할 수 있는 가장 좋은 무대입니다. 모든 일을 제가 발전할 기회로 삼아 나중에는 큰 사업을 하고자 합니다!"

대답을 모두 들은 빌 게이츠는 웃으면서 물었다.

"지금 말한 큰 사업이라는 것이 뭐죠?"

"회장님과 같은 일입니다."

당돌한 대답에 사람들은 모두 깜짝 놀랐지만 뜻밖에도 빌 게이츠는 이렇게 말했다.

"좋아요! 이상이 큰 만큼 무대도 커야겠지요. 제가 그런 큰 무대를 제공할 수 있기를 바랍니다."

면접이 모두 끝난 후, 간부들은 이해할 수 없다는 듯이 물었다.

"그 지원자는 공상가입니다. 게다가 자만심이 가득해 보였어요. 재능이 뛰어날지는 모르나 말하는 것을 들어보니 우리 회사에 남아 있을 사람이 아닙니다. 왜 그를 채용하시려는 겁니까?"

"성공 여부는 이상과 직접적인 연관이 있죠. 커다란 이상이 없는 사람은 재능이 있다고 해도 대단한 성공을 거두지 못해요. 여러분이 걱정하는 것처럼 그 지원자가 어느 정도 성공하면 우리 회사를 떠날지도 모르죠. 하지만 그가 회사를 위해 창출해 낸 이익은 다른 직원들보다 훨씬 클 것입니다. 그러니 우리에게 손해가 아니죠."

빌 게이츠의 예상은 정확히 맞았다. 최종 면접을 한 세 사람은 모두 채용되었는데 그중 마지막 사람의 업무 성과가 가장 뛰어났다. 그는 빠른 속도로 회사의 간부가 되었으며 마이크로소프트의 발전에 커다란 공헌을 했다. 그리고 나중에 마이크로소프트를 떠나 자신의 회사를 세워 성공했다.

뜻이 큰 사람은 나아갈 길도 멀다! 처음부터 한 걸음씩 성공을 향해 걸어간 사람만이 성공할 수 있다. 성공한 사람들은 모두 마음속에 원대한 이상이 있었다. 그들은 넓은 무대 위에서 이상을 실현하기 위해 최선을 다했으며 마침내 성공을 거머쥐어 커다란 갈채와 박수를 받았다.

인생은 등산과 같아서 우선 어디까지 오를 것인지를 결정하는 것이 중요하다. 만약 인생 목표를 산허리까지로 정했다면 절대 정상에 오르는 영광을 누리지 못할 것이다.

핑계

대지 마라

제2차 세계대전 후부터 지금까지 미국 웨스트포인트 사관학교(West Point Academy)가 배출해 낸 기업가는 1,000여 명에 달한다. 이들은 전 세계 500개 기업에서 활약하고 있다.

원래 훌륭한 군인을 양성하는 사관학교에서 어떻게 이처럼 많은 기업가를 배출했을까? 기업가들은 이곳에서 무엇을 배웠을까? 이런 질문에 웨스트포인트 사관학교 출신 기업가들은 모두 '핑계 대지 말 것'을 배웠다고 입을 모았다. 실제로 이 학교는 모든 학생에게 '핑계 대지 말 것'을 가장 중요하게 생각하라고 지도한다. 아무리 어려운 임무를 맡았더라도 반드시 끝까지 방법을 생각해서 완성해야 하며 만약 해내지 못했다면 아무런 핑계도 대지 말라는 것이다. 이곳에서 핑계를 대거나 책임을 지지 않으려는 태도는 매우 수치스러운 일이다.

군인뿐 아니라 성공하고 싶은 사람이라면 누구나 핑계대지 않는 것을 원칙으로 삼아야 한다. 프랑스의 군인인 페탱(Petain)의 이야기가 이점을 잘 설명해줄 것이다.

어느 날 존 퍼싱 장군이 페탱에게 중요한 편지를 휴즈 장군에게 전달하라는 명령을 내렸다. 페탱은 휴즈 장군이 최근에 서부 지역의 한 목장을 지나갔다는 것 외에 아는 정보가 전혀 없었지만 말 없이 그대로 명령을 받아들였다. 우선 그는 어두워지기 전에 서부 지역의 목장으로 갔다. 그리고 그곳의 수송부대에 병사 두 명과 말 세 필을 달라고 해서 휴즈 장군을 쫓아 이동했다.

얼마 후 만난 정찰부대가 더 이상 이동했다가는 위험할 수 있다고 알렸으나 페탱은 명령을 완수하기 위해 계속 전진했다.

다시 한참 동안 이동한 후, 이번에는 아군의 기병부대와 마주쳤다. 그들은 산골짜기 곳곳에 적들이 숨어 있으니 반드시 되돌아가야 한다고 말했다. 사실 더 가더라도 휴즈 장군이 있을지는 확실하지 않았다. 그러나 페탱은 여전히 멈추지 않고 전진했으며 마침내 휴즈 장군을 찾아 편지를 전달했다.

이렇게 해서 그는 다른 사람이라면 절대 완수하지 못했을 임무를 무사히 끝냈다.

위험한 상황이었지만 페탱은 그만둘 핑계를 찾지 않았다. 사실 안전을 이유로 돌아오더라도 크게 비난받지 않았을 테지만 그는 그러지 않았다. 바로 군인들의 '핑계 대지 말 것'이라는 정신을 완벽하게 실현하기 위해서였다. 이러한 군인 정신은 나중에 그가 원수의 자리에까지 오르는 기반이 되었다.

성공하는 사람들은 계획했던 대로 목표를 향해 최선을 다할 뿐, 절대 핑계 대지 않는다. 반면에 실패하는 사람들은 모두 '핑계 찾기 전문가'다. 그들은 언제나 "생각보다 어렵네.", "상대방이 내 방식을 따르지 않아서……", "너무 바빠서……", "기한이 너무 짧아서……" 등의 다양한 이유를 댄다. 얼핏 들으면 모두 맞는 말인 것 같지만 사실 아무리 완벽한 핑계라도 그저 책임을 지지 않으려는 것일 뿐이다. 안타깝게도 수많은 사람이 핑계를 대면서 스스로 자신의 앞길을 막고 성공의 기회를 버린다!

로스는 한 회사에서 영업사원으로 일하고 있다. 그는 실적이 꽤 좋은 편이어서 사내에서는 그가 곧 영업팀장으로 승진할 것이라는 소문이 돌았다.

어느 날 로스가 경쟁업체에 거래처를 빼앗기는 일이 발생했다. 이는 사실 경쟁업체가 잘한 것이라기보다는 로스의 부주의로 인한 실수였다. 그는 이 일을 무마하기 위해 다친 다리의 상처가 재발하는 바람에 경쟁업체와의 약속에 30분 늦었다고 보고했다. 다리의 상처는 그가 몇 해 전에 출장 갔을 때 다친 것이었다. 상사도 이런 사정을 잘 알고 있었다. 그는 무엇보다 로스가 유능하며 열심히 일하는 것을 알고 있었기 때문에 그의 말을 믿고 질책하지 않았다.

이 일을 계기로 로스는 핑계가 매우 유용하다고 생각했다. 그래서 무언가 해결하기 어려운 문제에 부딪히면 핑계를 대기 시작했다. 업무를 제대로 완성하지 못할 때마다 각종 이유를 대며 책임을 회피하려고 했다. 이제 핑계를 대는 것은 그의 습관이 되었다. 일 년 후, 회사는 로스를 해고했다.

핑계는 잠시 문제를 회피할 수 있지만 결국 당신의 일과 생활을 망칠 것이다. 그러므로 어려운 문제나 미처 해결하지 못한 일을 무마하기 위한 핑계를 찾아서는 안 된다. 차라리 그 시간에 해결 방법을 찾는 것이 더 낫다. 성공한 사람들의 자질, 능력, 태도는 모두 다르다. 그러나 그들은 모두 '핑계대지 않는다' 라는 공통점이 있다.

핑계 대는 것을 좋아하는 사람은 책임감이 없다. 그들은 무의식중에 성공의 기회를 날려버린다. 반면에 성공하는 사람들은 아무리 어려운 일이라도 핑계를 대거나 책임을 회피하지 않는다.

불만족은
성공의 동력이다

　세상에 영원히 변하지 않는 것은 없다. 그러므로 우리는 항상 상황에 맞게 생활 방식, 환경, 역할, 의식 등을 바꾸어야 한다. 한 가지 사고방식에 파묻혀서 고정된 위치와 현재의 상태에만 만족한다면 '우물 안 개구리' 처럼 더 넓은 세상을 보거나 발전할 수 없다.

　나는 칠판에 원을 하나 그린 후, 그 가운데에 사람을 그렸다. 또 원 안에 집, 자동차, 사람들을 그리고 나서 학생들에게 질문했다.

　"원 가운데에 서 있는 것은 여러분을 편안하게 만들 것입니다. 이 원 안에는 여러분에게 중요한 것이 모두 있으니까요. 살 집도 있고, 가족과 친구도 있죠. 물론 직장도 있고요. 원 안에서 당신은 자유롭고 안전하다고 느낄 겁니다. 원 밖으로 나간다면 어떻게 될까요?"

　잠시 후, 한 학생이 침묵을 깨고 말했다. "저는 조금 무서울 것 같습니다."

　그러자 다른 학생도 "뭔가 잘못될 것 같아요."라고 말했다.

　나는 다시 질문했다.

　"무섭거나 무언가 잘못된다면 우리는 어떻게 해야 할까요?"

처음 대답한 학생이 다시 큰 소리로 말했다.

"좀 더 대담하게 행동해서 그 안에서 교훈을 얻어야죠."

"그렇습니다. 조금도 무서워할 필요는 없어요. 잘못이나 실수에서도 배울 것이 있으니까요. '안전권'을 벗어난다면 오히려 이전에는 알지 못했던 것을 배울 수 있습니다. 견문을 넓히는 거죠. 경계를 넘어선다면 여러분은 더 발전할 수 있습니다."

나는 다시 칠판의 원을 둘러싸는 더 큰 원을 그린 후 그 안에 더 좋은 차, 더 큰 집 등 다양한 것을 그려 넣었다. 원 밖에 더 크고 좋은 것이 있을 수도 있다는 것을 알려 주기 위해서였다.

"현재의 '온실'에 만족한다면 영원히 여러분의 시야를 넓힐 수 없을 거예요. 절대 새로운 것을 배울 수 없죠. 이 '온실'에서 벗어나야만 비로소 자신의 인생을 더 크고 아름답게 만들 수 있습니다. 또 자신을 더욱 뛰어난 사람으로 만들 수 있죠."

지금 당신이 일하는 환경은 위 이야기의 작은 원과 같다. 이 원 안에서 당신은 많은 것을 가지고 있으며 편안함을 느끼기 때문에 상당히 만족하며 즐겁게 일한다. 하지만 이곳을 떠나지 않으면 세상이 얼마나 넓은지 영원히 알 수 없을 것이다. 당신이 아는 것은 정확히 원의 크기 만큼이며, 그 만큼의 지식만 얻을 수 있다. 용감하게 원 밖으로 발을 내딛어야만 시야를 넓히고 더 많은 것을 얻을 수 있다. 그러나 안타깝게도 이런 사람은 많지 않다.

성공하는 사람은 언제나 새로운 인생을 갈망한다. 그들은 영원히 만족하지 못하며 끊임없이 새로운 것을 추구한다. 그래서 가난을 부유함으로, 실패를 성공으로 바꾸는 것이다.

존은 철도회사의 회장이다. 지금은 크게 성공했지만 그는 사실 3등 열차의 기관수로 일을 시작했다. 당시 주급은 겨우 10달러였지만 이후 매우 열심히 일해서 기계 관리직원으로 선발되었고 주급도 12달러로 올랐다.

어느 날, 한 나이 많은 선배가 그에게 충고했다.

"지금 이 일을 대단하다고 생각하지 말게. 특급 열차의 주 기관사가 되면 주급이 100달러까지 오른다네."

그러자 존은 이렇게 말했다.

"특급 열차의 기관사라뇨! 저는 이 회사의 회장이 될 겁니다!"

나날이 치열해지는 경쟁 속에서 살아남고 변화에 적응하려면 끊임없이 자신을 업그레이드해야 한다. 현 상황에 만족하고 진취적으로 행동하지 않는 사람은 현 상황을 유지하기는커녕 사회에서 생존할 수 없다. 현명한 사람은 모두 현재에 만족하지 않으며 노력을 멈추지 않는다.

불만족은 성공의 동력이다. 이 동력이 있어야만 모든 어려움을 극복할 수 있다. 그러므로 끊임없이 자신을 업그레이드하고, 변화시켜서 가치를 올려야 한다.

시간을
계획하라

"아! 또 미완성이야!", "어떻게 또 잊어버릴 수가 있지!", "정말 후회스러워, 평생 이룬 것이 없다니!" 이런 탄식을 들을 때마다 정말 바보 같다는 생각이 든다. 어떻게 시간을 그렇게 낭비할 수가 있는가?

시간을 잘 계획하는 것은 무척 중요한 일이다. 하루의 시간을 잘 나누어서 계획하지 않으면 하는 일 하나 없이 시간을 낭비하게 될 것이다. 일을 제대로 하지 못했다고 후회하는 사람들은 대부분 시간 계획을 할 줄 모르는 사람이다.

브라질 사람들은 시간 개념이 없는 것으로 유명하다. 그들은 손목시계를 차고 다니지 않으며 가끔 차더라도 정확하지 않다고 한다.

기업인인 포프는 공장과 생산계약을 하기 위해 브라질로 갔다. 그가 버스를 타고 공장으로 가던 중에 정말 이해하기 어려운 일이 일어났다. 바로 기사가 도중에 버스를 세우고 어디론가 가버린 것이다. 포프는 미치기 일보직전이었다. 공장의 사장이 오후에 사업차 인도에 가야 했기 때문에 반드시 9시 전에 그를 만나야 했다. 그런데 길에서 시간을 버리고 있다니! 정말 믿을 수가 없었다. 만약 계약에 성공하지 못하면

1억 달러를 고스란히 버리는 것과 같았다.

포프는 조바심에 곧 쓰러질 것만 같았지만 그저 버스 안에서 기다리는 수밖에 없었다. 약 20분 후, 저 멀리 버스 기사가 유유자적 걸어오는 것이 보였다. 한 손에 샌드위치를 들고 말이다! 그는 승객들에게 "기다려줘서 고맙습니다."라고 말하더니 다시 운전을 시작했다. 그러나 포프가 제조 공장에 도착했을 때 사장은 이미 공항으로 떠난 후였다. 일주일 후, 이 공장이 이미 다른 업체와 계약을 체결했다는 소식이 들려왔다. 포프는 화가 머리끝까지 치솟았지만 어쩔 도리가 없었다.

성공하는 사람들은 모두 자신의 시간을 소중히 여기고 꼼꼼히 계획해서 효과적으로 활용한다. 그들은 항상 행동하기 전에 미리 시간을 잘 배분해서 낭비하지 않으며 최대한 빠르게 목표를 실현하려고 한다.

시간은 되돌릴 수도, 모아둘 수도 없는 것이다. 모든 절약의 근본은 바로 '시간 절약'이라고 할 수 있다. 시간을 계획할 때는 다음의 다섯 가지를 기억하자.

(1)시간을 집중하라.

현재 가장 중요한 일에 시간을 집중해야 한다.

(2)시기를 놓치지 마라.

모든 일에는 적합한 때가 있다.

시간을 활용하는 동시에 '시기'를 놓쳐서는 안 된다.

(3)타인의 시간을 중요시 하라.

절대 타인의 시간을 점유해서는 안 된다.

(4)자투리 시간을 활용하라.

자투리 시간을 모으고 활용해서 일의 효율을 높여야 한다.

⑸회의 시간을 활용하라.

회의를 하면서 정보 교환, 토론, 분담, 협조, 결정 등을 모두 한꺼번에 하자.

시간 계획을 하지 않고 기한도 없이 무턱대고 일하는 것은 빠져나오기 어려운 늪으로 걸어 들어가는 것과 같다.

'계속할 때'와
'물러설 때'를 알아라

'계속할 때'와 '물러설 때'를 아는 것은 처세의 기교이자 중용(中庸)의 도다. 계속해야 할 때 계속하지 않으면 좋은 기회를 놓칠 수 있고, 물러설 때 물러서지 않으면 더 큰 어려움에 직면할 수 있다.

지금 역경에 처한 사람은 '계속하는 것'과 '물러서는 것' 사이에서 고민할 것이다. 이런 경우에 대부분이 끝까지 해보기로 하고 '최후의 결전'을 선택한다.

반면에 지금 모든 일이 순조롭게 잘 풀리는 사람은 현재의 상태를 잘 유지하기 위해 계속 밀고 나가 자신의 세력과 영향을 확대하고자 한다. 그들의 머릿속에 '물러서는 것' 따위는 없다.

미국의 전 대통령 빌 클린턴(Bill Clinton)은 르윈스키와의 추문으로 커다란 곤욕을 치렀다. 만약 그가 추문은 사실이 아니며 이런 모함을 좌시할 수 없다고 맞섰다면 어떻게 되었을까? 결국 사실이 밝혀져 더 이상 용서 받을 수 없는 지경까지 이르렀을 것이다. 하지만 클린턴은 현명하게도 '물러서는' 전략을 선택했다. 자신의 잘못을 인정함으로써 화난 미국인들에게 용서를 구했던 것이다. 이런 태도는 마치 다음과 같이 말하는 것 같았다. "나는 잘 못을 인정했다. 국민들은 나를 하야시킬 권리도 있지만 나에게 대통령직을 계속 맡길 권리도 있다. 잘못을 인정한 사람에게 어떻게 하는 것이 옳은 일일까?" 클린턴은 바로 이렇게 '물러서는' 전략으로 곤경에서 벗어나 자신의 지위를 지켰다.

역시 미국의 전 대통령인 존 F. 케네디(John F. Kennedy)가 미국 상원의원 경선에 뛰어들었을 때의 일이다.

상대 후보는 케네디의 약점, 바로 하버드 대학에서 퇴학당한 일을 물고 늘어지며 그가 정치인으로서 도덕적 자질이 부족하다고 공격했다. 상대 후보는 각종 증거를 내밀며 그동안 케네디가 쌓아온 성실하고 정직하며 도덕적인 이미지를 무너뜨리려고 애썼다. 보통 이런 경우에 사람들은 상대방의 공격을 부인하려고 했겠지만 케네디는 시원스럽게 자신의 잘못을 인정했다.

"예전에 제가 저지른 일에 대해 무척 유감스럽게 생각합니다. 당시 저는 큰 잘못을 저질렀고 조금도 변명의 여지가 없습니다."

케네디의 말은 '더 이상 저항하지 않겠다'는 의미였다. 저항을 포기한 사람에게 더 이상 추궁할 것이 뭐가 있겠는가?

아주 열심히 했는데도 진퇴양난의 상황에 빠질 때가 있다. 이때 물러서지 않고 계속 하던 대로 밀고 나간다면 스스로 자신을 사지로 몰고 가는 것과 마찬가지다. 사람들은 상대방이 잘못했더라도 그것을 인정한다면 공격을 멈춘다. 클린턴과 케네디 역시 '물러서는 자세'를 취해서 곤경을 기회로 바꾸었다. 두 사람이 잘못을 인정한 후 오히려 지지율이 올랐다는 사실이 이를 증명한다. 현명한 사람은 어려움에 직면했을 때 몸을 낮추고 물러나서 다시 기회를 엿본다. 실제로 주변의 성공한 사람들을 살펴보면 목표의 큰 방향만 바뀌지 않았을 뿐 종종 물러섰다가 다시 시작하는 전략을 채택했음을 알 수 있다.

한 노벨상 수상자는 이렇게 말했다.

"좋은 연구자는 어떤 가설을 버리고, 어떤 가설을 연구해야 할지 잘 안다. 그렇지 않으면 시간을 낭비할 뿐이다."

중요한 시기에는 모든 지혜와 판단력을 동원해서 정확한 방향을 선택해야 한다. 또한 고집을 버리고 객관적으로 상황을 파악해서 '계속할 때'와 '물러설 때'를 결정할 줄 알아야 한다.

제 10장

사랑

− 하비 맨스필드 −

1932년에 태어난 하비 맨스필드(Harvey Mansfield)는 1949년에 하버드 대학에서 공부를 시작한 이후로 단 한 번도 하버드를 떠나지 않았다. 그는 하버드 대학에서 1953년 학사 학위를, 1961년에 박사학위를 받은 후 줄곧 강의했으며, 현재 윌리엄 R. 케넌 주니어(William R. Kenan. Jr.) 하버드 정책학 교수직에 있다. 2004년에 '국가예술인문메달'을 받았고, 2007년에는 미국 국립 인문학 재단(National Endowment for the Humanities)의 제퍼슨 강연(Jefferson Lecture)에서 강연하는 명예를 얻었다.

스트라우스 학파의 중요인물 중 하나로 다양한 저술과 토론으로 통해 레오 스트라우스 (Leo Strauss)의 이론을 지지하고 자신이 그의 영향을 받은 것을 인정했다. 저서로는 ≪마키아벨리의 덕목(Machiavelli′s Virtue)≫, ≪군주 길들이기(Taming the Prince)≫, ≪남자다움에 관하여(Manliness)≫ 등이 있다.

사랑 없이
살 수 없다

한 심리학자는 "사랑 없이 살 수 없다. 사랑이 없으면 세상에 존재할 수 없다. 단 하루라도!"라고 말했다.

그렇다! 사랑이 없는 삶은 아무런 의미가 없다. 고독? 적막? 아니면 초조함? 인생의 모든 고통은 사랑이 없는 데서 비롯된다. 마음속에 사랑이 있어야만 행복할 수 있고, 다른 사람도 사랑할 수 있다.

즐거움이란 무엇일까? 사랑, 바로 진정한 사랑이다. '잠자는 숲 속의 미녀'에서 여주인공은 멋진 왕자의 키스를 받고 오랜 잠에서 깨어난다. 그녀는 왕자를 따라 궁전으로 왔고 그때부터 즐거운 생활을 하게 된다. 이것이 모두 진정한 사랑의 힘인 것이다.

즐거움은 사랑의 가장 중요한 요소이자 색채다. 만약 인생에 사랑이 없다면 모든 것을 잃게 될 것이다. 사랑하는 마음이야말로 이 세상을 지탱하는 거대한 힘이다.

각각 열 살, 다섯 살인 형제가 남루한 차림을 하고 구걸했다. 첫 번째 집의 대문을 두드리자 집안에서 다음과 같은 소리가 들렸다.

"스스로 일해서 돈을 모아. 돈이 있으면 먹을 밥도 생겨. 우리 귀찮게 하지 말고!"

또 다른 집을 두드렸지만 반응은 비슷했다.

"여기는 아무나 받아주는 여인숙이 아니라고!"

여기저기서 계속 거절당하고 쫓겨난 형제는 매우 슬펐다. 그러던 중 형제는 운 좋게도 착한 부인을 만났다.

"아! 정말 안 됐구나! 우선 집에 가서 너희 먹일 것이 있는지 좀 봐야겠어."

잠시 후, 그녀는 우유 한 병을 가져와서 형제에게 건넸다. 형제는 공원 잔디밭에 앉아서 마치 명절이 온 것처럼 기뻐했다. 동생은 우유에서 눈을 떼지 못하며 형에게 말했다.

"형이 먼저 마셔!"

형은 병을 들고 먹는 척 한 후, 다시 동생에게 건넸다. 그는 입을 꼭 다물고 한 방울도 먹지 않았다.

"이제 네 차례야. 한 번에 조금씩 마셔야 해!"

동생은 급하게 병을 받아들더니 크게 한 모금 마셨다. 형은 다시 마시는 척 했고 이렇게 해서 병이 몇 차례 오간 후, 두 형제는 우유를 모두 마셨다. 그러나 사실 형은 한 모금도 마시지 않았다.

형의 아름다운 마음 덕분에 동생은 만족과 기쁨을 얻었고, 형은 그 보답으로 행복을 얻었다. 그의 배는 비어 있으나 마음만은 행복으로 가득했을 것이다.

사랑이 있다면 세상을 바꿀 수 있는 힘과 신념이 생긴다. 마음속에 사랑이 있는 사람은 혼자 고된 삶을 살아도 언제나 희망이 있으며 꿈을 현실로 바꿀 용기까지 있다. 사랑이란 다른 이를 받아들이고 그들을 격려하는 것으로 서로 주고받는 것이다. 대부분의 사람들은 사랑하는 마음이 부족하다. 또 평생 자신의 방식대로만 사랑하고, 다른 사람이 필요한 것을 무시하는 사람도 많다. 예를 들어서 집에서 저녁 파티를 준비할 때 집이 깨끗한지, 혹은 음식이 맛있는지에 신경 쓰느라 정작 손님들에 주의를 기울이지 않는 식이다.

바쁜 현대 생활 탓에 우리의 영혼은 깊은 잠에 빠졌다. 그 바람에 우리는 무엇이 가장 중요한 것인지, 사랑이란 무엇인지를 잊은 채 살고 있다.

신을 만나고 싶었던 소년은 아주 먼 길을 가면 자신의 꿈을 이룰 수 있을 거라고 생각했다. 어느 날 그는 짐을 꾸리고 빵과 요구르트까지 챙겨 길을 떠났다.

그는 얼마 지나지 않아 피로를 느꼈다.

한 할머니가 공원의 벤치에 앉아 비둘기들에게 먹이를 주는 모습이 보였다.

소년은 잠시 쉬기 위해 할머니 옆에 가서 앉았다. 그리고 가방에서 빵을 꺼내 입에 넣으려는 순간, 할머니가 자신을 빤히 바라보는 것을 발견했다. 아마도 할머니는 몹시 배가 고픈 모양이었다. 그래서 그는 빵을 할머니에게 드렸고 할머니는 미소를 지으며 빵을 받았다. 할머니의 아름다운 미소를 또 보고 싶은 생각에 소년은 요구르트를 꺼내 건넸다. 할머니는 이번에도 아름다운 미소를 지으며 감사의 말을 전했다. 그들은 각자 빵을 먹으면서 웃었다. 두 사람은 함께 벤치에 앉아 오후를 보냈지만 말은 한마디도 하지 않았다.

날이 어두워졌다. 소년은 집으로 돌아가기 위해 몇 걸음 걷다가 다시 돌아가서 두 팔 벌려 할머니를 꼭 끌어안았다. 가장 아름답고, 감동적인 미소에 대한 보답이었다.

집으로 돌아온 소년의 얼굴이 기쁨으로 가득한 것을 본 엄마는 깜짝 놀랐다.

"오늘 왜 그렇게 기분이 좋니?"

"오늘 신과 함께 점심을 먹었거든요."

엄마의 깜짝 놀란 표정을 보면서 소년은 이렇게 덧붙였다.

"그 분처럼 아름답게 웃는 사람은 처음 봤어요."

그 순간, 공원의 할머니 역시 온 얼굴에 기쁨이 가득한 채 집으로 돌아왔다. 그녀의 아들은 신기한 듯이 물었다.

"어머니, 오늘 무슨 좋은 일이 있었나요?"

"오늘 나는 신과 함께 빵을 먹었단다."

아들이 별다른 반응을 보이지 않자 그녀는 이렇게 덧붙였다.

"신이 정말 젊으시더라고!"

사랑을 아는 사람만이 진정한 행복을 얻을 수 있다. 사랑의 빛 아래에서 생활한다면 당신의 생활은 무엇보다 아름답고 풍요로울 것이다. 사랑하는 것은 사랑받는 것보다 더 행복하다. 그렇기에 당신의 마음속에 더 많은 사랑의 씨앗을 뿌려 그것이 크고 무성하게 자라도록 해야 한다.

누군가를 사랑하면 그의 사랑을 얻을 수 있다. 또 사랑의 놀라운 힘을 이해하는 사람이야말로 진정한 즐거움을 얻을 수 있다.

사랑하면
행복하다

    사랑은 이 세상의 모든 일, 예를 들어 사업, 가정, 인간관계 등에서 성공을 부르는 요소다. 진정한 즐거움의 비결 역시 사랑이다. 그러므로 당신의 마음을 더 많은 사랑으로 가득 채워 항상 밝고 행복한 생활을 해야 한다.

    어렸을 때 내게 잘 해주시던 아주머니가 위중하다는 소식을 듣고 찾아간 적이 있다.

    그녀는 작고 낡은 집에 살고 있었으며, 방 안에는 얇고 낡은 이불과 녹슨 주전자를 제외하고는 세간이랄 것이 없었다.

    내 기억에 아주머니는 비교적 부유한 집안의 안주인이었다. 나는 쉬는 시간에 몰래 학교를 빠져나가 그녀의 집에 가서 맛있는 빵을 먹곤 했다. 한창 클 나이라 시도 때도 없이 배가 고팠던 나에게 아주머니는 항상 가장 좋은 빵과 쿠키, 차를 내주셨다.

    이제 아흔한 살이 된 아주머니는 이전과 비교할 수도 없는 낡은 집에서 쉰 살이 훌쩍 넘은 아들의 보살핌을 받으며 살고 있지만 여전히 명랑하고 상냥했다. 그녀는 나를 반기며 여기저기서 들은 재미있는 이야기로 나를 즐겁게 해주었다.

    그녀가 여전히 밝고 명랑한 것은 바로 마음속에 여전히 사랑이 남아 있기 때문이 아닐까? 병마와 싸우는 중에도 아주머니는 운명을 탓하지 않았으며 여전히 주변의 모든 것을 사랑했다.

아주머니처럼 모든 사람의 마음에 사랑이 있다면 곤경에 처하더라도 끝까지 즐거운 마음을 잃지 않고 더 밝은 생활을 할 수 있다.

사랑은 세상을 바꿀 수 있는 유일한 힘이자 신념이다. 마음속에 사랑이 있는 사람은 거센 풍랑이 몰아치는 현실을 마주하면서도 항상 희망을 잃지 않고 주변의 모든 것에 감사한다. 반면에 마음속에 사랑이 없는 사람은 살아도 사는 것이 아닌 무의미한 생활을 한다. 사랑이야말로 인생을 아름답게 만드는 진리다.

한 병원에 동시에 두 명의 환자가 입원했다. 검사 결과가 나온 후, A는 즉시 '인생 마무리 계획표'를 가지고 병원을 떠났고, B는 병원에 남았다.

B는 매일 우울한 마음으로 정신 나간 사람처럼 살았다. 의사는 매일 아침, 다른 모든 환자에게 하는 것처럼 그에게 질문했다.

"뭐 드시고 싶은 거 있으세요?

"……"

"뭐 하고 싶은 일은 없으세요?"

"……"

"집은 어디인가요?"

"없습니다. 있어봤자 가족을 부양해야 하는데 아예 없는 게 낫죠."

"좋아하는 것은 없나요?"

"없습니다. 나중에 싫어질 수도 있으니 아예 좋아하지 않는 편이 낫죠."

"친구는요?"

"없습니다. 제 몸 하나 빼고는 아무것도 없어요. 친구는 잃을 수도 있으니 아예 없는 편이 좋아요. 저를 사랑해주는 사람이 없는데, 다른 사람을 사랑할 필요 없지 않습니까?"

의사는 그의 말을 듣고 한숨을 쉬었다. 그러고는 병실을 나선 후 간호사에게 말했다.

"그동안 내가 만난 수많은 환자는 매번 최선을 다해서 살려고 했다네. 그런데 이 환자는 아무런 희망이 없군!"

한편 A는 병원을 떠난 후 여행을 시작했다. 그는 우선 어렸을 때 살던 고향에 가서 가족과 친척들을 만나고 그들에게 감사의 뜻을 표했다. 그리고 유럽 여행을 떠나 꿈에 그리던 멋진 경치를 보고 즐겼다. 여행에서 돌아온 그는 대학 시절의 은사를 찾아가 인사했고, 친구들과 함께 식사했다. 또 반 년 동안 자신의 인생 이야기를 담은 글을 써서 인생의 지혜, 처세의 비결 등을 사랑하는 딸에게 전했다.

그는 다음과 같이 말했다.

"나를 사랑하는 사람들과 내가 사랑한 사람들을 위해서 매일 열심히 살았습니다. 이제 세상을 떠나도 후회가 없을 것 같군요. 지금 나는 내 마음속의 사랑을 확인했고 희망으로 가득해요. 사랑이 있다면 참된 인생을 살 수 있다는 것을 다시 한 번 느꼈어요."

사실 A는 검사 결과 시한부 판정을 받았다. 반면에 B는 치료만 하면 얼마든지 나을 수 있는 병이었다. 사랑으로 가득한 A는 희망을 잃지 않았다. 그는 세상을 향해 무한한 사랑을 드러냈으며 자신이 받았던 사랑을 보답하려고 했다. 반면에 사랑이 없었던 B는 아무런 희망도 없이 의사의 치료만 받을 뿐 스스로 더 나아지려는 어떠한 노력도 하지 않았다!

세상의 진정한 아름다움은 내면에 있다. 선량한 마음, 포용심, 이타심, 예의와 겸손……, 이런 것들이야말로 반드시 잃지 말아야 할 아름다움인 것이다. 사랑의 힘은 상상한 것보다 훨씬 커서 한 사람의 내면과 겉모습을 모두 변화시킨다.

좋아하는 사람이 당신에게 전혀 관심 없는 것처럼 보일 때가 있다. 그러나 이 때문에 우울하거나 슬퍼할 필요는 없다. 당신이 그를 정말 사랑한다면 그가 당신에게 관심이 없는 것은 큰 문제가 되지 않기 때문이다. 마음속에 사랑이 있을 때 당신의 세상은 더 크고 밝아질 것이다. 또 당신이 하는 모든 말에 기쁨이 넘치며, 행복하고 아름다운 생활을 하게 될 것이다.

모든 사람에게 타인을 사랑하는 마음이 있다면 설령 곤경에 처하더라도 언제나 즐거울 것이다.

사랑은
고통을 나누는 것

    누군가를 사랑할 때 어떤 마음가짐으로, 어떤 행동으로 사랑해야 할까? 진정으로 사랑한다면 상대방의 어려움을 줄여주고 걱정을 덜어주어야 한다. 바로 '고통을 나누는 것'이다. 이것은 매우 간단한 원리다. 상대방이 어깨에 100킬로그램에 달하는 짐을 지고 있다면 당신이 그중 50킬로그램을 들어주는 것이다. 그러면 그는 당신 덕분에 어깨를 짓누르는 무게를 덜고 고통에서 벗어날 수 있다.

    앨리스는 초등학교 5학년생이다. 그녀의 집은 몹시 가난해서 아버지는 생활비를 버는 데 큰 부담을 느끼고 있었다. 아버지는 아침 일찍 공장에 가서 늦게까지 일한 후, 밤에는 집에서 서류를 베껴 쓰는 일을 했다. 앨리스도 돕고 싶었으나 아버지는 허락하지 않았다. 그래서 앨리스는 매일 밤, 아버지가 잠들면 몰래 일어나 서류를 베껴 쓰곤 했다. 아버지는 매우 피곤한 상태에서 썼기 때문에 필적이 들쭉날쭉했다. 그 덕분에 앨리스는 들키지 않고 아버지를 도울 수 있었던 것이다. 다 쓴 서류를 가져다주러 간 아버지는 생각보다 많은 돈을 벌어서 매우 기뻐했으며 돌아오는 길에 맛있는 음식을 사와 식구들과 나눠 먹을 수 있었다. 앨리스는 아버지의 미소를 보고 말없이 행복해했다.

　어린 앨리스가 아버지의 고통을 나누어 가진 것, 이것이 바로 진정한 사랑이다. 사람은 누구나 다른 사람과 완전히 동떨어져서 살 수 없다. 아무리 돈이 많거나 능력이 뛰어난 사람이라도 분명히 다른 사람의 도움을 받아야 할 때가 있기 마련이다. 사람과 사람 사이에 가장 필요한 것은 고통을 나누는 것이며 이것이야말로 행복의 요소다.

　서로의 고통을 나누지 않는 사회는 차갑고 쓸쓸하다. 누군가를 사랑한다고 말하면서 그의 고통을 나누지 않고 수수방관한다면 어떻게 사랑이라고 할 수 있겠는가? 고통을 나누고, 상처를 나누는 것이야말로 진정한 사랑이다.

　가을 하늘을 나는 기러기를 본 적이 있는가? 기러기들은 따뜻한 남쪽을 향해 먼 거리를 비행한다. 이때 그들은 길을 잃지 않기 위해 'V' 자 대형을 유지한다. 이렇게 날면서 서로를 격려하고 돌아가며 선두를 맡아 고통을 나누는 것이다. 또 그중 한 마리가 다치면 다른 기러기 두 마리가 그와 함께 비행하며 보호하기도 한다. 이렇게 서로 돕고 책임지려는 정신이 그토록 먼 거리를 끝까지 비행하게 해준다.

　인간도 마찬가지다. 길고 긴 인생 여정을 끝까지 완주하려면 다른 이의 고통을 나눌 줄 알아야 한다. 당신이 사랑하는 사람이 괴로워하면 그의 옆에 앉아, 그가 하는 이야기를 들어주고, 어려움을 함께 아파해야 한다. 이처럼 진심으로 소통하는 것만으로 그를 크게 위로할 수 있다. 고통을 나누는 방식은 어렵지 않으며 무척 다양하다. 그저 따뜻한 말 한마디, 눈빛, 행동으로도 다른 사람의 고통을 줄이고 그에게 기쁨을 가져다줄 수 있다.

고통을 나누는 것이야말로 진정한 사랑을 보여주는 것이다. 부모, 자녀, 친구, 애인을 어떤 방식으로 사랑하겠는가? 간단하다! 그들의 고통을 나누면 된다. 기나긴 인생 여정에서 다른 이의 고통을 나눌 줄 안다면 더 멀리, 더 행복하게 나아갈 수 있을 것이다.

사랑에는
이해가 필요하다

인도의 시인 타고르(Tagore)는 사랑이 '이해'의 대명사라고 했다.

이해가 없으면 진정한 사랑이라고 할 수 없다. 이해가 없는 사랑은 고통뿐이며 절대 오래가지 못한다. 이런 사랑은 종종 가슴 아픈 교훈을 남기기도 한다.

남편이 전쟁터로 떠나자 아내는 홀로 아기를 키웠다.

3년 후, 남편이 고향으로 돌아왔다. 아내는 어린 아들을 데리고 마을 입구까지 나가 그를 맞이했고, 두 사람은 다시 만난 기쁨의 눈물을 흘렸다. 남편은 무사히 돌아온 것을 신께 감사하기 위해서 제사를 올리기로 했다. 아내가 제사에 쓸 꽃과 과일을 사러 간 사이 남편은 아들과 시간을 보냈다.

남편은 아들에게 "아빠"라고 불러 보라고 했다. 그러자 아들은 고개를 가로 저으며 말했다.

"아저씨는 우리 아빠 아니에요. 우리 아빠는 매일 밤에 와요. 엄마는 아빠랑 이야기하다가 울기도 해요. 엄마가 앉으면 아빠도 앉고, 엄마가 누우면 아빠도 누워요."

잠시 후, 아내가 시장에서 돌아왔지만 남편은 그녀를 바라보려고도 하지 않았다.

그는 신께 제사를 올리자마자 집을 나가 술을 마셨고 온종일 마을 밖에서 지냈다. 아내는 남편이 왜 이러는지 도무지 알 수 없었다. 3일 후, 아내는 답답한 마음을 참지 못하고 강에 뛰어들어 스스로 목숨을 끊었다.

아내의 장례를 치른 날 밤, 남편이 등잔불에 불을 붙이자 아들이 외쳤다.

"우리 아빠다! 우리 아빠는 매일 밤마다 이렇게 와요. 그리고 엄마와 이야기도 하고 함께 울어요. 엄마가 앉으면 아빠도 앉고, 엄마가 누우면 아빠도 누워요."

어떻게 된 일일까?

몇 달 전, 아이가 아빠에 대해서 묻자 아내는 벽에 비친 자신의 그림자를 보고 "네 아빠야."라고 말했다. 그녀는 밤마다 남편을 그리며 울다 잠이 들었다.

남편은 이제야 모든 것을 알게 되었지만 이미 늦었다.

남편은 아내의 사랑이 얼마나 깊은지 이해하지 못했기 때문에 그녀를 영원히 떠나보내고 말았다. 이 비극은 모두 이해가 부족했기에 벌어진 일이다. 남편의 사랑은 진정한 사랑이라고 할 수 없다. 그는 잘못된 정보에 집착해서 편향된 눈으로 아내를 바라보았다. 진정한 사랑은 평등하며, 집착하지 않고, 구분하지 않으며, 욕심내지 않는 것이다. 또 모든 편견과 경계를 버리는 것이다. 어떤 사람을 진정으로 이해하고 사랑하고 싶다면 언제나 '상대방의 입장'에서 생각해야 한다. 이렇게 해야만 '나'와 '너'를 구분하지 않고 사랑할 수 있기 때문이다.

물론 이것은 매우 어려운 일이다. 사랑하는 사람을 이해하는 것은 일종의 '수행'과 비슷해서 일단 나 자신을 이해하고 바꾸는 것에서부터 시작해야 한다. 계속 자신을 거부하고 스스로 상처 주는 사람은 타인을 사랑하는 것이 아무 의미도 없다.

고정관념과 사유에 얽매여 있으면 종종 자신감을 잃고, 비관, 충돌, 갈등,

질투 같은 감정에 휘말릴 수 있다. 그러므로 좀 더 개방적인 생각과 사고방식을 통해 상대방을 이해하려고 노력해야 한다. 세상에 절대적인 것은 없다. 도덕에 위배되는 것이 아니라면 누구의 생각이 맞고, 누구의 생각이 틀렸다고 말할 수 없는 것이다.

상대방을 이해하고 진정으로 사랑하면 당신은 곧 행복과 평안을 얻을 것이다. 그리고 상대도 곧 당신을 진정으로 사랑하게 될 것이다.

사람들은 모두 진정한 사랑을 받고자 한다. 그러나 다른 사람을 진정으로 사랑하지 않는다면 당신 역시 진정한 사랑을 얻을 수 없다. 일종의 '수행'을 통해 무엇이 진정한 사랑인지, 진정한 사랑을 얻으려면 어떻게 해야 하는지 생각하고, 또 생각해야 한다.

사랑하는 사람을
기쁘게 하라

아주 작은 일에서도 비할 데 없이 커다란 기쁨을 느낄 수 있다. 두 눈을 뜨면 파란 하늘과 갖가지 색의 작은 꽃들, 강아지풀, 나무…… 등 수많은 것이 당신 앞에 펼쳐질 것이다. 이렇게 주변의 아름답고 멋진 것들을 마주할 때마다 기쁨을 느끼는 사람이야말로 진정 행복한 사람이다. 기쁨 속에 행복이 있고, 행복 속에 기쁨이 있다. 인간이 느끼는 수많은 감정 중에 사랑은 당신에게 최고의 기쁨을 선사한다. 그래서 진정한 사랑은 당신과 당신이 사랑하는 사람 모두를 기쁘게 만든다. 만약 당신의 사랑이 당신과 상대방 모두에게 기쁨을 주지 않는다면 그것은 진정한 사랑이 아니다.

한 가난한 부부가 있었다. 그들은 열심히 농사를 지었으나 좀처럼 생계가 나아지지 않아서 입에 풀칠하기도 어려운 상황이었다. 그러나 두 사람은 여전히 행복했다. 남편은 밭에서 일하고 돌아오면서 언제나 들꽃 한 다발을 꺾어 아내에게 주었다. 그러면 아내는 꽃향기를 맡고 미소를 지은 후, 빈 맥주병에 꽂고 바라보았다. 또 남편은 종종 나무에 열린 과일을 따다가 아내에게 가져다주곤 했다. 아내는 웃으면서 새콤한 과일을 베어 물었고 두 사람은 서로를 바라보면서 크게 웃었다. 남편은 그때마다 아내가 세상에서 제일 아름답다고 생각했으며 자신은 그 누구보다 행복하다고 굳게 믿었다.

이 부부는 가진 것도 없고, 형편이 나아질 기미도 보이지 않았다. 아름다운 장미도 없고, 호화로운 저녁 만찬도 없는 그들이 이렇게 행복한 이유는 무엇일까? 간단하다. 서로에게 기쁨을 주고 행복을 느끼기 때문이다. 이처럼 진정한 사랑은 언제나 기쁨을 동반한다. 기쁨은 또한 진정한 사랑을 유지하는 비결이기도 하다.

반면에 한 부부는 결혼 전, 매우 사치스러운 연애를 했다. 언제나 멋진 카페에서 비싼 커피를 마셨으며 이탈리아 레스토랑에서 유명 요리사가 만드는 음식을 먹었다. 또 남성은 언제나 여성에게 커다란 장미 꽃바구니를 선물했다. 두 사람은 서로를 사랑했다.

결혼 이후, 그들의 생활은 완전히 바뀌었다. 그들은 낭만을 모두 현실 속에 파묻어버린 것처럼 생활했다. 연애할 때, 한 번의 여행 경비가 지금은 두 사람의 1년 치 식비가 되었고, 커피, 스테이크, 꽃 등은 없어진 지 오래였다. 두 사람 사이에 남은 것은 빨래, 청소, 식사 준비 같은 일뿐이었다. 연애할 때의 가슴이 뛰는 그런 감정들은 이미 생활의 무게에 눌려 어디론가 사라졌다. 그들은 결혼 생활이 너무 무겁고 힘들었다. 할 수만 있다면 빨리 이혼해서 이렇게 아무 의미 없이 힘들기만 한 생활을 끝내고만 싶었다.

결혼 전과 후의 생활이 너무 달라 고민하는 사람이 많다. 이것은 바로 그들에게 기쁨이 사라졌기 때문이다. 결혼 전에는 기쁨이 충만하지만, 결혼 후에는 기쁨이 사라지고 모든 일이 무료해진 것이다. 그러므로 당신의 진정한 사랑을 계속 유지하고 싶다면 반드시 상대방을 기쁘게 해야 한다.

사랑하는 사람을 기쁘게 하는 것은 곧 당신 자신을 기쁘게 하는 일이다. 연인, 배우자, 부모, 자녀 등이 당신 때문에 밝게 웃고 즐거워한다면 그보다 더 행복한 일이 어디 있겠는가? 서로 기쁨을 주고받으며 행복을 느끼는 관계 속에서 사랑은 더욱 깊어질 것이다. 이렇게 기쁨이 기쁨을 낳고, 행복이 행복을 낳는 사랑이야말로 어떠한 역경도 이겨낼 수 있는 진정한 사랑이라고 할 수 있다.

진정한 사랑은 당신과 당신이 사랑하는 사람에게 기쁨을 가져다준다. 만약 상대방을 기쁘게 하지 못한다면 그것은 진정한 사랑이라고 할 수 없다. 우리가 해야 할 일은 기쁨의 씨앗을 뿌려 그것이 자라고, 뿌리내릴 수 있도록 최선을 다해 가꾸는 것이다.

조용히
오래 사랑하라

어떤 사랑은 불타오르는 것처럼 뜨거우며 서로를 제외하고는 아무것도 보이지 않는 것 같다. 반면에 마치 봄비처럼 조용하고 천천히 서로의 마음을 사로잡는 사랑도 있다. 전자는 격렬하지만 짧고, 후자는 조용하지만 길다. 사실 우리의 생활은 단조로움 속에서 행복을 찾는 과정이라고 할 수 있다. 그래서 사랑 역시 소박하지만 은은한 향기를 내뿜는 것이 좋다.

사랑이 깊어질수록 표현은 더욱 차분하고 평온하며 담담하다. 여기서 말하는 '차분하고 평온하며 담담한 것'이란 사랑이라는 감정 자체가 아니라 사랑에 대한 태도를 가리킨다.

그것은 순간의 두근거림보다는 두 사람이 함께 느끼는 감동에서 더 깊이 드러난다. 담담할수록 사랑은 오래가고 더 멀리 은은한 향기를 풍길 것이다.

아침 9시부터 오후 5시까지 일하는 중년의 부부가 있었다. 매일 아침, 남편이 먼저 내려가 차에 시동을 걸면 아내는 양손에 자신의 가방과 남편의 서류 가방을 들고 내려왔다. 그녀가 입구까지 내려오면 남편은 가방을 받아 차에 넣은 후, 아내를 뒷좌석에 편히 앉혔다. 그리고 아내가 불편하지 않도록 아주 부드럽게 운전했다.

남편은 단 한 번도 아내를 돌보는 것을 잊은 적이 없다. 그는 마치 공주처럼 뒷좌석에 앉아있는 아내를 볼 때마다 큰 행복을 느꼈다. 또 최선을 다해 아내를 사랑하고 돌보았으며 그녀의 행복한 웃음이 보답이라고 생각했다.

오랜 시간이 흐른 후, 그들은 매우 단조로운 생활을 했다. 세월이 많이 흘렀지만 두 사람 모두 얼굴에 주름살 하나 찾아보기 어려웠으며 여전히 매우 젊어 보였다. 마치 열애 중인 소년과 소녀처럼 말이다. 남편의 사랑은 여전히 소박하고 진실했으며 세심했다. 그의 사랑은 3월의 봄비처럼 아내의 마음을 촉촉이 적셨다.

이것이야말로 진정한 사랑 아닐까? 사랑한다고 해서 꼭 모든 것을 포기해도 좋을 만큼 활활 타오를 필요는 없다. 일상생활에서 조용히 세심하게 흐르는 사랑, 봄바람처럼 부드럽고 여유로운 사랑, 그것이야말로 진정한 사랑이다.

서로 무척 사랑하는 부부가 있었다. 그러나 아내의 출산 후 그들은 각자 다른 침대에서 자기 시작했다. 낮에는 일이 너무 힘들고, 밤에는 아이를 돌보느라 기진맥진해진 그들은 점점 대화가 줄어들었다. 아내가 먼저 그들 사이의 위기를 느끼고 남편에게 말했다.

"나 당신에게 바라는 거 있어요."

그러자 남편은 심드렁한 반응을 보이며 대꾸했다.

"뭐가 필요한데? 왜 그렇게 심각해?"

"하루에 1분씩만 나를 안아줘요."

남편은 아내를 흘끗 보고 웃으며 말했다.

"노부부처럼? 그런 게 필요할까?"

"내가 말했을 때는 반드시 필요하기 때문이에요. 그리고 당신이 하는 질문을 보니 더 필요하다는 생각이 드네요."

"사랑을 꼭 표현해야 하나?"

"결혼 전에 당신이 사랑을 표현하지 않았다면 나는 당신과 결혼하지 않았을 거에요."

"그때는 그때지. 오히려 표현하지 않는 편이 더 깊은 사랑 아니야?"

"표현하지 않는다고 해서 사랑하지 않는 것은 아니지만, 표현한다고 해서 또 나쁠 것은 없잖아요."

두 사람은 결국 싸우기 시작했고, 이 전쟁을 끝내기 위해 남편은 어서 잠자리에 들자고 말했다.

그리고 아내에게 가서 그녀를 1분 동안 꼭 안아주고 웃으면서 말했다.

"이렇게 표현하는 게 꼭 필요하다 말이야?"

"여자들은 모두 사랑을 확인 받고 싶어해요."

이후 남편은 매일 아내를 안아주었다. 어떤 날은 1분 동안, 어떤 날은 10분 동안, 또 어떤 날은 더 오래 안아주기도 했다. 그러면서 그들은 점점 예전의 사랑을 되찾았다. 매일 포옹하면서 두 사람은 아무런 말도 하지 않았지만 이 침묵은 예전에 서로 말을 하지 않았을 때의 침묵과 완전히 다른 것이었다.

격정적인 사랑이 끝난 후, 서로 사랑하는 남녀에게 남는 것은 결혼의 소박하고 평온한 일상뿐이다. 말라비틀어진 고목 같은 생활을 하고 싶지 않다면 일상에서 사랑을 표현하고 서로를 아껴야 한다. 크고 호화로운 것은 필요없다. 이때 필요한 것은 그저 차분하고 평온한 표현이다. 담담한 사랑일수록 더 조용히 오래 지속될 수 있다.

다른 사람의 화려한 사랑을 부러워할 필요는 없다. 차분하고 평온하게 감정을 표현한다면 당신의 사랑이 그들보다 더 오래 지속되기 때문이다.

사랑한 만큼
사랑 받는다

사람들은 모두 다른 이의 사랑을 갈망한다. 왜 그럴까? 그것은 바로 사랑이 만병통치약이기 때문이다. 사랑은 태양처럼 영혼의 꽃을 피우고, 비처럼 영혼을 촉촉이 적시며, 부드러운 바람처럼 골치 아픈 일들을 날려준다.

세상의 모든 일이 '상호작용'에서 비롯된다. 이것은 사랑도 마찬가지여서 당신이 얼마나 사랑했는가에 따라 받을 수 있는 사랑의 크기가 정해진다. 그러므로 사랑 받았다면 다시 그 사랑을 돌려주는 것을 잊어서는 안 된다. 다른 사람을 사랑하지 않는 사람은 결코 사랑 받을 수 없다.

한 청년이 계속된 오해와 좌절 탓에 크게 상심했다. 그는 세상이 자신을 내버려두지 않으며 도무지 사람 사이의 정을 느낄 수 없다고 한탄했다. 우울감에서 빠져나오지 못한 그는 곧 미쳐버릴 것 같았다.

어느 날, 이 청년은 멋진 풍경으로 유명한 산에 올랐다. 그런데 그곳에서 사람들이 유유자적하며 아름다운 풍경을 감상하는 것을 보고 다시 옛 일이 떠올랐다. 그는 오랫동안 잊었던 고뇌와 아픔을 다시 끄집어내서 참지 못하고 크게 소리쳤다.

"정말 싫어! 정말 싫다고! 싫어!"

잠시 후, 깊은 산골짜기에서 그의 목소리보다 훨씬 큰 소리가 들려왔다.

"정말 싫어! 정말 싫다고! 싫어!"

마치 산 전체가 그에게 이야기를 하는 것 같았다. 주변의 등산객들은 모두 그를 이상하다는 듯이 바라보았다. 그는 메아리를 들을수록 화가 나서 씩씩거리며 산을 내려가기 시작했다. 그러나 어디를 가든지 그 소리가 자꾸만 귓가에 맴돌아 더 화가 났다! 그런데 이때, 갑자기 어디선가 다른 소리가 들려왔다.

"사랑해! 사랑해! 아주 많이 사랑해!"

청년은 소리가 나는 쪽을 찾으려고 두리번거리다가 멀지 않은 곳에 한 노인이 서 있는 것을 발견했다. 노인이 미소를 지으며 다가오자 청년은 마음속의 울분을 참지 못하고 자신의 억울한 이야기를 쏟아냈다.

이야기를 모두 들은 노인은 웃으며 말했다.

"사랑은 메아리와 같다네. 방금 전에 자네는 어떤 메아리를 들었는가? 자네가 먼저 마음가짐을 바꿔 우호적인 태도로 주변 사람들을 대하지 않는다면 절대 행복해질 수 없네."

노인과 헤어진 청년은 산을 내려가면서 다시 한 번 소리쳤다.

"사랑해! 사랑해!"

잠시 후 메아리가 울리자 그는 미소를 지었고 주변 등산객들 역시 함께 웃었다.

집으로 돌아온 후, 청년은 이전보다 훨씬 적극적이고, 건강하며, 우호적인 마음가짐으로 주변 사람들을 대했다. 그러자 점차 오해가 사라지고 인간관계가 좋아졌으며 일도 훨씬 순조로워졌다. 무엇보다 그는 이전보다 훨씬 행복한 사람이 되었다.

노인의 말처럼 사랑은 메아리와 같다. 그래서 적게 사랑하면 적은 사랑을 받을 것이고, 많이 사랑하면 많은 사랑을 받을 것이다.

세찬 눈보라가 치던 어느 날 저녁, 제이크는 직접 차를 몰고 귀가하고 있었다.

그는 오늘도 직장을 구하지 못해 무척 상심했다. 집에 돌아가서 아내와 아이들에게 어떻게 말해야 할지 눈앞이 깜깜했다. 이제 곧 크리스마스도 다가오는데 어떻게 해야 할까? 아내를 떠올리자 더욱 미안한 감정이 들었다.

이런저런 생각을 하던 제이크는 길가에 서 있는 부인을 보았다. 그녀는 분명히 도움이 필요해 보였기 때문에 그는 차를 멈추고 내렸다.

부인은 제이크가 다가오자 긴장했다. 한참 서 있었지만 도와주려고 내린 사람은 그가 처음이었기 때문이다.

"그가 나를 해치지 않을까?" 그녀는 공포에 온몸을 바들바들 떨었다.

제이크는 부인이 긴장한 것을 보고 미소를 지으며 말했다.

"부인, 무서워하지 마세요. 도와드리려 온 거예요."

그는 부인의 차를 찬찬히 살펴본 후 부드럽게 말했다.

"차에 큰 문제가 있는 것 같지는 않습니다. 제가 한 번 고쳐볼게요." 말을 마친 그는 즉시 무릎을 꿇고 차 아래로 기어들어갔다.

잠시 후, 제이크는 몸에 묻은 눈을 털어내며 말했다. "다 됐습니다. 이제 문제없을 거예요."

"정말 고마워요. 실례지만 제가 보답을 좀 해도 될까요? 정말 감사해서요. 이곳에서 한 시간이나 기다렸는데 아무도 저를 도와주지 않았죠. 당신만 제외하고요. 얼마를 원하든지 드릴 수 있으니 사양 말고 말씀해주세요."

그러나 제이크는 차의 트렁크 문을 닫으며 즐겁게 말했다.

"아이고, 별일도 아닌데 무슨 돈을 받겠습니까? 어서 가세요. 목적지까지 안전하게 가시기 바랍니다. 혹시 정말 제게 감사하다면 나중에 도움이 필요한 사람을 도와주세요."

부인은 제이크의 말에 감동했다.

차를 몰고 가던 그녀는 몇 분 후, 길가에 있는 아주 작은 카페를 보았다.

'이곳에서 잠시 따뜻한 차를 마시며 몸을 녹여야겠어.'

부인이 카페에 들어가자 미소 띤 여종업원이 걸어왔다. 종업원은 밝게 웃으며 부인에게 따뜻한 차를 가져다주었다. 또 다른 필요한 것은 없는지 세심하게 물어봐주었다.

부인은 차를 마시며 생각했다.

'오늘 정말 운이 좋아. 이렇게 좋은 사람들을 만나다니!'

이때 부인은 아까 그 여종업원의 배가 불룩한 것을 발견했다. 적어도 임신한 지 7개월은 되어 보였다.

잠시 후, 부인은 계산하겠다고 말하고 100달러짜리 지폐 한 장을 종업원에게 주었다. 종업원이 계산대에서 잔돈을 들고 나왔을 때 부인은 이미 사라진 후였다.

깜짝 놀란 종업원은 부인이 앉아 있던 자리로 가보았다. 테이블 위에 놓인 냅킨에는 다음과 같이 쓰여 있었다.

"이 돈이 도움이 되었으면 좋겠네요. 꼭 필요할 거라고 생각해요. 그러나 빚을 진 거라고 생각할 필요는 없어요. 오늘 어떤 사람이 내게 큰 도움을 주었답니다. 만약 나에게 보답하고 싶다면 다른 사람을 도와주면 돼요. 행복하세요."

여종업원의 눈에는 뜨거운 눈물이 고였다.

그녀는 퇴근 후 집에 돌아가서 남편을 보자마자 달려가 꼭 껴안았다.

"여보, 나 오늘 첫 출근했는데 팁을 80달러나 받았어요. 이제 우리에게 좋은 일만 생길 거예요. 사랑해요. 제이크!"

세상에 사랑이 부족하고 사람들이 너무 냉담하다고 속상해할 필요는 없다. 정말 그렇게 생각한다면 당신이 먼저 사랑을 베풀면 되기 때문이다. 그동안 얼마나 많은 사랑을 베풀고 받았는가? 사랑을 받지 못한 사람은 세상이 무정해서가 아니라 자신이 충분히 사랑하지 않았기 때문이라는 것을 잊지 말아야 한다.

좋은 사람이 되라! 좋은 사람만이 사랑 받을 수 있다. 선행은 언젠가 돌아와 마치 햇빛처럼 당신을 비출 것이다.

세상의 모든 것을
사랑하라

    모든 생명을 사랑하고 소중하게 생각해야 한다. 이것이야말로 우리가 궁극적으로 지켜야 할 선(善)이다. 그러나 지금 사람들은 만물의 영장이라는 이유만으로 너무 많은 살생을 하고 있다.

    산 속에 사는 현자가 있었다. 산 아래 마을 사람들은 어려운 문제가 있으면 그를 찾아와서 가르침을 구했다.

    어느 날 똑똑하고 장난기 많은 소년이 작은 새 한 마리를 잡아 현자를 찾아갔다.

    "듣자하니 가장 똑똑한 사람이라면서요! 저는 믿지 않아요. 만약 내 손 안에 있는 새가 살았는지 죽었는지 맞춘다면 믿죠!"

    현자는 소년이 장난기 어린 눈을 보고서 생각했다.

    '새가 살았다고 대답하면 이 아이는 분명히 손에 힘을 주어 새를 죽이겠지. 그러나 만약 새가 죽었다고 대답하면 손을 펴 멀리 날아가게 할 것이다.'

    한참을 생각하던 현자는 마침내 소년에게 말했다.

    "이 새가 죽고 사는 것은 모두 너에게 달렸구나!"

인류가 생존하기 위해 자연도태나 약육강식의 법칙을 따른 것은 큰 문제가 아니다. 그러지 않았다면 인간은 분명히 멸종되고 말았을 것이다. 그러나 만물의 영장이라는 이유만으로 이 소년처럼 마음대로 다른 동물을 죽여서도 안 된다. 이것은 일종의 범죄이자 악한 행동일 뿐이다.

그러나 안타깝게도 여전히 생명을 마음대로 해도 된다고 여기며 인간 이외의 생명을 무시하는 사람이 많다. 현대 사회에서는 많은 사람이 다양한 방식으로 생명을 죽인다. 어떤 사람은 동물을 어렸을 적 가지고 놀던 장난감이라고 생각한다. 그래서 아무런 거리낌 없이 죽이는 것이다. 취미로 사냥을 즐기는 사람도 있고, 전문적으로 동물을 죽이는 사람도 있다. 현대 과학기술을 이용해서 만든 탄약과 각종 도구는 무정하게도 수많은 생명을 빼앗고 있다. 야생 동물이 살던 서식지는 모두 인간의 공격을 받아 파괴되었으며 멸종 위기에 처한 동물이 점점 많아지고 있다. 이런 상황인데도 모두들 인간 생명의 존엄성만 말할 뿐, 동물의 생명에 대해서는 이야기하려 들지 않는다.

최근 미국 경제 불황 탓에 굶주린 사람들이 산을 둘러싸고 이 안에 있는 원숭이를 거의 모두 죽였다고 한다. 다른 것이 아니라 오로지 자신의 배를 채우기 위해서 말이다. 원래는 멧돼지나 사슴 등을 잡아먹었는데 나중에는 더 잡기 쉽고 무리 생활을 하는 원숭이로 시선을 돌린 것이다.

사냥꾼 두 명이 어미 원숭이 한 마리를 추격하고 있었다. 이 원숭이는 가슴에 새끼 두 마리를 꼭 껴안고 급하게 산골짜기 안으로 몸을 숨겼다. 두 사냥꾼은 사냥총을 들고 이 잡듯이 뒤졌다. 경험이 많은 그들은 새끼 두 마리를 안고 있는 어미 원숭이가 멀리 가지 못했을 것이라고 생각했다. 그래서 각각 다른 방향에서 어미 원숭이를 포위한 후, 추격해서 힘이 빠지게 하기로 결정했다. 어미 원숭이는 안전한 곳을 찾다가 일단 나무 위로 올라가기로 했다. 나무에 올라가서 바짝 쫓아온 사냥꾼을 본 어미 원숭이는 새끼 두 마리를 더 꼭 껴안았다.

양쪽 방향에서 오던 두 사냥꾼은 거의 동시에 총을 들고 겨누었다. 하지만 그들은 어미 원숭이가 손짓하는 것을 보고 순간적으로 주춤했다. 가만히 살펴보니 어미 원숭이가 새끼들에게 젖을 먹이고 있는 것이 아닌가! 잠시 후 배가 부른 새끼들이 젖에서 입을 떼자 어미 원숭이는 더 높은 나뭇가지 위로 올라가서 나뭇잎을 따기 시작했다. 그리고 젖을 한 방울씩 나뭇잎에 받은 후에 새끼들이 먹을 수 있도록 잘 놓아두었다. 그리고 천천히 몸을 돌려 사냥꾼과 맞서서 두 눈을 질끈 감았다.

바로 이제 총을 쏘라는 의미였다.

어미 원숭이 뒤로 아름다운 노을이 지고 있었으며 새끼들은 어미의 위험도 모른 채, 천진난만하게 놀고 있었다.

두 사냥꾼은 총을 내려놓았다.

대체 무슨 권리로 인간이 세상의 중심이라고 생각하는 걸까? 어떻게 인간의 의지와 이익으로만 세계의 질서를 만들 수 있겠는가? 인간의 무절제한 욕망은 동물의 생존권과 발전의 권리를 빼앗았다.

동물을 살생할 수는 있으나 생존에 필요한 이상으로 해서는 안 된다. 또 해당 동물을 멸종 위험에까지 몰고 가서도 안 된다. 아무런 이유 없이 동물의 생명을 좌지우지하는 것은 죄악이다.

사방이 막힌 것 같을 때
필요한 것은 생각보다 간단하다.
바로 자신 있는 발걸음이다.
지금 당신이 서 있는 자리에서 한 걸음만 전진하면
더 나은 인생이 펼쳐질 것이다.

장이츠 지음

많은 베스트셀러를 만들어낸 출판기획자다. 베이징사범대학(北京師範大學)에서 문학을 공부했다.
대중의 심리건강과 상업적 활용이라는 관점에서 심리학을 쇄신하고 산업화하기 위해 애쓰고 있으며 실용성과 재미를
모두 갖춘 심리 서적을 열정을 다해 만들고 있다.

송은진 옮김

한국외국어대학교 중국어과를 졸업하고 동 대학원에서 중국 정치학 석사 학위를 취득했다.
상하이 복단대학과 베이징 대외경제무역대학에서 수학했으며 현재 중국어 통역가, 강사로 일하는 동시에 번역 에이전
시 엔터스코리아에서 출판기획 및 중국어 전문 번역가로 활동하고 있다. 주요 역서로는『역사가 기억하는 세계 100대
전쟁』,『스탠퍼드 대학의 디자인 씽킹 강의노트』,『논어로 리드하라: 세상을 움직이는 여성 리더들의 필독서』,『어둠 속 중
국』,『생물학의 역사: 과학공부를 잘하기 위해 먼저 읽어야 할』,『옷 날개가 되다』등이 있다.

하버드 인생특강(리커버 에디션)

2022년 10월 15일 1판 1쇄 인쇄
2022년 10월 20일 1판 1쇄 발행

펴낸곳 | 파주 북스
펴낸이 | 하명호
지은이 | 장이츠
옮긴이 | 송은진
주　소 | 경기도 고양시 일산서구 대화동 2058-9호
전화 | (031)906-3426
팩스 | (031)906-3427
e-Mail | dhbooks96@hanmail.net
출판등록 제2013-000177호
ISBN 979-11-86558-27-0 (03320)
값 16,000원